U0874419

全彩图解版

STOCK

从零开始学炒股

股票入门与实战

马涛 编著

人民邮电出版社
北京

图书在版编目（CIP）数据

从零开始学炒股 ：股票入门与实战 ：全彩图解版 / 马涛编著. -- 北京 ：人民邮电出版社，2015.5（2020.6 重印）
ISBN 978-7-115-38808-7

Ⅰ. ①从… Ⅱ. ①马… Ⅲ. ①股票投资－基本知识 Ⅳ. ①F830.91

中国版本图书馆CIP数据核字(2015)第054836号

内 容 提 要

零基础、全图解，以通俗易懂的实战步骤的方式详细讲解了用电脑、手机炒股的步骤、方法和技巧以及进行股票投资基本面分析、K线分析、移动平均线和成交量分析的方法，同时介绍了安装多款炒股软件进行实时查看与分析股市信息，掌握股票买卖技巧、风险防范的方法和技巧，实现时时、处处掌控股票投资，实现资金的增值。

本书共分为13章，具体章节内容包括“炒股入门，读懂股票常识”“开始实战，开设股票账户”“软件实战，下载、安装和试用”“选股实战，根据多个要素”“手机实战，随时随地炒股”“基本分析，通晓股票涨跌”“技术分析，精通股票走势”“盘口分析，看好盘把准时机”“识底抄底，会卖的不如会买的”“识顶逃顶，高处收网落袋为安”“跟着主力，大树底下好乘凉”“趁胜追击，股指期货和创业板”“风险防范，小心驶得万年船”。

本书结构清晰，案例丰富，实战性强，主要适合刚刚进行网上炒股但实战经验较少的股民、股票投资爱好者以及希望通过牛熊市操盘技巧提高自己稳步盈利能力的投资者，也可以作为大中专院校或者企业的网上炒股教材，同时，本书还可以作为证券公司、基金公司等培训、指导客户和与客户沟通时的读本。

◆ 编　　著　马　涛
　责任编辑　恭竟平
　责任印制　周昇亮
◆ 人民邮电出版社出版发行　　北京市丰台区成寿寺路 11 号
　邮编　100164　　电子邮件　315@ptpress.com.cn
　网址　http://www.ptpress.com.cn
　临西县阅读时光印刷有限公司印刷
◆ 开本：700×1000　1/16
　印张：14.5　　2015 年 5 月第 1 版
　字数：271 千字　　2020 年 6 月河北第 36 次印刷

定价：39.80 元

读者服务热线：(010)81055296　印装质量热线：(010)81055316
反盗版热线：(010)81055315
广告经营许可证：京东市监广登字 20170147 号

Preface

■ 写作驱动

对于准备涉足股市投资的股民而言，学会如何开户、看盘、掌握电脑和手机炒股的基本方法是一门极其重要的必修课，正确的炒股技巧可以提高股价运行趋势预测的准确性，从而直接影响投资者的投资成功或失败。

为此，笔者通过不断总结和实践，编写了这本《从零开始学炒股：股票入门与实战（全彩图解版）》，本书从实用性的角度出发，将看盘的必备知识与需要掌握的炒股实战应用技巧有机结合，使股民在学习相关方法后能够真正将其运用到实际的股市投资中，并获得收益。

■ 主要特色

【知识精简，结构清晰】

本书精挑细选了股票投资中最实用的方法和技术进行重点讲解，先是入门知识，后是四大实战，再是六大分析，最后更上一层楼，在描述过程中，尽量以简单、易懂的方式进行描述，并搭配图示讲解，让整个知识结构清晰、简单。

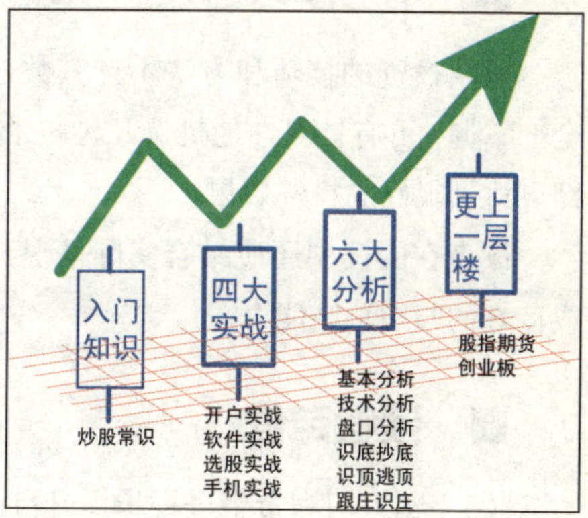

【案例实用，彩色图解】

彩图比黑白图片显示更真实、醒目，让读者对整个分析过程有一个清晰的把握，并方便阅读和图文对照。

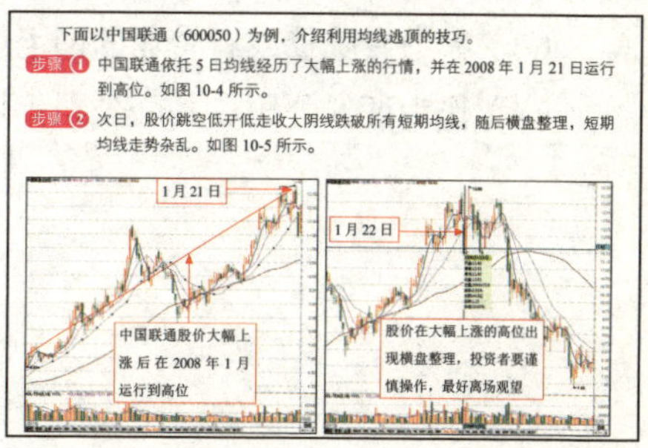
下面以中国联通（600050）为例，介绍利用均线逃顶的技巧。

步骤① 中国联通依托5日均线经历了大幅上涨的行情，并在2008年1月21日运行到高位。如图10-4所示。

步骤② 次日，股价跳空低开低走收大阴线跌破所有短期均线，随后横盘整理，短期均线走势杂乱。如图10-5所示。

【手机炒股，随时随地】

目前市场上的股票类图书，95%以上的内容都是针对PC电脑版的，“手机炒股”的书极少。本书对手机炒股的软件讲解非常全面，介绍了 4 大证券公司与手机炒股软件，且以“同花顺”软件为例，对手机炒股的具体方法进行了深度讲解。

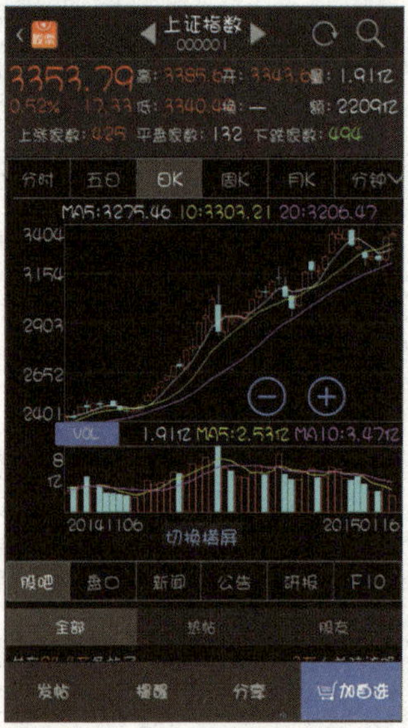

■ 本书学习的注意事项

股票投资的技巧和方法不计其数，本书罗列的技术和方法比较全面，股民不需要全部掌握，可有针对性地挑选几种技术深入学习并不断总结，在实战中进行综合运用，即可达到很好的投资效果。

读者在阅读中还应结合实际情况灵活变通，举一反三，养成勤思考的好习惯，形成良好的归纳总结能力。

■ 读者定位

（1）刚入门和希望进一步提升自己炒股技巧的股民。

（2）希望通过牛熊市操盘技巧提高自己稳步盈利能力的投资者。

（3）大中专院校或者企业的网上炒股教材。

（4）作为证券公司、基金公司等培训、指导和沟通客户时的读本。

目录

Contents

CHAPTER 1

第1章 炒股入门 读懂股票常识

学前提示

如果要问最大的投资市场是什么，恐怕你一定会回答是股市。没错，股市作为目前最大的投资市场，长期以来都占据着人们投资理财最重要的地位。炒股首先要全面而详细地了解各种股票常识，才能稳健入市，迈出实现财富增值的第一步。

要点展示

- 了解：最基本的股票知识
- 弄清：最常见的股市指数
- 心中有数：股票类型与板块划分
- 特别掌握：针对特定股票的术语
- 需知需会：其他重要炒股名称

1.1 了解：最基本的股票知识

俗话说：“以投资的眼光计算股票。”炒股可谓目前最热门的投资方式，在学习投资股票之前，投资者必须对股票的相关知识进行了解，明确股票的概念和种类，了解股票市场、股价指数以及影响股票价格的因素等知识。

1.1.1 什么是股票

1986 年 11 月，美国纽约证券交易所董事长约翰·范尔林先生访华，他向邓小平赠送了一枚纽交所徽章，凭它可以在纽交所自由进出。邓小平回赠了一张 50 元面值的“小飞乐”股票。如图 1-1 所示。据悉，范尔林的这一股，通过多年的送配，一股变成了 3183 股，市场价值由 50 元变成最高时的 10.76 万元，回报率高达 2152 倍！

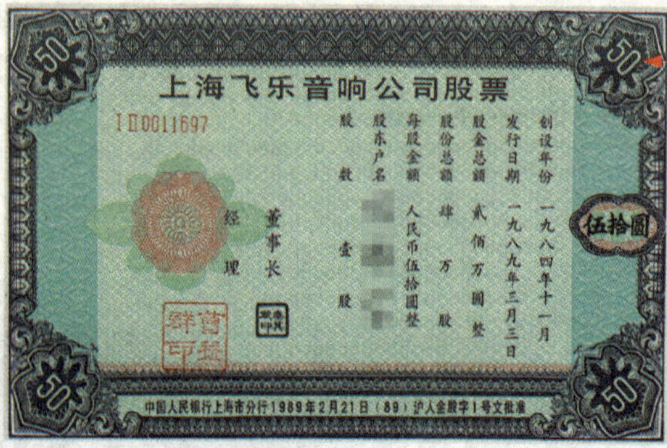

“小飞乐”股票是改革开放后发行最早的股票——飞乐音响公司股票原件，1984 年 12 月开始发行。“小飞乐”每股价值人民币 50 元。它的面额较大，在 20 世纪 80 年代应该也只有家庭殷实与先富起来的人才有财力购买

图 1-1 “小飞乐”股票

那么，股票为何拥有如此高的回报率，它究竟是一种什么东西呢？股票是一种有价证券。我们通常所说的股票指的是普通股，它是在公司的经营管理和赢利以及财产的分配上享有普通权利的股份。从概念上讲，股票是股份有限公司在筹集资本时向出资人发行的股份凭证，代表着其持有者（即股东）对股份公司的所有权。

例如，假设一家股份公司有 100 个股东，每个人出资 10 万元，则每人拥有该公司 1%的所有权（股权）。股份有限公司经主管机关核准后，印制股票，交于投资者持有，作为代表所有权的凭证，这就是股票的原始意义。

股票一般可以通过买卖方式有偿转让，股东能通过股票转让收回其投资，但不能要求公司返还其出资。股东可以在股票市场上买卖这些股票，就形成了股票在不同投资者手中的流通以及所有人和持有份额的变更。股票像一般的商品一样，有价格，能

买卖，可以作为质押品。拥有这些股票的人，都可以成为公司的股东。股东与公司之间的关系不是债权债务关系。股东是公司的所有者，以其出资额为限对公司负有限责任、承担风险、分享收益。

因此，股票是股份公司发给投资者用以证明其在公司的股东权利和投资入股的份额，并据以获得股利收入的有价证券。

1.1.2 股票的类型

股票是由股份公司发行给股东，作为股东投资入股的所有权证书。在股票市场中，按照不同的分类方法，股票的分类也各不相同。如果按照红利的分类方式来看，可分为如图 1-2 所示的几种类型。

普通股	普通股是“优先股”的对称，是随企业利润变动而变动的一种股份，是公司资本构成中最普通、最基本的股份，是股份企业资金的基础部分。目前在上海和深圳上市的股票均为普通股
优先股	优先股是股份公司发行的，在分配红利和剩余财产时比普通股具有优先权的股份，还分为参与优先和非参与优先、积累与非积累、可转换与不可转换、可回收与不可回收等几大类。优先股通常预先确定股息收益率，其权利范围小
后配股	后配股是在利益或利息分红及剩余财产分配时比普通股处于劣势的股票，一般是在普通股分配之后，对剩余利益进行再分配的股票
混合股	混合股享有普通股和优先股的权益，是既可以向优先股转化，又可以向普通股转化的股票

图 1-2 按分配进行分类

专家提醒

按享受投票权益可分为单权、多权及无权 3 种。

（1）**单权股票。**单权股票指每张股票仅有一份表决权的股票。

（2）**多权股票。**多权股票指每张股票享有多份表决权的股票。

（3）**无权股票。**无权股票指没有表决权的股票。

除了按分类先后原则对股票进行分类之外，我们在日常生活中还常常听到“A 股”“B 股”等词汇，这实际上是按照股票的发行方式进行分类。具体的类型如图 1-3 所示。

A股	又称人民币普通股票，它是由我国境内的公司发行，供境内机构、组织或个人（不含我国台、港、澳投资者）以人民币认购和交易的普通股股票
B股	又称人民币特种股票，是以人民币标明面值，以外币认购和买卖，在境内（上海、深圳）证券交易所上市交易的。B股公司的注册地和上市地都在境内，只不过投资者在境外或在中国香港、澳门及台湾
H股	H股是指在我国境内注册的公司，在我们香港发行并在我国香港联合交易所上市的普通股票
L股	L股是指我国境内注册的公司，在伦敦证券交易所上市的外资股票（L是伦敦 London 的首字母）
S股	S股是指我国境内注册的公司，在新加坡证券交易所上市的外资股票（S是新加坡 Singapore 的首字母）
N股	N股是指我国境内注册的公司，在纽约证券交易所上市的外资股票（N是纽约 New York 的首字母）

图 1-3　按发行方式进行分类

1.1.3　股票上市条件

股票上市是指已经发行的股票经证券交易所批准后，在交易所公开挂牌交易的法律行为，股票上市，是连接股票发行和股票交易的"桥梁"。股票上市的主要条件如图 1-4 所示。

1. 股票经中国证监会核准已公开发行
2. 公司股本总额不少于人民币3000万元
3. 公开发行的股份达到公司股份总额的25%以上，公司股本总额超过人民币4亿元的，公司发行股份占股份总额的比例为10%
4. 公司在3年内无重大违法行为，财务会计报告无虚假记载

图 1-4　股票上市条件

专家提醒

股票终止上市的条件如下。

（1）上市公司股本总额、股权分布等发生变化，不再具备上市条件，在证券交易所规定的期限内仍不能达到上市条件。

（2）上市公司不按照规定公开其财务会计报告，或者对财务会计报告作虚假记载，且拒绝纠正。

（3）上市公司3年连续亏损，在其后一个年度内未能恢复盈利。

（4）上市公司解散或者被宣告破产。

1.1.4 股票的发行方式

股票在上市发行前，上市公司与股票的代理发行证券商签订代理发行合同，确定股票发行的方式，明确各方的责任。股票代理发行的方式按发行承担的风险不同，一般分为包销发行方式和代销发行方式两种。如图1-5所示。

图1-5 股票的发行方式

通过股票上市的包销发行方式，虽然上市公司能够在短期内筹集到大量资金，以应付资金方面的急需。但一般包销出去的证券，证券承销商都只按股票的一级发行价或更低的价格收购，从而不免使上市公司丧失了部分应有的收益。

1.1.5 股市中常用的术语

投资股票是一门高深的学问，要想充分认识它，就需要对它特有的术语非常熟悉，下表列举了一些常用的股票术语。

术语	含　义
价位	指买卖价格的升降单位，价位的高低随股票每股市价的不同而异
成交价	成交价是股票的成交价格，它是按以下原则确立的 （1）最高的买入申报与最低的卖出申报相同 （2）在连续竞价状态，高于卖出价位的买入申报以卖出价成交 （3）低于买入价的卖出申报以买入价位成交
行情	价位或股价的走势。
日开盘价	指当日开盘后某只股票的第一笔交易成交的价格
日收盘价	深市指当日某只股票的最后一笔成交价格 沪市指最后成交的一分钟内加权平均价格
日最高价	指当天某只股票成交价格中的最高价格
日最低价	指当天某只股票成交价格中的最低价格
涨跌	当日股票价格与前一日收盘价格（或前一日收盘指数）相比的百分比幅度，正值为涨，负值为跌，否则为持平
涨停板	交易所规定的股价在一天中相对前一日收盘价的最大涨幅，不能超过此限，否则自动停止交易。我国现规定涨停升幅（T 类股票除外）为 10%
跌停板	交易所规定的股价在一天中相对前一日收盘价的最大跌幅，不能超过此限，否则自动停止交易。我国现规定跌停降幅（T 类股票除外）为 10%
高开	今日开盘价在昨日收盘价之上
平开	今日开盘价与昨日收盘价持平
低开	今日开盘价在昨日收盘价之下
买盘	以比市价高的价格进行委托买入，并已经“主动成交”，代表外盘
卖盘	以比市价低的价格进行委托卖出，并已经“主动成交”，代表内盘

续表

术语	含　义
崩盘	由于一些对股市不利的因素，导致投资者不计成本地大量抛售股票，使股价无限制地下降的现象
护盘	当股市行情低落、股价下滑时，投资大户采取大量购买股票的行为来刺激散户，促使市场回暖的现象
洗盘	主力为控制股价，故意降低或拉升成本，使得散户抛出股票，并且接手他们的股票的行为
震盘	指股价在一天之内忽高忽低，出现大幅波动的现象
扫盘	主力不计成本，将卖盘中的挂单全部“吃掉”的行为
红盘	当前交易日的收盘价格高于上一交易日的收盘价，表示股价上涨的现象
成交数量	指当天成交的股票数量
成交笔数	指某只股票成交的次数
日成交额	指当天已成交股票的金额总数
零股交易	不到一个成交单位（1 手 =100 股）的股票，如 1 股、10 股，称为零股。在卖出股票时，可以用零股进行委托；但买进股票时不能以零股进行委托，最小单位是 1 手，即 100 股
委比	委比是衡量一段时间内场内买、卖盘强弱的技术指标。它的计算公式为：委比 =（委买手数 - 委卖手数）÷（委买手数 + 委卖手数）× 100%。若“委比”为正值，说明场内买盘较强，反之，则说明市道较弱
委差	当前交易主机已经接受但还未成交的买入委托总手数与卖出委托总手数的差
换手率	换手率是指在一定时间内市场中股票转手买卖的频率，是反映股票流通性的指标之一。它的计算公式为：换手率 =（某一段时间内的成交量 ÷ 流通股数）× 100%
跳空	指受强烈利多或利空消息刺激，股价开始大幅度跳动。跳空通常在股价大变动的开始或结束前出现
涨幅	现价与上一交易日收盘价的差除以上一交易日的收盘价的百分比，值在 ± 10% 左右

1.2 弄清：最常见的股市指数

近年来，股市投资已成为人们投资理财的一个常用手段，而弄清最常见的股市指数是在股市中赚钱的一门重要课程，本节将介绍新手炒股入门所需要掌握的必备基础知识。

1.2.1 什么是股票指数

股价指数是运用统计学中的指数方法编制而成的，是反映股市总体价格或某类股价变动和走势的指标。

股价指数也称股票价格指数，是动态地反映某个时期股市总价格水平的一种相对指标。具体来说，就是以某一个基期的总价格水平为100，用各个时期的股票总价格水平相比得出的一个相对数，即各个时期的股票价格指数。股票价格指数一般是用百分比表示的，简称“点”。

从本质上看股票指数即股价平均数，但是在计算股票指数时，通常会把股票指数和股价平均数分开计算。因为股价平均数以算术平均数表示，反映的是多种股票价格变动的一般水平。股票指数则是一个相对指标，反映不同时期的股价变动情况，所以在一个较长的时期中，股票指数比股价平均数更能精确地反映股价的变动和走势。股价指数的计算有算术平均法和加权平均法两种。如图1–6所示。

算术平均法

算数平均法，即将组成指数的每只股票价格进行简单平均，计算得出平均值。例如，所计算的股票指数包括4只股票，其价格分别为10元、15元、20元和30元，那么其股价算术平均值为：

（10 + 15 + 20 + 30）÷4 = 18.75（元）

加权平均法

在计算股价平均值时，不仅要考虑到每只股票的价格，还要根据每只股票对市场影响的大小，对平均值进行调整。股票在股市的影响力一般是以股票的发行总数或成交量作为标准的，称为权数。

例如，同样是上面的4只股票，其相应的发行量分别为1亿、2亿、3亿和1亿，那么价格加权平均值为：

（10×1 + 15×2 + 20×3 + 30×1）÷（1 + 2 + 3 + 1）= 18.57（元）

图1–6 股价指数的计算方法

但在实践中，上市公司经常会增、拆股和派息等，使股票价格产生除权、除息效应，失去连续性，不能进行直接比较。因此，在计算股价指数时也要考虑到这些因素的变化，及时对指数进行校正，以免股价指数失真。

1.2.2 上证指数是什么？

上证股票指数是由上海证券交易所编制的股票指数，于1990年12月19日正式发布。该股票指数的样本为所有在上海证券交易所挂牌上市的股票，新上市的股票将在挂牌的第二天纳入股票指数的计算范围。如图1–7所示。

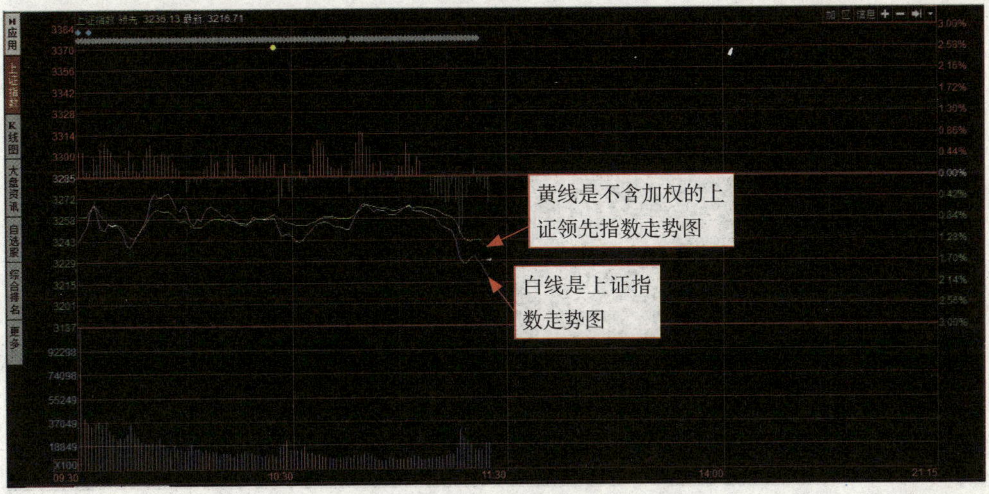

图1–7 查看上证指数行情

因上证指数是以各上市公司的总股本为加权计算出来的，故盘子大的股票较能左右上证指数的走势，如马钢股份、中国石化等。股票指数的发布几乎和股市行情的变化是同步的，它是我国股民和证券从业人员研究和判断股票价格变化趋势时重要的参考依据。

专家提醒

上证股票指数的两条指标线之间的关系应用如下。

（1）当上证指数上涨时

- 黄线走势在白线走势之上时，表示盘小的股票涨幅较多。
- 黄线走势在白线走势之下时，表示盘小的股票涨幅比盘大的、权重大的股票涨幅小。

（2）当上证指数下跌时

- 黄线走势在白线走势之上时，表示盘小的股票跌幅比盘大的、权重大的股票跌幅小。
- 黄线走势在白线走势之下时，表示盘小的股票跌幅比盘大的、权重大的股票跌幅大。

1.2.3 深证指数是什么？

深圳综合股票指数是由深圳证券交易所编制的股票指数。如图 1–8 所示。该股票指数的计算方法基本与上证指数相同，其样本为所有在深圳证券交易所挂牌上市的股票，权数为股票的总股数。

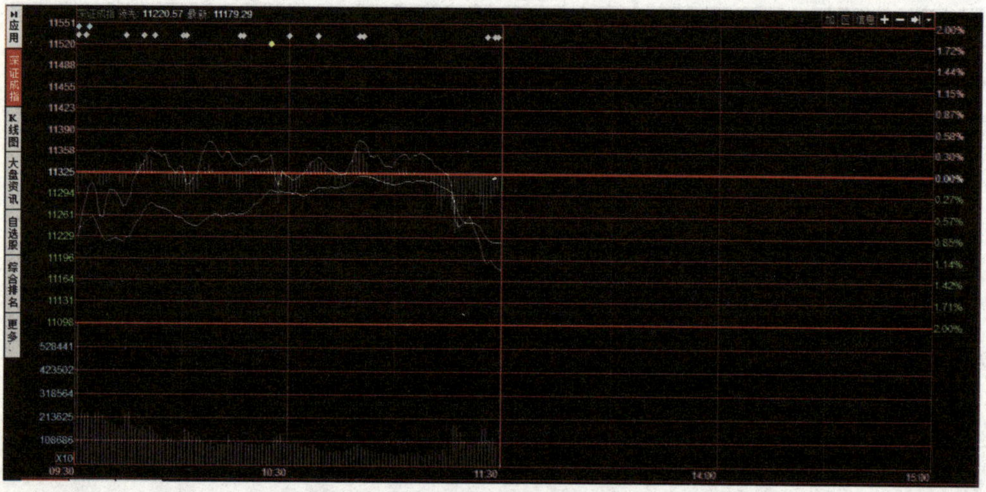

图 1–8　查看深证指数行情

目前，深圳证券交易所并存着两个股票指数：一个是老指数深圳综合指数，另一个是现在的成分股指数，两个指数之间的区别并不大。

专家提醒

深证成指（或深成指）全称深圳证券交易所成分股价指数，是中国证券市场最为人熟知的指数之一，也是我国的第一支成分股指数。该指数由深交所于 1995 年 1 月 23 日发布，精选深市 A 股中有市场代表性的 40 家上市公司为样本，以流通股本为权数，通过加权平均法计算得出，具有良好的市场代表性、流动性与蓝筹特征。

1.2.4 中证指数是什么？

中证指数有限公司成立于 2005 年 8 月 25 日，它是由上海证券交易所和深圳证券交易所共同出资发起设立的一家专业从事证券指数及指数衍生产品开发服务的公司。

1. 沪深 300 指数

沪深 300 指数是沪、深证券交易所于 2005 年 4 月 8 日联合发布的反映 A 股市场整体趋势的指数。如图 1-9 所示。

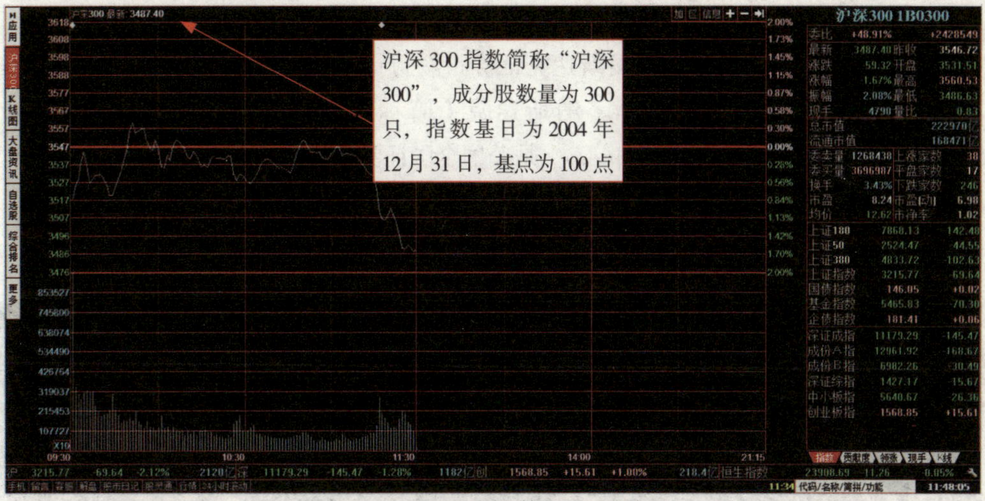

图 1-9　查看沪深 300 指数行情

沪深 300 指数的编制目标是反映中国证券市场股票价格变动的概貌和运行状况，并能够作为投资业绩的评价标准，为指数化投资和指数衍生产品创新提供基础条件。中证指数有限公司成立后，沪、深证券交易所将沪深 300 指数的经营管理及相关权益转移至中证指数有限公司。

2. 中证规模指数

中证规模指数包括中证 100 指数、中证 200 指数、中证 500 指数、中证 700 指数、中证 800 指数和中证流通指数。这些指数与沪深 300 指数共同构成中证规模指数体系。如图 1-10 所示。中证规模指数的计算方法、修正方法、调整方法与沪深 300 指数相同。

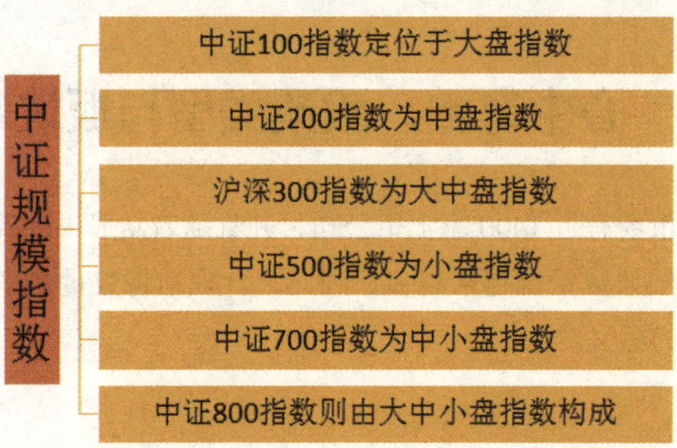

图 1-10　中证规模指数体系

1.2.5 纳斯达克指数是什么？

纳斯达克综合指数是反映纳斯达克证券市场行情变化的股票价格平均指数，基本指数为100。如图1-11所示。纳斯达克（简称NASDAQ，National Association of Securities Dealers Automated Quotations）是美国全国证券交易商协会于1968年着手创建的自动报价系统名称的英文简称。纳斯达克的特点是收集和发布场外交易非上市股票的证券商报价，它现已成为全球最大的证券交易市场。

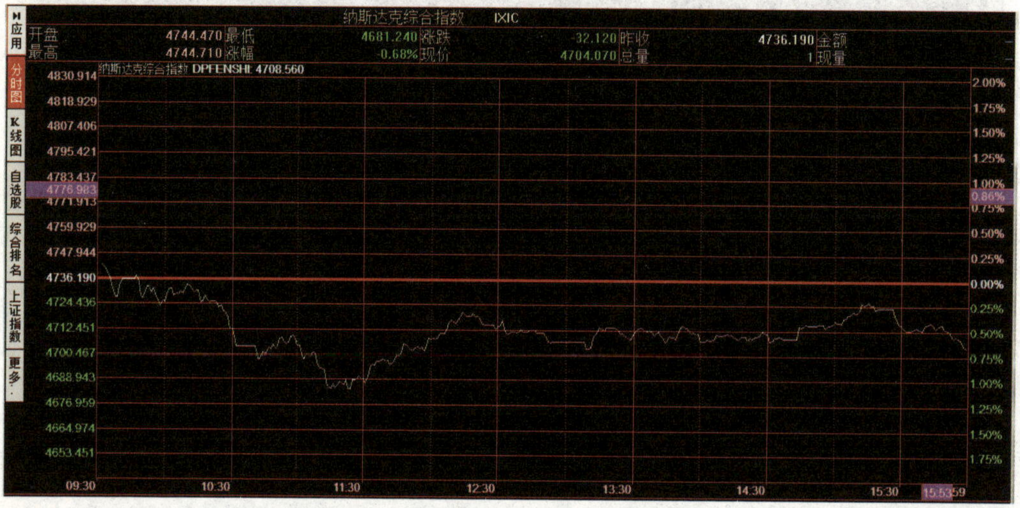

图1-11　查看纳斯达克综合指数行情

纳斯达克综合指数包括5000多家公司，超过其他任何单一证券市场，是代表各工业门类的市场价值变化的“晴雨表”。正因为它有如此广泛的基础，所以纳斯达克指数已成为最有影响力的证券市场指数之一。

1.3 心中有数：股票类型与板块划分

目前沪深主板市场有近1400家上市公司，并且随着新股不断发行上市，股票市场规模将不断壮大，股票数量也越来越多，因此，合理地将数量众多的股票划分成不同的板块，有着重要的意义。

1.3.1 认识股票的板块划分

目前的上市公司多如牛毛，已经多达2500家。证监会和证券交易所会对其进行划分归类，按照行业划分便是其中一种归类方法。

股票板块划分的依据主要有5种，即区域、行业、业绩、股本规模、概念，如图1-12所示。不过，板块的划分标准不是一成不变的，一家上市公司可以同时属于多个不同的板块，因而具备了多重身份。

按照上市公司所在地划分

- 可以分为北京板块、上海板块、广东板块等32个地域板块

按照上市公司所属行业划分

- 可以分为金属行业、钢铁行业、化工行业、家电行业、纺织行业等51个行业板块

按照上市公司经营业绩划分

- 可以分为一线绩优蓝筹股、二线股和三线绩差股或亏损股板块

按照上市公司股本规模划分（主要依据是流通股本规模大小）

- 可以分为超级大盘股、中盘股和小盘股板块

按照上市公司所具有的独特概念划分

- 可以分为数字电视、环保、3G、网络、机构重仓等板块

图1-12 股票板块划分

对于投资者而言，通过行业划分可以明确地知道一个上市公司的主要业务，对于其在选择股票和投资领域时有重要的帮助，是其做出初步判断——是否买进一只个股的重要依据，尤其对于基本面投资者来说，更是如此。

专家提醒

例如，北京巴士（600386）按所在地划分属于北京板块，按公司所属行业划分属于交通运输板块，按股本规模划分属于中盘股（流通盘8000万股），而按照概念划分又属于申奥概念板块。但上述各板块出现联动行情的时候，北京巴士也有可能产生联动。

1.3.2 什么是ST股？

ST股是股市中很常见的一种股票，我们在新入股市时会发现这种股票很显眼，因为前面冠了英文字母的除了N就是ST了，而且有的还前缀星号，因此我们新入市时必

然存有疑问：什么是ST股？

ST是英文Special Treatment的缩写，意即“特别处理”。冠名ST的对象是出现财务状况或其他异常状况的上市公司。简而言之，ST股就是由于某些事件而导致风险警示提示的股票，ST前缀实际上是一种风险提示，一般被加上ST的股票无非是因为财务和违规操作等问题。如图1-13所示。

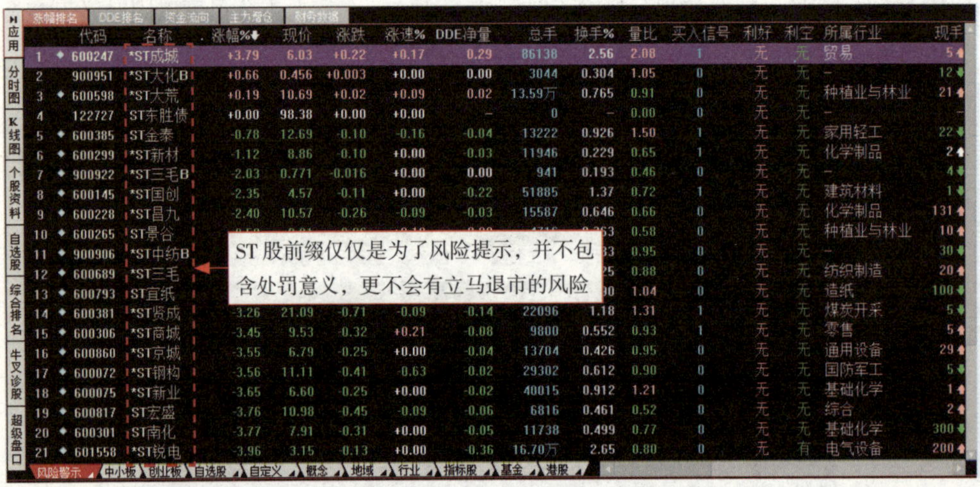

图1-13　ST前缀

ST股票日涨跌幅限制为5%。需要指出的是，“特别处理”并不是对上市公司的处罚，而只是对上市公司目前所处状况的一种客观提示，其目的在于向投资者提示市场风险，引导投资者进行理性投资，如果公司异常状况消除，可以恢复正常交易，取消ST冠名。

专家提醒

ST股可以被加前缀，自然也可以去掉“恶名”，去ST前缀的过程一般称之为“摘帽”。ST股“摘帽”一般只需要消除风险警示的原因，同时没有出现其他风险警示原因即可。

1.3.3　什么是大盘股？

大盘股（large-cap share）没有统一的标准，一般约定俗成指股本比较大的股票，总股本都在几十亿股以上。大盘股的好处在于抗跌性强，主力操作的可能性小，可作为防守或长线价值投资的首选。

像中国石化、中国石油、中国神华等有十几亿甚至几十亿流通盘的股票叫超级大盘股。如图1-14所示。

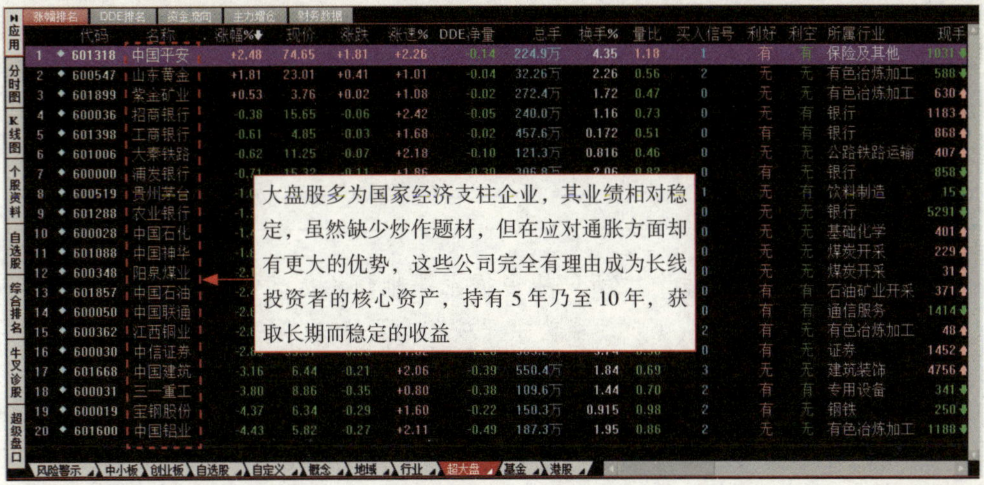

图 1-14　大盘股

就市盈率而言，相同业绩的个股，小盘股的市盈率比中盘股高，中盘股要比大盘股高。特别在市场疲软时，小盘股机会较多。在牛市时大盘股和中盘股较适合大资金进出，因此盘子大的个股比较看好。由于流通盘大，对指数影响大，往往成为市场调控指数的工具。投资者选择个股，一般熊市应选小盘股和中小盘股，牛市应选大盘股和中大盘股。

专家提醒

大盘股的投资技巧如下。

（1）买入技巧。投资大盘股也不是说所有的股票都值得买入。其中，形态很重要，一定要选择股价处于底部，或者涨幅远远小于股指，同时已经完成了底部吸筹，即将进入上涨阶段的股票。

（2）卖出技巧。当其股价上涨到一定程度，而各路股评又纷纷推荐的时候，这就到了卖出的时机。另外，在大盘股的上涨过程中很少出现连续涨停的情况，往往是一段时间里累计涨幅给投资者带来丰厚的收益。所以，持有大盘股也不能心急，稳健，是大盘股的最大优势。

1.3.4　什么是龙头股？

龙头股指的是某一时期在股票市场的炒作中对同行业板块的其他股票具有影响和号召力的股票，它的涨跌往往对其他同行业板块股票的涨跌起引导和示范作用。龙头股并不是一成不变的，它的地位往往只能维持一段时间。

要炒作龙头股，首先必须发现龙头股。股市行情启动后，不论是一轮大牛市行情，还是一轮中级反弹行情，总会有几只个股起着呼风唤雨的作用，引领大盘指数逐级走高。龙头股的走势往往具有“先于大盘企稳，先于大盘启动，先于大盘放量”的特性。因此，无论是短线还是中长线投资，如果投资者能适时抓住龙头股，都能获得不错的收益。

专家提醒

例如，“四川长虹”之所以能占据龙头地位，因为其在家电行业具有领先地位；“深发展”（玫改名为“平安银行”）是第一家上市商业银行；“东方明珠”“电广传媒”具有有线网络的优先地位；而“综艺股份”和“上海梅林”具有实实在在的网站。因此，确认某股能否成为龙头股，一定要判断该股在其所属的行业或区域里是否具有一定的影响力。

1.3.5 什么是低碳概念股?

低碳概念股就是证券市场里以节能环保为题材的上市公司。如图 1–15 所示。新能源产业正孕育着新的经济增长点，也是新一轮国际竞争的战略制高点。

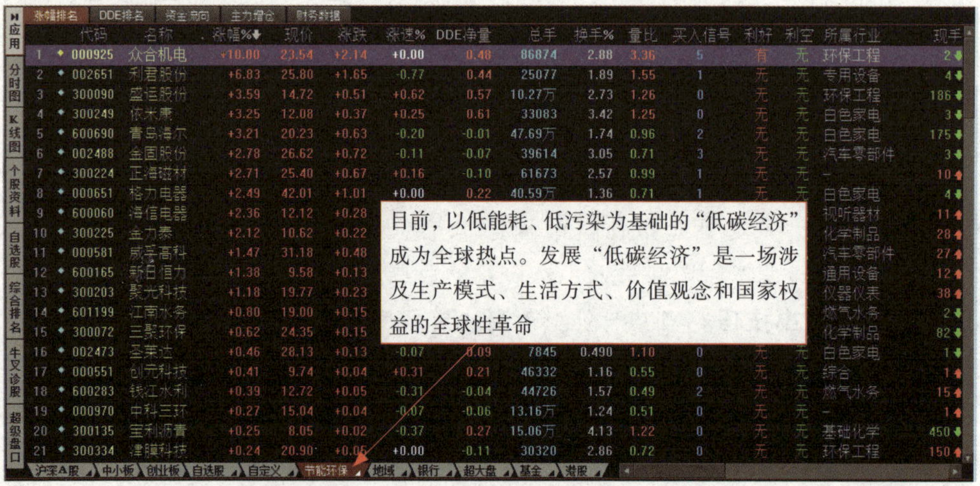

	代码	名称	涨幅%↓	现价	涨跌	涨速%	DDE净量	总手	换手%	量比	买入信号	利好	利空	所属行业	现手
1	000925	众合机电	+10.00	23.54	+2.14	+0.00	0.48	86874	2.88	3.36	5	有	无	环保工程	2↓
2	002651	利君股份	+6.83	25.80	+1.65	-0.77	0.44	25077	1.89	1.55	1	无	无	专用设备	4↓
3	300090	盛运股份	+3.59	14.72	+0.51	+0.62	0.57	10.27万	2.73	1.26	0	无	无	环保工程	186↓
4	300249	依米康	+3.25	12.08	+0.37	+0.25	0.61	33083	3.42	1.25	0	无	无	白色家电	3↓
5	600690	青岛海尔	+3.21	20.23	+0.63	-0.20	-0.01	47.69万	1.74	0.96	2	无	无	白色家电	175↓
6	002488	金固股份	+2.78	26.62	+0.72	-0.11	-0.07	39614	3.05	0.71	3	无	无	汽车零部件	3↓
7	300224	正海磁材	+2.71	25.40	+0.67	+0.16	-0.10	61673	2.57	0.99	1	无	无	–	10↑
8	000651	格力电器	+2.49	42.01	+1.01	+0.00	0.22	40.59万	1.36	0.71	1	无	无	白色家电	4↓
9	600060	海信电器	+2.36	12.12	+0.28									视听器材	11↑
10	300225	金力泰	+2.12	10.62	+0.22									化学制品	28↑
11	000581	威孚高科	+1.47	31.18	+0.48									汽车零部件	27↑
12	600165	新日恒力	+1.38	9.58	+0.13									通用设备	12↑
13	300203	聚光科技	+1.18	19.77	+0.23									仪器仪表	38↑
14	601199	江南水务	+0.80	19.00	+0.15									燃气水务	2↓
15	300072	三聚环保	+0.62	24.35	+0.15									化学制品	82↓
16	002473	圣莱达	+0.46	28.13	+0.13	-0.07	0.09	7845	0.490	1.10	0	无	无	白色家电	1↓
17	000551	创元科技	+0.41	9.74	+0.04	+0.31	0.21	46332	1.16	0.55	0	无	无	综合	1↑
18	600283	钱江水利	+0.39	12.72	+0.05	-0.31	-0.04	44726	1.57	0.49	2	无	无	燃气水务	15↑
19	000970	中科三环	+0.27	15.04	+0.04	-0.07	-0.06	13.16万	1.24	0.51	0	无	无	–	1↑
20	300135	宝利沥青	+0.25	8.05	+0.02	-0.37	0.27	15.06万	4.13	1.22	0	无	无	基础化学	450↓
21	300334	津膜科技	+0.24	20.90	+0.05	+0.00	-0.11	30320	2.86	0.72	0	无	无	环保工程	150↑

图 1–15 低碳概念股

低碳经济概念主要包括以下两大类别。

（1）新能源板块：包括风电、核电、光伏发电、生物质能发电、地热能、氢能等，如长城电工、天威保变、中核科技等。

（2）节能减排板块：包括智能电网、新能源汽车、建筑节能、半导体照明节能、变频器、余热锅炉、余压利用、清洁煤发电和清洁煤利用板块（包括 CDM 项目）等，如中原环保、方大 A、浙江阳光等。

1.4 特别掌握：针对特定股票的术语

所谓股票术语就是在股市用来表达各种量能关系的特殊语言，股票术语广泛流通于股票交易和市场分析中。前面介绍了一些基本股票术语，本节将重点介绍一些针对特定股票的术语，帮助投资者抓住炒股关键词。

1.4.1 市盈率

市盈率（earnings multiple，即 P/E ratio）又称股份收益比率或本益比，是股票市价与其每股收益的比值，计算公式为：市盈率 =（当前每股市场价格）÷（每股税后利润）。目前，几家大的证券报刊在每日股市行情报表中都附有市盈率指标。如图 1-16 所示。

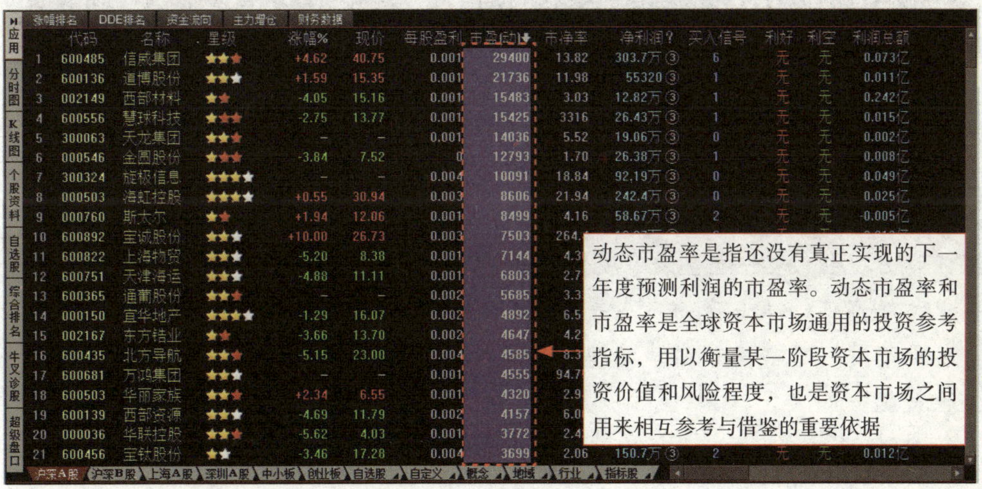

图 1-16 动态市盈率

如果说购买股票纯粹是为了获取红利，而公司的业绩一直保持不变，则股利的收入与利息收入具有同样意义，对于投资者来说，是把钱存入银行，还是购买股票，首先取决于谁的投资收益率高。因此，当股票市盈率低于银行利率折算出的标准市盈率，资金就会用于购买股票，反之，则资金流向银行存款，这就是最简单、直观的市盈率定价分析。

1.4.2 市净率

市净率指的是每股股价与每股净资产的比率，也是股票投资分析中的重要指标之一。如图 1–17 所示。市净率的计算方法为：市净率 =（P ÷ BV），即每股市价（P）÷ 每股净资产（Book Value）。

涨幅排名 | DDE排名 | 资金流向 | 主力增仓 | 财务数据

	代码	名称	星级	涨幅%	现价	每股盈利	市盈(动)	市净率	净利润?	买入信号	利好	利空	利润总额
1	000505	珠江控股	★★	-5.51	7.03	-0.278	-	6606	-1.20亿 ㊙	0	无	无	-1.23亿
2	600556	慧球科技	★★★	-3.18	13.71	0.001	15358	3301	26.43万 ③	1	无	无	0.015亿
3	600870	厦华电子	★★★	-	-	-0.434	-	882.9	-2.27亿 ③	0	无	无	-2.28亿
4	000892	星美联合	★★	-2.29	7.26	-0.004	-	850.4	-183.2万 ③	1	无	无	-0.018亿
5	000017	深中华A	★★★	-6.56	7.69	0.006	938.5	407.5	338.8万 ③	0	无	无	0.055亿
6	600421	仰帆控股	★★	-0.97	7.12	0.003	1971	364.9	52.99万 ③	0	无	无	0.016亿
7	600892	宝诚股份	★★★	+10.00	26.73	0.003	7503	264.4	16.87万 ③	6	无	无	0.013亿
8	000971	蓝鼎控股	★★	-4.51	9.32	-0.061	-	261.7	-1479万 ③	1	无	无	-0.148亿
9	000673	当代东方	★★★	-1.79	14.83	0.015	761.4	215.3	304.0万 ③	0	无	无	0.031亿
10	600771	广誉远	★★	-2.23	23.29	0.008	2276	115.1	187.1万 ③	1	无	无	0.127亿
11	600876	洛阳玻璃	★★	-10.03	8.79	0.015	454.6	108.1	[illegible]	[illegible]	[illegible]	[illegible]	[illegible]
12	600681	万鸿集团	★★★	-	-	0.001	4555	94.75	[illegible]	[illegible]	[illegible]	[illegible]	[illegible]
13	600800	天津磁卡	★★★	-3.02	6.11	-0.057	-	92.98	[illegible]	[illegible]	[illegible]	[illegible]	[illegible]
14	600678	四川金顶	★★★	+2.10	11.20	-0.046	-	91.86	[illegible]	[illegible]	[illegible]	[illegible]	[illegible]
15	600234	山水文化	★★★	-	-	-0.064	-	88.54	[illegible]	[illegible]	[illegible]	[illegible]	[illegible]
16	600769	祥龙电业	★★★	-0.96	7.21	0.002	2676	75.81	75.78万 ③	2	无	无	0.008亿
17	600179	黑化股份	★★	-	-	-0.688	-	74.53	-2.68亿 ③	0	有	无	-2.69亿
18	600603	大洲兴业	★★★★	-2.99	8.12	-0.014	-	71.90	-1100万 ㊙	1	无	无	-0.027亿
19	600083	博信股份	★★★	-3.59	10.74	0.014	584.4	69.21	317.0万 ③	0	无	无	0.082亿
20	600766	园城黄金	★★★★	-	-	0.058	148.8	65.00	1306万 ③	0	无	无	0.141亿
21	000815	美利纸业	★★	-1.15	7.76	-1.35	-	57.23	-4.27亿 ③	0	无	无	-4.27亿

应用 | 分时图 | K线图 | 个股资料 | 自选股 | 综合排名 | 牛叉诊股 | 超级盘口

沪深A股 | 沪深B股 | 上海A股 | 深圳A股 | 中小板 | 创业板 | 自选股 | 自定义 | 概念 | 地域 | 行业 | 指标股

图 1–17 市净率

专家提醒

股票净值主要包括公司资本金、资本公积金、资本公益金、法定公积金、任意公积金、未分配盈余等项目的合计，它代表全体股东共同享有的权益，也称净资产。净资产的多少是由股份公司经营状况决定的，股份公司的经营业绩越好，其资产增值越快，股票净值就越高，因此股东所拥有的权益也就越多。

对于投资者来说，按照市净率选股标准，市净率越低的股票，其风险系数越少一些。但在判断投资价值时还要考虑当时的市场环境以及公司经营情况、盈利能力等因素。尤其在熊市中，市净率更成为投资者们较为青睐的选股指标之一，原因就在于市净率能够体现股价的安全边际。

1.4.3 涨幅

涨幅就是指目前这只股票的上涨幅度。如图 1–18 所示。

涨幅的计算公式为：涨幅 =（现价 – 上一个交易日收盘价）÷ 上一个交易日收盘价 × 100%。

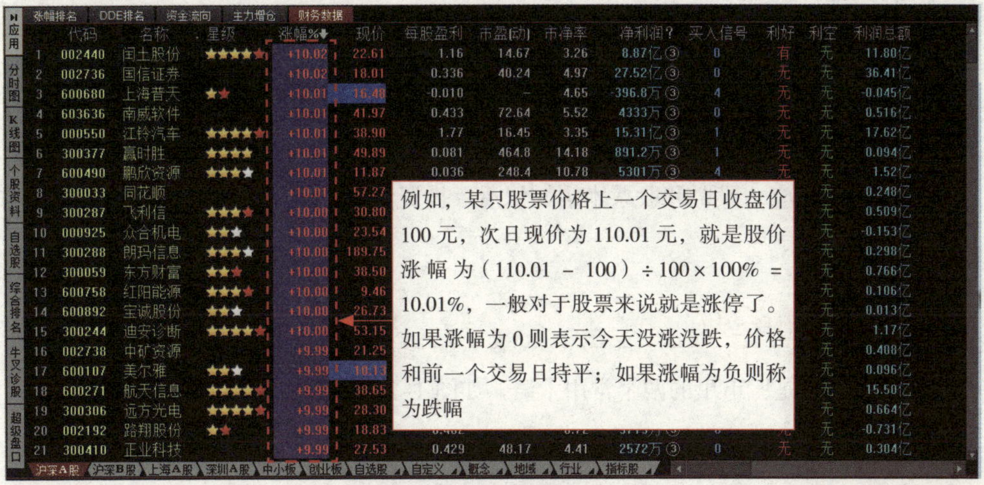

图 1–18　股票涨幅

1.4.4　振幅

股票振幅就是股票开盘后的当日最高价和最低价之间的差的绝对值与前日收盘价的百分比，它在一定程度上表现股票的活跃程度。如图 1–19 所示。

图 1–19　股票振幅

股票振幅的数据分析，对考察股票有较大的帮助，是反映市场活跃程度的指标。个股振幅越大，说明主力资金介入的程度就越深，反之，就越小。但也不能一概而论，要结合具体的股票价格波动区间进行分析。如果在相对历史低位，出现振幅较大的市场现象，说明有主力资金在介入；反之，在相对历史高位出现上述现象，通常预示有机构主力资金在出逃。

1.5 需知需会：其他重要炒股名称

在认识了相应的股票和股票术语知识后，投资者需要对相关的股市名词进行相应的了解。

1.5.1 多方和空方

多方、空方是股市里的两个常用术语。如图 1–20 所示。

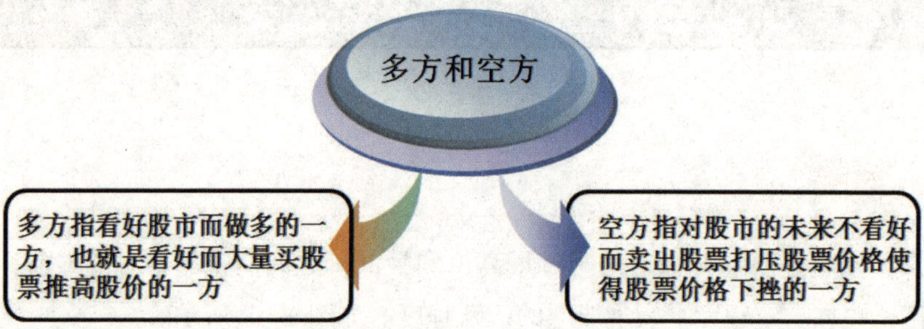

图 1–20　多方和空方的区别

在股票市场上，或者是在别的证券市场上，有多头和空头之分：所谓的多头，是指投资者看好市场的走向为上涨，于是先买入，再卖出，以赚取利润或者差价；所谓的空头是指投资者或者是投机者看到未来市场的走向为下降，所以就抛出手中的证券，然后再伺机买入。其中，买入的叫多方，卖空的叫空方。

专家提醒

卖空也有当天平仓和持续平仓之分。当天平仓，是指对当天买入或者是以前具有的进行平仓(这里对“卖空”的解释不指具体市场,理论上是可以进行当天平仓的,如香港股市实行的就是 T+0 交易模式,可以当天买进卖出。)；而持续平仓是指对当天买入的或者是以前就有的不平仓,持续拥有。

1.5.2 诱多和诱空

股市中常谈到诱多和诱空，而何谓诱多？何谓诱空？简而言之，诱多就是利用消息面进行拉升，吸引资金入场抬升，然后再抛盘，如图 1–21 所示；诱空则反之。

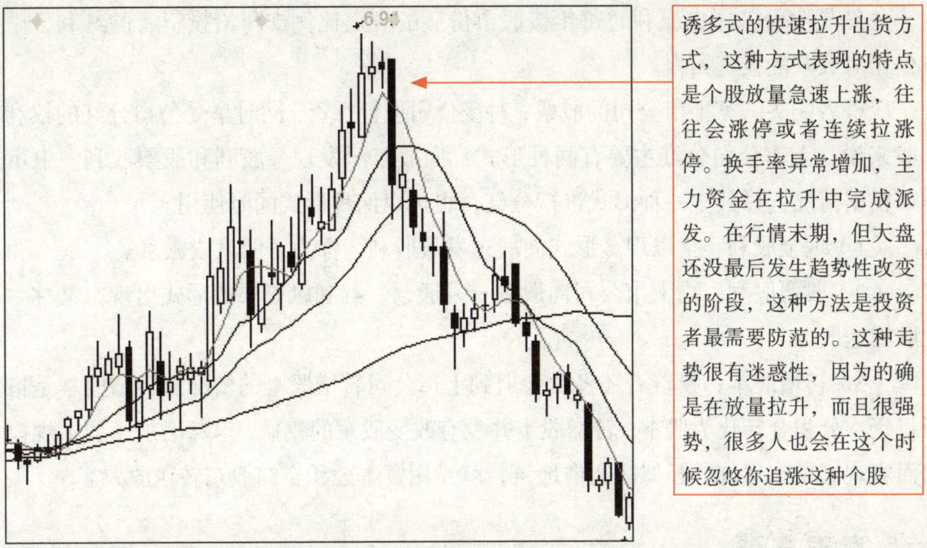

图 1–21　诱多

1.5.3　送配股

送配股包括送股和配股两个意思，两者都会给原股东带来股票数量的增加。如图 1–22 所示。

图 1–22　送配股

上市公司向股东配股时，应符合以下几个条件：

- 配售的股票限于普通股，配售的对象为根据股东大会决议而规定的日期持有该公司股票的全体普通股股东。
- 本次配售的股份总数不超过原有资本金的 30%。
- 配售发行价格不低于本次配股前最新公布的公司财务报告中每股净资产值。

1.5.4 分红

分红是股份公司在赢利时每年按股票份额的一定比例支付给投资者的红利，是上市公司对股东的投资回报。

投资者购买一家上市公司的股票，对该公司进行投资，同时享受公司分红的权利。一般来说，上市公司分红主要有两种形式：向股东派发现金股利和股票股利。上市公司可根据情况选择其中一种形式进行分红，也可以两种形式同时使用。

（1）现金股利：指以现金形式向股东发放股利，称为派股息或派息。

（2）股票股利：指上市公司向股东分发股票，红利以股票的形式出现，又称为送红股或送股。

（3）转增股本：投资者还经常会遇到上市公司转增股本的情况。转增股本是指公司将资本公积金转化为股本，转增股本并没有改变股东的权益，但却增加了股本规模，因而客观结果与送红股相似。通俗地讲，就是用资本公积金向股东转送股票。

专家提醒

转增股本与分红有所区别，分红是将未分配利润，在扣除公积金等费用项后向股东发放，是股东收益的一种方式；而转增股本是上市公司的一种送股形式，它是从公积金中提取的，将上市公司历年滚存的利润及溢价发行新股的收益通过送股的形式加以实现。不过，在实际操作中，送红股与转增股本的效果是大体相同的。

1.5.5 除权除息

上市公司以股票股利分配给股东，也就是公司的盈余转为增资或进行配股时，就要对股价进行除权；上市公司将盈余以现金分配给股东时，股价就要除息。除权除息日购入该公司股票的股东，则不可以享有本次分红派息或配股。

当一家上市公司宣布送股或配股时，在红股尚未分配，配股尚未实行之前，该股票被称为含权股票。要办理除权手续的股份公司先要报主管机关核定，在准予除权后，该公司即可确定股权登记基准日和除权基准日。凡在股权登记日拥有该股票的股东，就享有领取或认购股权的权利，即可参加分红或配股。

实际上，除权、除息的目的就是调整上市公司每股股票对应的价值，方便投资者对股价进行对比分析。如果不进行除权、除息处理，上市公司股价就会表现为较大幅度的波动。

CHAPTER 2

第2章 开始实战 开设股票账户

学前提示

股票账户是指投资者在券商处开设的进行股票交易的账户。作为一个新入市的投资者，在进入股市进行证券交易之前，必须首先开立股票账户，有了这个“通行证”，才能进行证券买卖操作。开立股票账户是投资者进入股市进行操作的先决条件。

要点展示

- 了解：炒股入市交易的流程
- 选择：适合自己的证券公司
- 实战：带齐资料开户去
- 退路：不想炒股了怎么办

2.1 了解：炒股入市交易的流程

俗话说："不要懵懵懂懂地随意买股票，要在投资前扎实地做一些功课，才能成功。"在了解了股票的基本知识后，投资者还必须明确如何进行炒股、需要注意的具体事项以及各种交易操作等，只有做足了准备，才能稳步前进。

2.1.1 炒股基本流程

对于在知识、信息、设备和资金等各方面都处于劣势的中小投资者来说，不可能花费太多时间和精力钻研股市理论和行情，所以有不少股民是在对股票知之甚少，甚至一无所知的情况下入市的，这使他们面临着很大的风险。

因此，炒股首先要全面而详细地认识各种股票，了解上市公司，掌握股市行情，眼观六路，耳听八方，慎重交易。其中，最重要的一点就是要熟知股票交易流程。如图 2-1 所示。

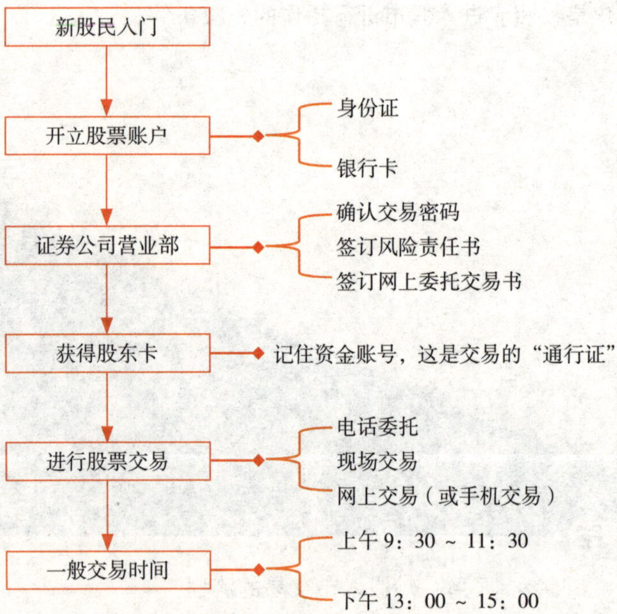

图 2-1　股票交易流程

新股民要做的第一件事就是为自己开立一个股票账户（即股东卡）。股票账户相当于一个"银行户头"，投资者只有开立了股票账户才可进行证券买卖。

总之，成功需要正确的方法，炒股更是一门高深的学问，如果认为随随便便买卖股票就可以赚钱，贸然入市，那一定会损失惨重的。笔者建议，投资者一定要牢记炒股的交易流程，积累一定的股票知识和操作经验，方能获得投资成功。

2.1.2 开户基本流程

开户也称为开设账户，投资者可以在券商柜台或网上办理。国内有众多的券商，如海通证券、中信证券、宏源证券、光大证券、兴业证券等，投资者可以择优选取一家进行开户。股票开户流程如图 2-2 所示。

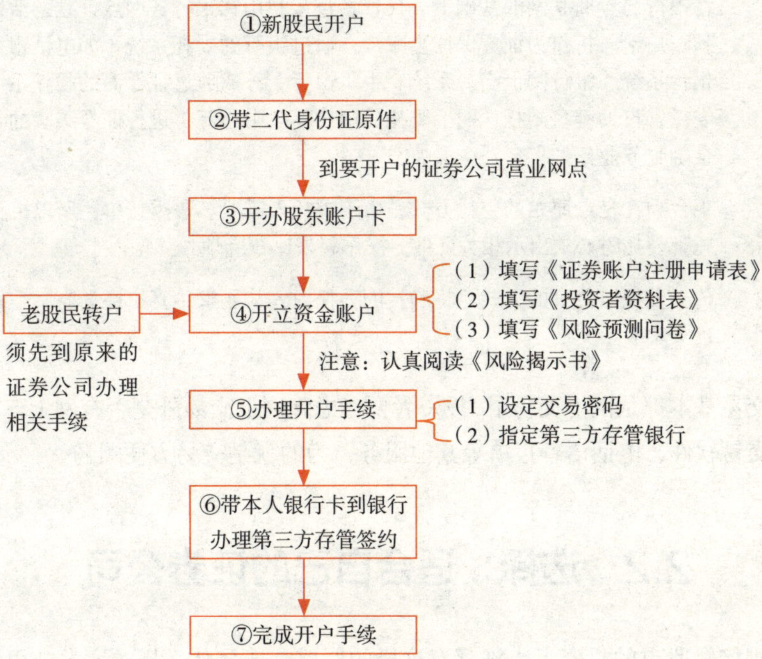

图 2-2　开户 7 步通

当前，如要买卖在上海、深圳两地上市的股票，投资者需分别开设上海证券交易所股票账户和深圳证券交易所股票账户，开设上海、深圳 A 股股票账户必须到证券登记公司或由其授权的开户代理点办理。如北京证券登记有限公司是北京地区股民办理上海、深圳 A 股股票账户开户业务的唯一法定机构。

2.1.3 选择合适的交易类型

投资者在开户的同时，需要对今后自己采用的交易手段、资金存取方式进行选择，并与证券营业部签订相应的开通手续及协议，如电话委托、网上交易、手机炒股、银证转账等。如表 2-1 所示。

表 2-1　　　　股票交易类型

类型	说明
电话委托	电话委托不需要委托人亲自到证券营业厅，只需拨通营业部的委托电话，然后根据电话提示，通过电话上的数字键来完成相关操作即可
网上交易	网上委托通过互联网下达委托命令，以便快速完成操作
手机炒股	基于移动通信网的数据传输功能来实现用手机进行信息查询和下达委托命令，让一个普通手机成为综合性的处理终端
银证转账	在银行与券商联网的基础上，投资者直接利用在银行各网点开立的活期储蓄存款账户卡、折作为证券保证金账户，通过银行的委托系统（如电话银行、银行柜台系统、银行网上交易系统、手机银行），或通过证券商的委托系统（电话委托、自助键盘委托、网上委托、用户呼叫中心等）进行证券买卖的一种新型金融服务业务
柜台委托	柜台委托是最原始的委托方式，由于委托人需要填写委托单，所以也称填单委托，委托时必须出示相关证件，操作起来比较麻烦
传真委托	传真委托以传真的方式，将确定的委托内容与要求传真给证券商，委托他们代理买卖股票交易

现在交易基本都是网上交易了，投资者要考虑除网上交易外是否有网上咨询服务、股票手机交易软件、电话语音报单等其他服务，为的就是交易方便顺畅。

2.2　选择：适合自己的证券公司

很多刚接触股市的投资者也许都有这样的疑惑，选择什么样的证券公司到底重要不重要，应该选择什么样的证券公司。选择一个适合自己的证券公司对一个新手来说还是很重要的，毕竟在现代社会生活节奏较快的情况下，在开户之前做好准备工作，一次办好，也避免日后转户销户的麻烦。

2.2.1　证券交易市场

证券交易市场也称证券流通市场、二级市场（security secondary market）、次级市场，是指对已经发行的证券进行买卖、转让和流通的市场。在二级市场上销售证券的收入属于出售证券的投资者，而不属于发行该证券的公司。

1．纽约股票市场

纽约证券交易所是纽约资本市场的一个重要组成部分。在美国，有 10 多家证券交易所按证券交易法注册，被列为全国性的交易所。其中，纽约证券交易所、NASDAQ和美国证券交易所最大，它们都设在纽约。

纽约证券交易所（New York Stock Exchange，简称 NYSE）位于百老汇街，可以说是世界经济的神经中枢。纽约证券交易所是上市公司总市值第一、IPO 数量及市值第一、交易量第二的交易所。在 2005 年 4 月末，NYSE 收购全电子证券交易所（Archipelago），成为一个盈利性机构。

据悉，有大约 2800 家公司在纽约股票市场上市，全球市值 15 万亿美元。在二百多年的发展过程中，纽约证券交易所为美国经济的发展、社会化大生产的顺利进行、现代市场经济体制的构建起到了举足轻重的作用。

2. 东京股票市场

东京证券交易所（日文假名发音：とうきょうしょうけんとりひきしょ；英文：Tokyo Stock Exchange）是日本的证券交易所之一，简称“东证”，总部位于东京都中央区日本桥兜町。东京证券交易所发展的历史虽然不长，但却是世界上最大的证券交易中心之一，也是仅次于纽约证券交易所的世界第二大证券市场。

东京证券交易所与大阪证券交易所、名古屋证券交易所并列为日本 3 大证券交易所，其市场规模位居世界前三，同时也是日本最重要的经济中枢。目前，东京证券交易所有上市公司 1777 家，其中外国公司 110 家，市场资本总额将近 45000 亿美元。

3. 伦敦股票市场

伦敦证券交易所（London Stock Exchange，简称 LSE）是世界四大证券交易所之一，作为世界上最国际化的金融中心，伦敦不仅是欧洲债券及外汇交易领域的全球领先者，还受理超过三分之二的国际股票承销业务。

作为世界第三大证券交易中心，伦敦证券交易所是世界上历史最悠久的证券交易所。伦敦证券交易所扮演着中心角色，它运作世界上国际最强的股票市场，其外国股票的交易超过其他任何证交所。

4. 中国股票市场

中国证券市场主要有上海证券交易所、深圳证券交易所、香港交易所和台湾证券交易所。其中最具代表性的即上海证券交易所，成立于 1990 年 11 月 26 日，同年 12 月 19 日开业，为不以盈利为目的的法人，归属中国证监会直接管理。

2.2.2 选择证券公司开户

如今，为投资者提供证券服务的券商有很多，它们实际上就是证券交易所的代理商。如图 2-3 所示，介绍了一些国内较出名的券商供大家选择。

1. 中信证券

中信证券股份有限公司是中国证监会核准的第一批综合类证券公司之一。服务内容包括证券（含境内上市外资股）的代理买卖；代理证券还本付息、分红派息；证券的代保管、鉴证；代理登记开户等

2. 广发证券

广发证券股份有限公司成立于1991年9月，是中国首批综合类券商之一，是一家与中国资本市场一同成长起来的新型投资银行，形成了跨越证券、基金、期货、股权投资领域的金融控股集团架构

3. 国信证券

国信证券是全国性大型综合类证券公司，主要服务为证券的代理买卖、代理证券的还本付息和分红派息；证券保管和鉴证、代理登记开户、证券自营买卖、证券的承销、证券投资咨询、客户资产管理、直接投资、融资融券、股指期货IB业务以及中国证监会批准的其他业务

4. 华泰证券

华泰证券公司是中国证监会首批批准的综合类券商之一，提供专业的证券理财服务，拥有以证券经纪、资产管理、投资银行服务、投资服务、基金债券代销服务等为基本架构的完善的专业证券服务体系

图 2-3　国内较出名的券商

大多数投资者在初入股市之时，最急切关注的一个问题就是：哪家券商好？我的股票账户要开在哪里？如果不仔细斟酌就随便开了户，日后可能会产生许多不必要的麻烦。投资者必须牢记投资炒股的一大禁忌——切忌盲目跟风，买股票如是，选券商亦如是，正所谓“没有最好的，只有最适合自己的”。如图2-4所示，列举了选择适合自己证券公司的常用方法。

图 2-4　选择适合自己证券公司的常用方法

专家提醒

另外，股票投资的一项基本费用就是佣金，佣金水平的高低也是选择券商的一个要素。

2.3 实战：带齐资料开户去

股票市场是有经验的人获得更多金钱，有金钱的人获得更多经验的地方。人们常说实践出真知，学习基本常识只是准备阶段，最重要的是炒股的实战阶段。本节将介绍股票开户的具体操作方法。

2.3.1 开户要准备的资料

投资者如需入市，应事先开立证券账户卡。下面分别介绍开立深圳证券账户卡和上海证券账户卡要准备的资料。如表 2-2 所示。

表 2-2 深圳证券账户卡和上海证券账户卡准备资料

类型	投资者	法人	备注	开户费用
深圳证券账户卡	可以通过所在地的证券营业部或证券登记机构办理，需提供本人有效身份证及复印件；委托他人代办的，还需提供代办人身份证及复印件	持营业执照及复印件、法人委托书、法人代表证明书和经办人身份证办理	证券投资基金、保险公司开设账户卡则需到深圳证券交易所直接办理	个人 50 元 / 每个账户；机构 500 元 / 每个账户
上海证券账户卡	可以到上海证券中央登记结算公司在各地的开户代理机构处，办理有关申请开立证券账户手续，带齐有效身份证件和复印件	需提供法人营业执照副本原件或复印件，或民政部门、其他主管部门颁发的法人注册登记证书原件和复印件；法定代表人授权委托书以及经办人的有效身份证明及其复印件	委托他人代办须提供代办人身份证明及其复印件，以及委托人的授权委托书	个人纸卡 40 元，个人磁卡本地 40 元 / 每个账户，异地 70 元 / 每个账户；机构 400 元 / 每个账户

2.3.2 营业部开户

投资者办理深、沪证券账户卡后，到证券营业部买卖证券前，需首先在证券营业部开户，开户主要在证券公司营业部营业柜台或指定银行代开户网点，然后才可以买卖证券。

营业部开户的具体操作方法如下。

步骤 1 准备开户资料：个人开户需提供身份证原件及复印件，深、沪证券账户卡原件及复印件；若是代理人，还需与委托人同时临柜签署《授权委托书》并提供代理人的身份证原件和复印件；法人机构开户应提供法人营业执照及复印件、法定代表人证明书、证券账户卡原件及复印件、法人授权委托书和被授权人身份证原件及复印件、单位预留印鉴；B 股开户还需提供境外商业登记证书及董事证明文件。

步骤 2 填写开户资料：与证券营业部签订《证券买卖委托合同》（或《证券委托交易协议书》），同时签订有关沪市的《指定交易协议书》。

步骤 3 开设资金账户：证券营业部为投资者开设资金账户，需开通证券营业部银证转账业务功能，投资者应注意查阅证券营业部有关此类业务功能的使用说明。

2.3.3 银证通开户

“银证通”业务是指信用社系统与券商交易系统相联接，投资者通过券商证券交易系统进行证券买卖，并通过在信用社开立的储蓄账户完成资金清算的业务。

开通“银证通”需要到银行办理相关手续，开户步骤如下：

步骤 1 银行网点办理开户手续：持本人有效身份证、银行同名储蓄存折（如无，可当场开立）及深沪股东代码卡到已开通“银证通”业务的银行网点办理开户手续。

步骤 2 填写表格：填写《证券委托交易协议书》和《银券委托协议书》。

步骤 3 设置密码：表格经过校验无误后，当场输入交易密码，并领取协议书客户联，即可查询和委托交易。

开通后，投资者可享受如图 2-5 所示的服务。

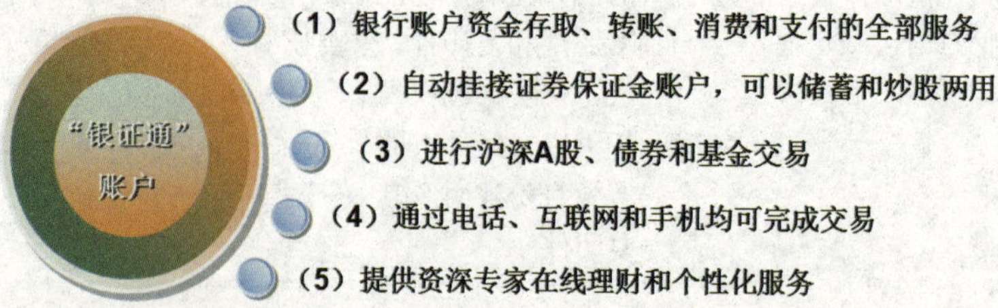

图 2-5 “银证通”账户的主要功能

2.3.4 B 股开户

B 股和 A 股相比，大家有些陌生，但是和 A 股相比，B 股却有着得天独厚的估值优势。B 股的股价一般比其对应的 A 股有 30% ~ 40% 的折价，高的甚至可以达到 50%，这对于投资者来说是捡便宜货的好地方。

B 股不是实物股票，依靠无纸化电子记账，实行“T + 3”交割制度，有涨跌幅（10%）限制，参与投资者为我国香港、澳门、台湾地区居民和外国人，持有合法外汇存款的大陆居民也可投资。

B 股开户的流程和 A 股相比，略显复杂，具体步骤如下。

步骤 1 凭本人有效身份证明文件到其原外汇存款银行将其现汇存款和外币现钞存款划入证券商在同城、同行的 B 股保证金账户。境内商业银行应当向境内居民个人出具进账凭证单，并向证券经营机构出具对账单。

步骤 2 凭本人有效身份证明和本人进账凭证单到证券经营机构开立 B 股资金账户，开立 B 股资金账户的最低金额为等值 1000 美元。

步骤 3 凭刚开立的 B 股资金账户，到该证券经营机构申请开立 B 股股票账户。

步骤 4 最后一步，就是交易了。由于 B 股是外币结算，所以，投资者的外币来源有以下 3 种途径，对应不同的来源，往账户里汇钱的方式也有所不同。

（1）持有国内的外汇，那直接向该账户划款即可。不过，B 股交易所用的都是现钞，如果投资者持有的是外汇，那么银行会自动帮你换成现钞。

（2）持有海外的外汇，那么必须先将国外外汇汇入到国内同名账户下，然后才能向券商的保证金账户打款。

（3）投资者可以在银行柜面直接换汇，也可以通过某些券商的应用程序进行自动换汇。

2.3.5 网上开户

网上开户，是指投资者凭有效的数字证书登录证券公司网上开户系统、签署开户相关协议后，证券公司按规定程序为投资者办理开户。投资者向证券公司或证券公司指定的电子认证服务机构申请数字证书，并以数字证书为基础在网上办理开户手续，是一种投资者自主、自助开户的开户形式。

网上开户属于创新业务，相对现场开户，突破了时间和地域限制，将来发展趋势可以实现 7×24 小时开户。

投资者使用相关券商提供的网上开户地址，可以申请并安装中国结算的数字证书，在通过视频完成一系列后台见证程序后，即可直接开设沪深两市股东账户，全程不需要与券商工作人员现场见面。随后，相关账户即可正常参与股票交易。

网上开户在 2013 年年初左右就已经在一些大型券商开始试点，但当时只能开立资金账户，2013 年 8 月 29 日，国泰君安上海分公司终于成功在网上开出了股东账户的第一单，具有划时代的意义。从此，投资者真正实现了足不出户就可以开股票账户，是中国金融网络化的重要一步。

下面以国信证券为例，介绍网上开户的具体操作方法。

步骤 1 进入国信证券官方网站，单击“我要开户”按钮。如图 2-6 所示。

图 2-6 单击“我要开户”按钮

步骤 2 执行操作后，进入“在线开户”页面，单击“网上开户”选项区中的“我要开户”按钮。如图 2-7 所示。

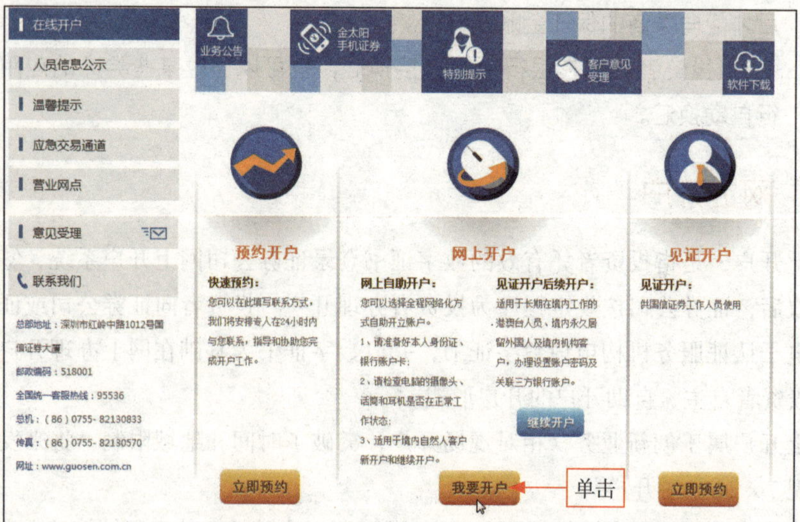

图 2-7 单击“我要开户”按钮

步骤 3 执行操作后，进入“自助开户”页面，弹出“温馨提示”对话框，提示用户安装证书控件，单击“确定”按钮。如图 2-8 所示。注意：数字证书下载后只能在本机上使用，投资者如果要更换其他计算机使用数字证书的，必须重新办理身份识别和数字证书申请手续。

步骤 4 执行操作后，弹出“文件下载 - 安全警告”对话框，单击“运行”按钮。如图 2-9 所示。

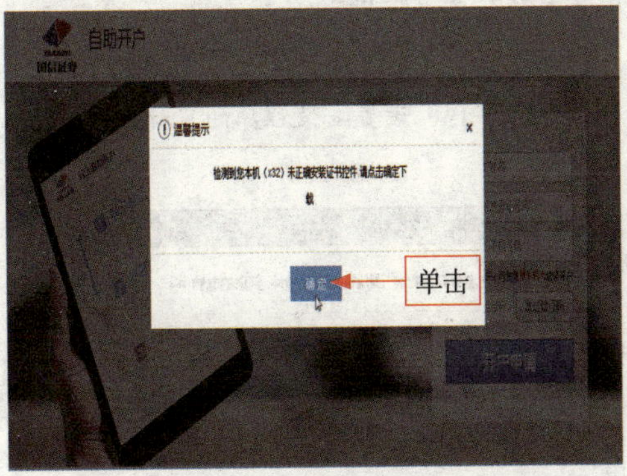

图 2–8　单击“确定”按钮

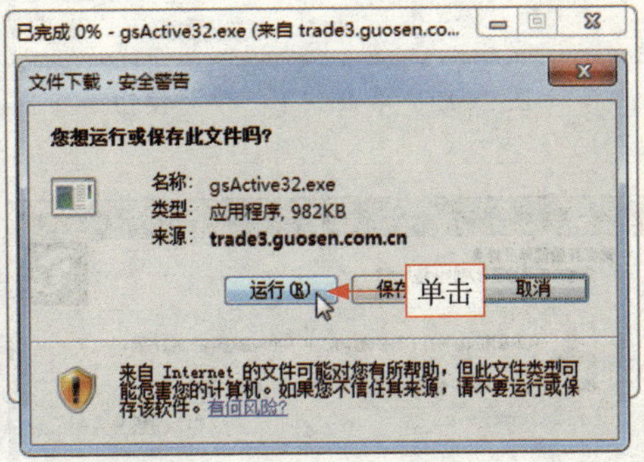

图 2–9　单击“运行”按钮

步骤 5 执行操作后，显示下载进度。如图 2-10 所示。

步骤 6 下载完成后，弹出提示信息框，单击“运行”按钮。如图 2-11 所示。

图 2–10　显示下载进度

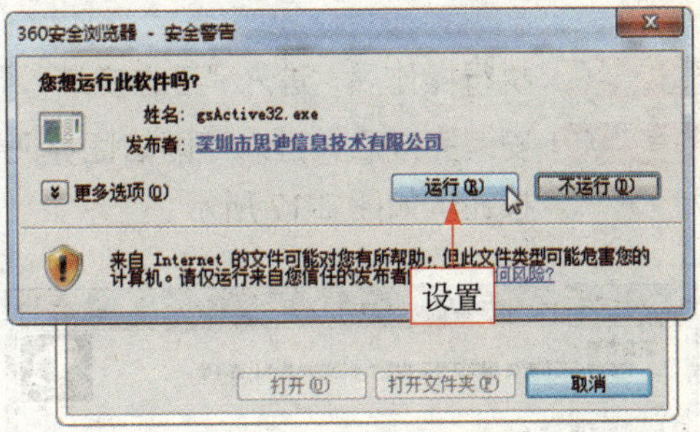

图 2–11　单击“运行”按钮

步骤 7 弹出“安装 - 国信证券证书控件”对话框，单击“下一步”按钮。如图 2-12 所示。

步骤 8 设置安装程序的目标位置后单击“下一步”按钮。如图 2-13 所示。

步骤 9 执行操作后，进入“下载开始菜单文件夹”界面，单击“下一步”按钮。如图 2-14 所示。

步骤 10 执行操作后，进入“准备安装”界面，显示相应的安装信息，单击“下一步”按钮。如图 2-15 所示。

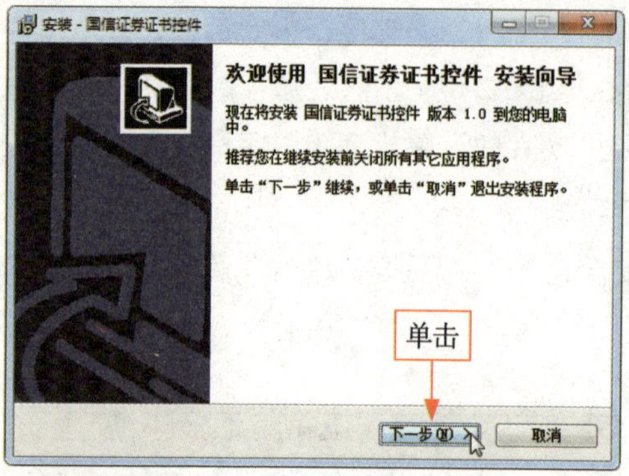

图 2-12　单击“下一步”按钮

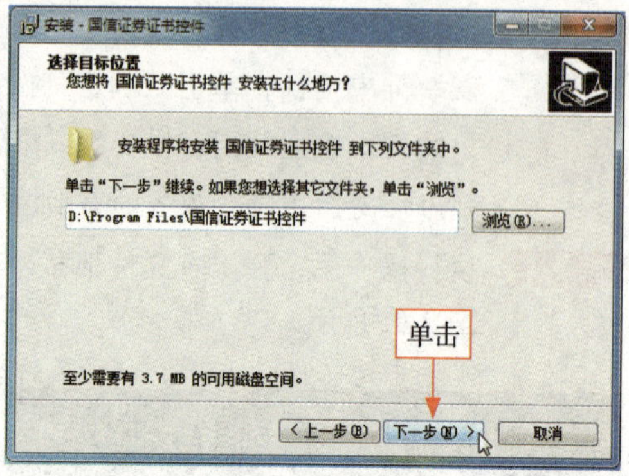

图 2-13　设置安装程序的目标位置

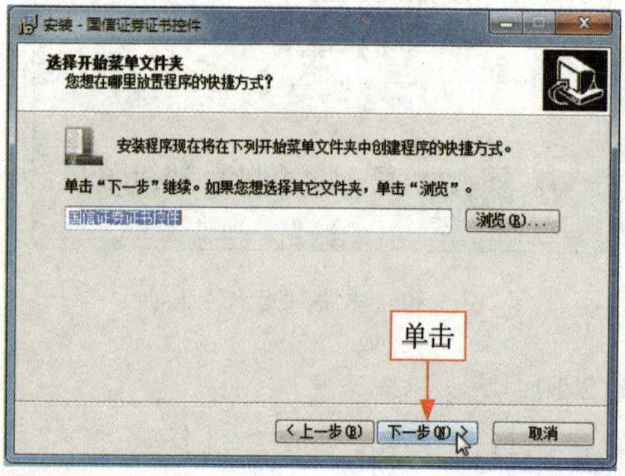

图 2-14　单击“下一步”按钮

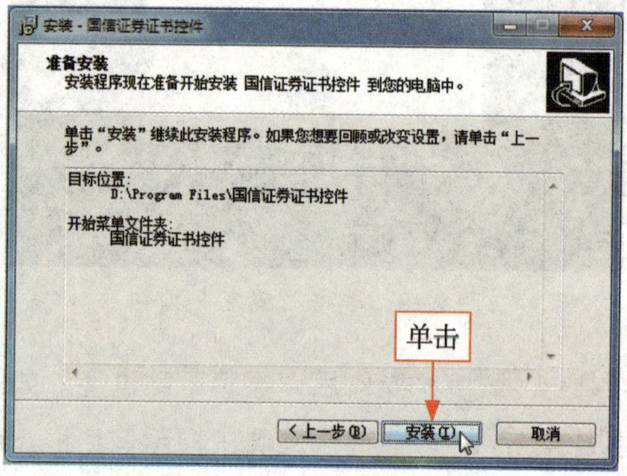

图 2-15　单击“下一步”按钮

步骤 11　执行操作后，进入“正在安装”界面，显示程序的安装进度。如图 2-16 所示。

步骤 12　安装完成后，进入“国信证券证书控件 安装向导完成”界面，单击“完成”按钮。如图 2-17 所示。

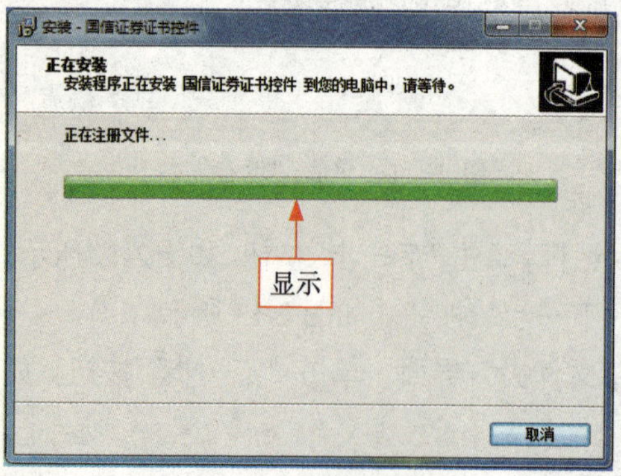

图 2-16　显示安装进度

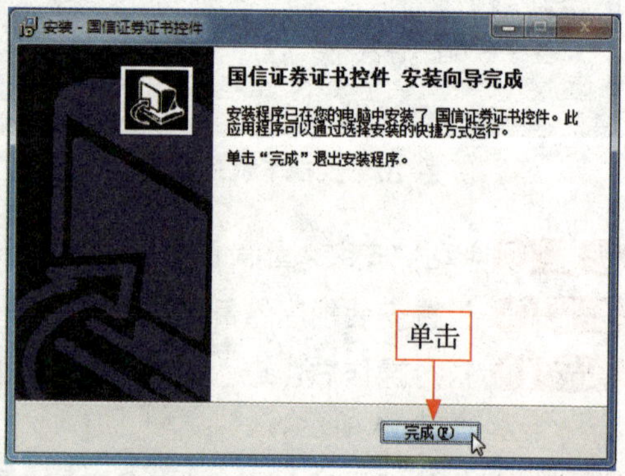

图 2-17　单击“完成”按钮

安装完证书控件后，需要重新启动浏览器，再次进入“自助开户”界面，依次输入姓名、身份证号码、手机号码，单击“发送验证码”按钮，手机即可收到一条验证信息，将其输入下方的文本框中，单击“开户申请”按钮即可进入网上开户的申请流程。如图 2-18 所示。

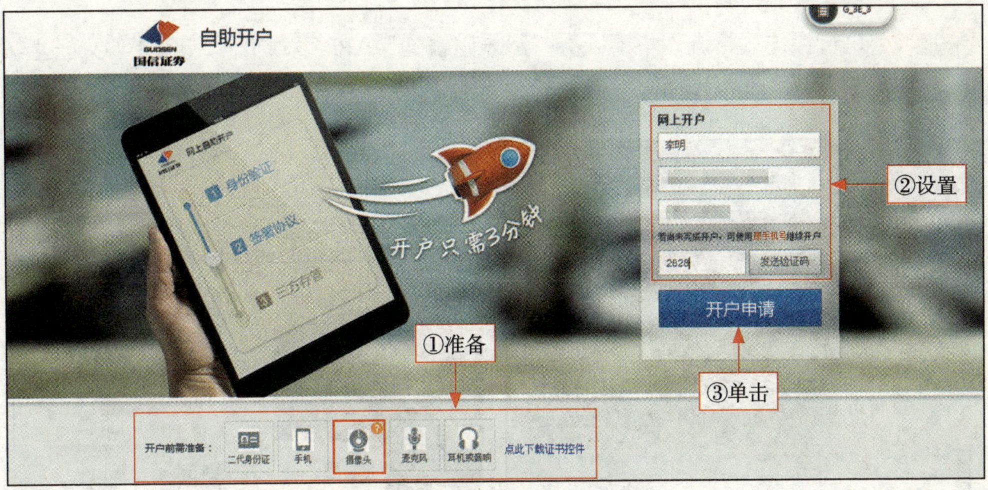

图 2-18 “自助开户”界面

步骤 1 **事前准备：**电脑、耳机或音响、麦克风、摄像头、证券开户本人的中华人民共和国第二代居民身份证原件、自己使用的手机。

步骤 2 **登录官网开立账户：**填写开户资料，如个人使用的手机号码、身份证信息等，选择你要开户的营业部；拍照身份证正反面和个人的头像，与证券公司的工作人员视频验证；填写个人联系方式和职业信息；进行风险评估，阅读开户协议书；开立证券资金台账户，设置资金密码和交易密码（两个密码可以设置得一样）。最后，交易身份证验证通过就开立资金账户成功了。

步骤 3 **做第三方存管指定银行：**查看可选择的银行然后选择方便自己使用的银行做第三方托管，看操作网上操作指导可以网上直接办理。

步骤 4 **网上开立股东卡：**系统默认选择上海证券 A、深圳证券 A、上海登记、深圳登记账户。

步骤 5 **等待审核：**开户资料提交完成后，进入“审核状态”。顺利完成激活后客户账号就可以使用了。

2.3.6 手机开户

随着移动互联网和智能手机的发展，很多证券公司均已实现手机开户功能。目前，最方便的炒股开户方式就是手机开户了，不需要临柜到营业部办理，也不需要电脑视频见证，只要有一部智能手机和畅通的网络就可以快捷开户了。

下面以华泰证券开户为例，介绍用手机客户端开立股票账户的具体操作方法。

步骤 1 进入华泰证券官方网站，单击“快速通道”选项区中的“手机证券”链接。如图 2-19 所示。

步骤 2 执行操作后，进入华泰证券“涨乐财富通”APP 下载页面，用户可以通过电脑下载或手机扫描二维码下载。如图 2-20 所示。

图 2-19　单击“手机证券”链接

图 2-20　APP 下载页面

步骤 3 扫描二维码后，显示手机下载页面，点击“立即下载涨乐财富通”按钮。如图 2-21 所示。执行操作后即可下载并安装 APP。

步骤 4 打开 APP，点击“立即体验”按钮。如图 2-22 所示。

图 2-21　点击“立即下载涨乐财富通”按钮

图 2-22　点击“立即体验”按钮

步骤 5 执行操作后，进入“精品推荐”页面，点击右下角的“掌厅”按钮。如图 2-23 所示。

步骤 6 进入“掌上营业厅”页面，点击“网上开户”按钮。如图 2-24 所示。

图 2–23　点击“掌厅”按钮

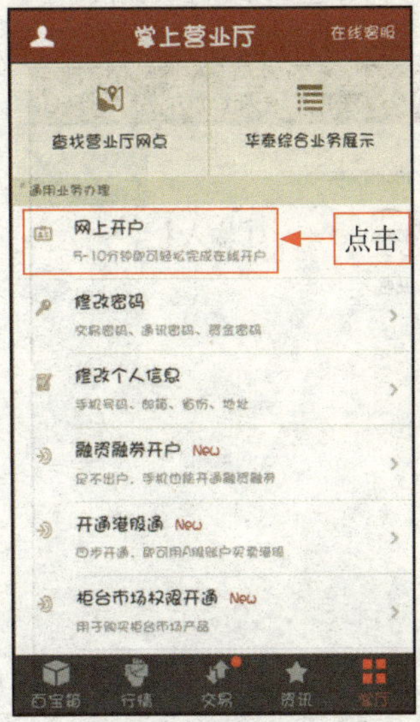

图 2–24　点击“网上开户”按钮

步骤 7 执行操作后，进入“开户须知”页面，提示用户开户前要准备的东西，点击“确定”按钮。如图 2-25 所示。

步骤 8 进入“填写手机号”页面，输入手机号码。如图 2-26 所示。

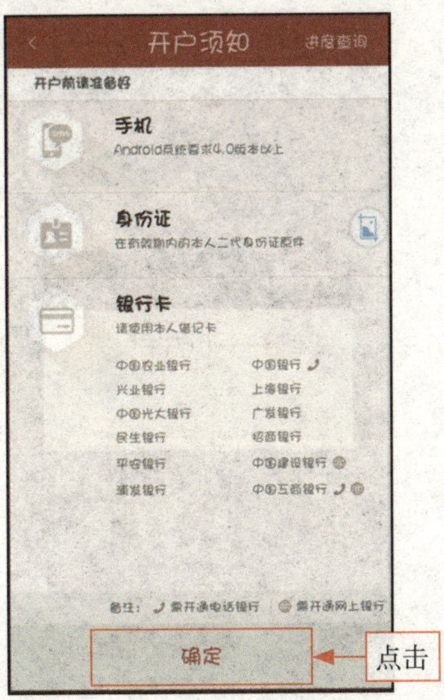

图 2–25　开户须知

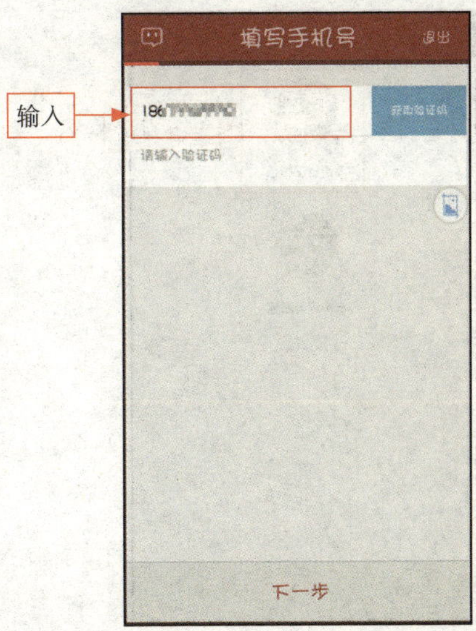

图 2–26　输入手机号码

步骤 9 点击“获取验证码”按钮，在下面的文本框中输入收到的验证码，点击“下一步”按钮。如图 2-27 所示。

步骤 10 进入“选择营业部”界面，系统会自动选择开户省、开户市、营业部、开户经理工号（可选填）、服务套餐等选项，点击“下一步”按钮。如图 2-28 所示。

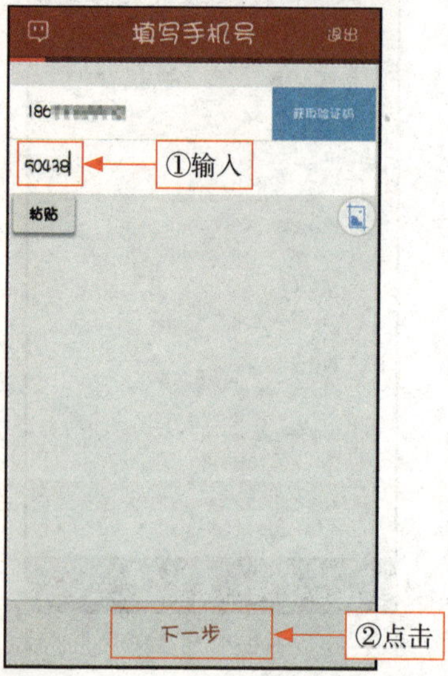

图 2-27 点击“下一步”按钮

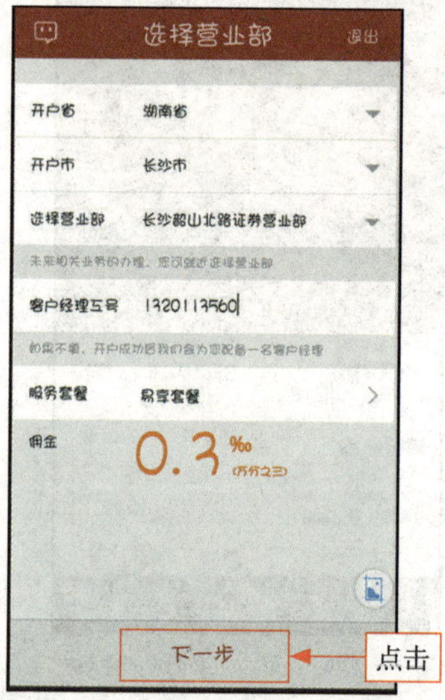

图 2-28 “选择营业部”界面

步骤 11 进入“上传身份证照片”页面，点击“身份证正面照”按钮。如图 2-29 所示。

步骤 12 弹出“选择图片”对话框，点击“拍照”按钮。如图 2-30 所示。

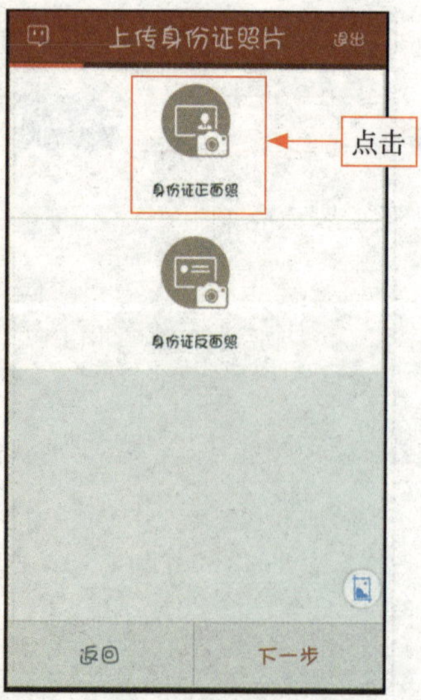

图 2-29 点击“身份证正面照”按钮

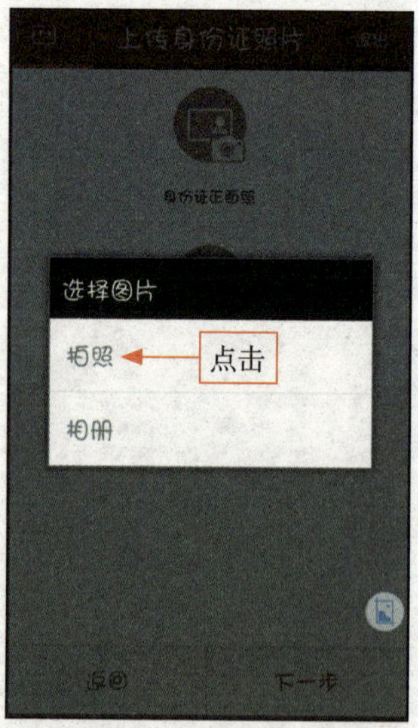

图 2-30 点击“拍照”按钮

步骤 13 拍照时，需要把四个边四个角都露出来，不要有遮挡。如图 2-31 所示。

步骤 14 拍照后，预览身份证正面照，确认无误后点击“确定”按钮。如图 2-32 所示。

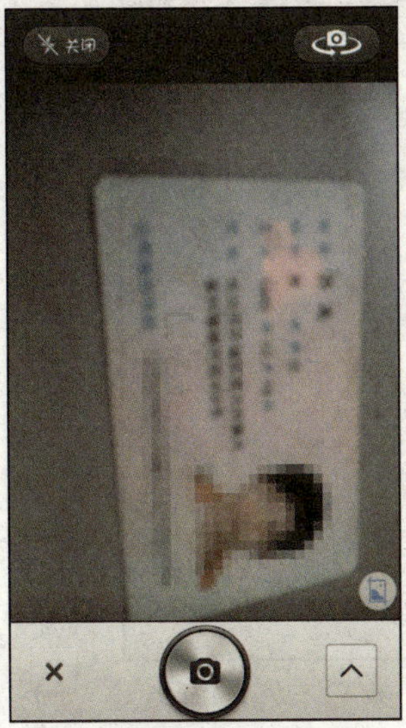

图 2-31　拍摄身份证照片

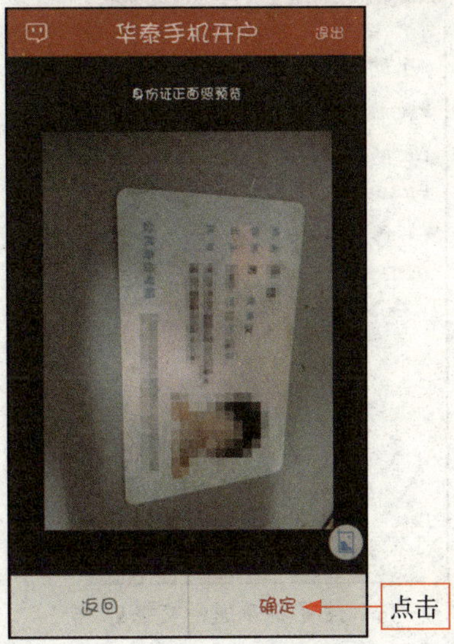

图 2-32　预览身份证正面照

步骤 15 上传身份证反面照，点击“下一步”按钮。如图 2-33 所示。

步骤 16 设置学历和职业，点击“下一步”按钮。如图 2-34 所示。

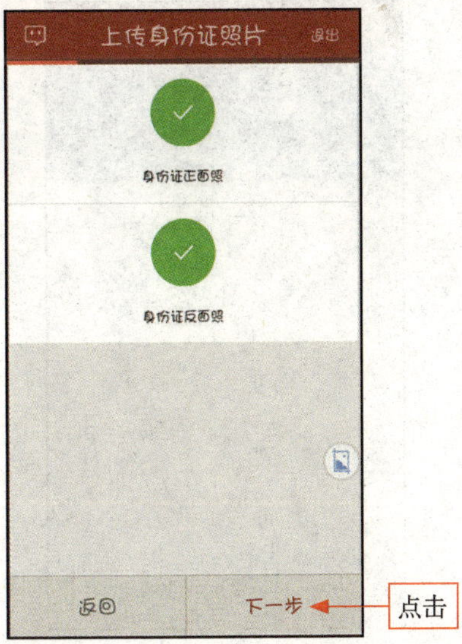

图 2-33　上传身份证照片

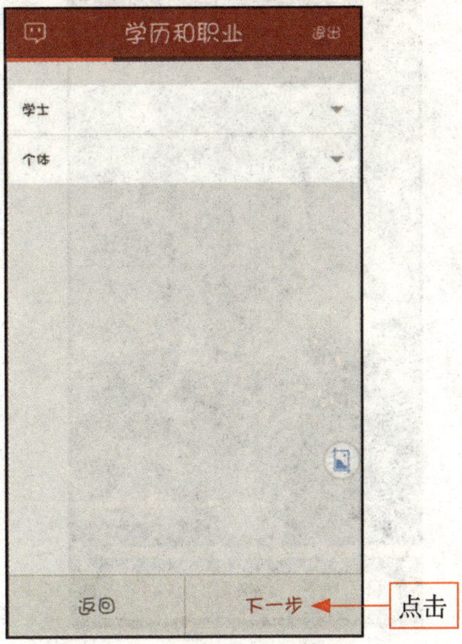

图 2-34　设置学历和职业

步骤 17 设置要开通的交易账户，点击“下一步”按钮。如图 2-35 所示。

步骤 18 设置三方存管银行，点击“下一步”按钮。如图 2-36 所示。

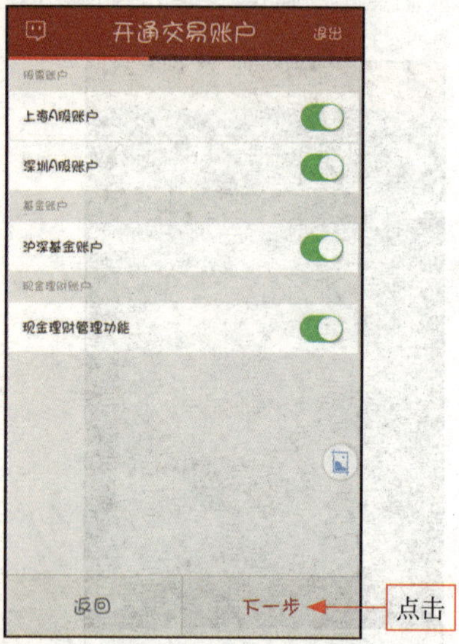

图 2-35　设置要开通的交易账户

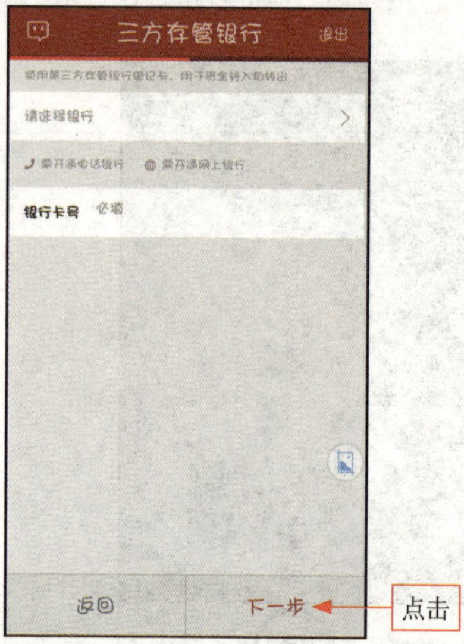

图 2-36　设置三方存管银行

步骤 19 接下来是申请、完成视频验证的操作。如图 2-37 所示。

步骤 20 视频结束后是设置密码，用户填写回访问卷并提交开户申请。如图 2-38 所示。此过程一般直接点击“下一步”按钮即可，无需特别更改。

图 2-37　视频验证

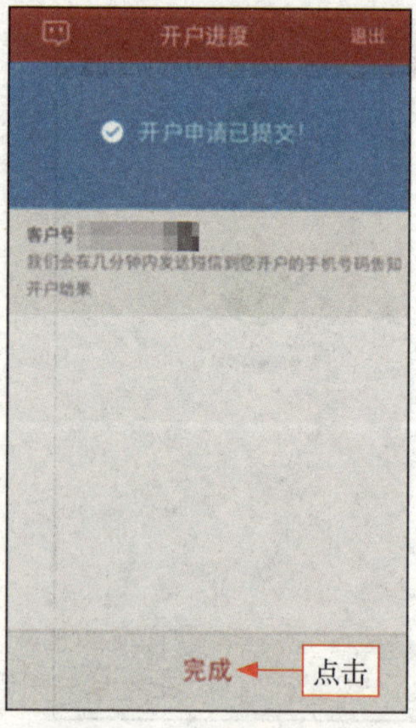

图 2-38　提交开户申请

至此，手机端的开户操作完成，投资者只需保持手机畅通，证券公司将发送确认开户成功的短信息至你开户时预留的手机号码。从收到短信的那刻起，投资者就可以使用客户号成功登录交易软件了。

2.4 退路：不想炒股了怎么办

在炒股的过程中，难免会遇到一些意外变化，这时候就需要办理相应的手续，如过户、转托管和销户等，让自己全身而退。

2.4.1 股票过户

股票过户是投资者从证券市场上买到股票后，到该股票发行公司办理变更股东名簿记载的活动，是股票所有权的转移。股票有记名股票与不记名股票两种，不记名股票可以自由转让，记名股票的转让必须办理过户手续。在证券市场上流通的股票基本上都是记名股票，都应该办理过户手续才能生效。

股票过户的相关流程如图 2-39 所示。

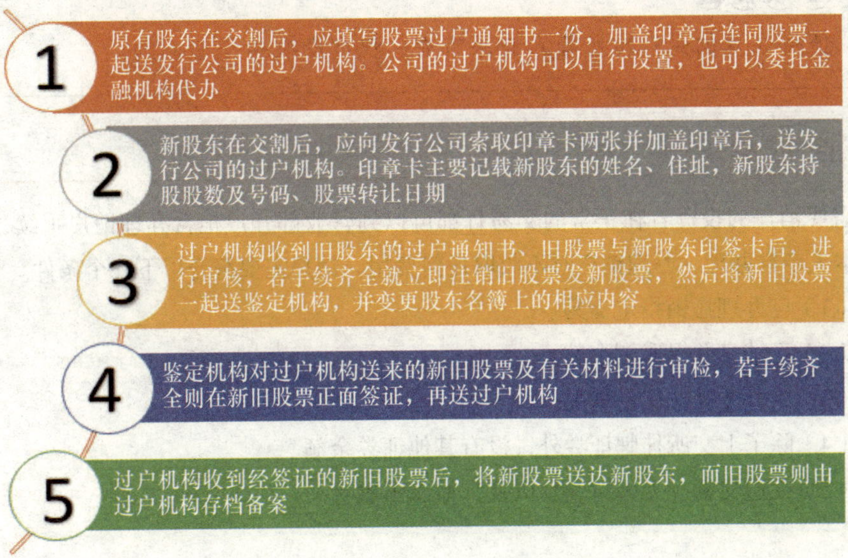

图 2-39 股票过户的相关流程

2.4.2 股票转托管

转托管又称证券转托管，是专门针对深交所上市证券托管转移的一项业务，是指投资者将其托管在某一证券商那里的深交所上市证券转到另一个证券商处托管，是投资者的一种自愿行为。投资者在办理转托管手续时，可将自己所有的证券一次性全部转出，也可将其中的部分证券或同一券种中的部分证券转出。

股票转托管的一般流程如图 2-40 所示。

(1) 首先，投资者向转出券商提出转托管申请，填写“转托管申请书”，在申请书中认真填写转出证券账户代码、证券品种、数量等。转出券商收到申请书，核对无误后，在交易时间内，通过交易系统向深交所报盘转托管，当日停牌证券不可以转托管，转托管委托报盘后，在当日闭市前也可报盘申请撤单

(2) 每个交易日收市后，深圳证券结算公司将处理后的转托管数据录入“计算数据包”，通过结算通信系统发给券商，券商根据所接收的转托管数据及时修订相应的股份明细账

图 2-40　股票转托管的一般流程

专家提醒

值得注意的是：转托管只有深市有，沪市没有转托管问题。

2.4.3　股票销户

需要销户的投资者在正常的交易日都可以到营业部开户柜台办理销户手续，但必须由本人亲自办理，办理销户时不收取任何费用。销户需要符合以下几个条件。

（1）已办理撤销指定交易。

（2）已结息并提取剩余款。

（3）当日无委托交易情况。

（4）除了上交所挂牌证券外，没有其他证券余额。

（5）无透支款、无欠付利息以及其他未了事宜。

CHAPTER 3

第3章 软件实战 下载、安装和试用

学前提示

面对信息技术的日新月异，人们已经不再讨论电子商务是否必要；面对宽带技术的迅猛发展，人们已经开始熟悉把自己融入到新的网络社区。本章以零基础讲解为宗旨，用实例引导读者深入学习，深入浅出地讲解网上炒股的知识和操作技巧。

要点展示

- 四大免费炒股软件概述
- 下载与安装炒股软件
- 了解炒股软件的功能应用
- 模拟试用——炒股实战

3.1 四大免费炒股软件概述

炒股软件也就是股票软件，它的基本功能是信息的实时揭示（包括行情信息和资讯信息），所以早期的炒股软件有时候会被叫做行情软件。一般炒股软件都会提供股票、期货、外汇、外盘等多个金融市场的行情、资讯和交易服务等一站式服务。

随着证券分析技术和软件技术的发展，炒股软件进化出很多功能：技术分析、基本面分析、资讯汇集、智能选股、自动选股、联动委托交易等，也因此分化出种种不同流派和特点的炒股软件产品。比较著名的有大智慧、同花顺、钱龙、通达信、红股通、股融软件等。

3.1.1 同花顺炒股软件

同花顺是一款功能非常强大的免费网上股票证券交易分析软件，是投资者炒股的必备工具。同花顺主要提供行情显示、行情分析和行情交易等功能，它分为免费 PC 产品、付费 PC 产品、电脑平板产品、手机产品等适用性强的多个版本。

全新版同花顺股票软件新增了多种强大功能。

步骤 1 新增热点事件功能：工具栏增加热点事件功能入口，及时揭秘事件受益概念。如图 3-1 所示。单击工具栏“热点事件”按钮进入该功能；单击相关事件可以查看受益概念及炒作指数，左下方为个股表现；右侧对该事件进行综合评分。

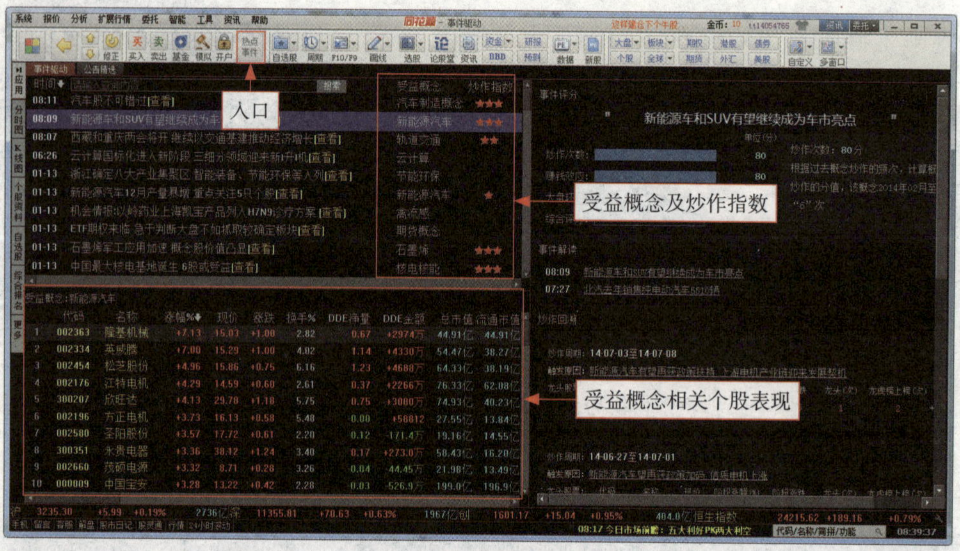

图 3-1 新增热点事件功能

步骤 2 资讯页面整合：资讯页面整合了财经头条、公司新闻、24小时滚动、全球市场及自选股资讯。如图3-2所示。

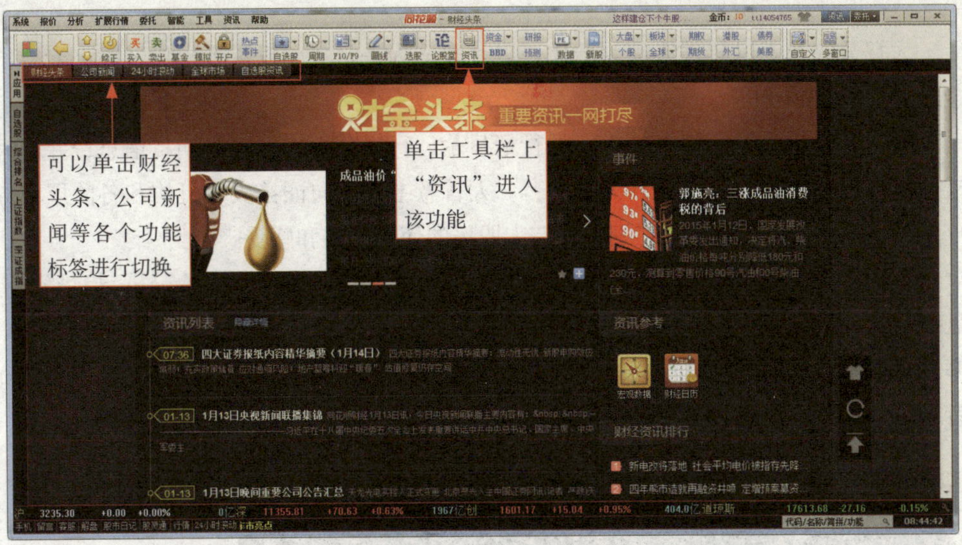

图3-2 资讯页面整合

步骤 3 涨跌幅排行页面整合：涨跌幅排名页面同时增加了DDE排名、资金流向、主力增仓及财务数据。如图3-3所示。

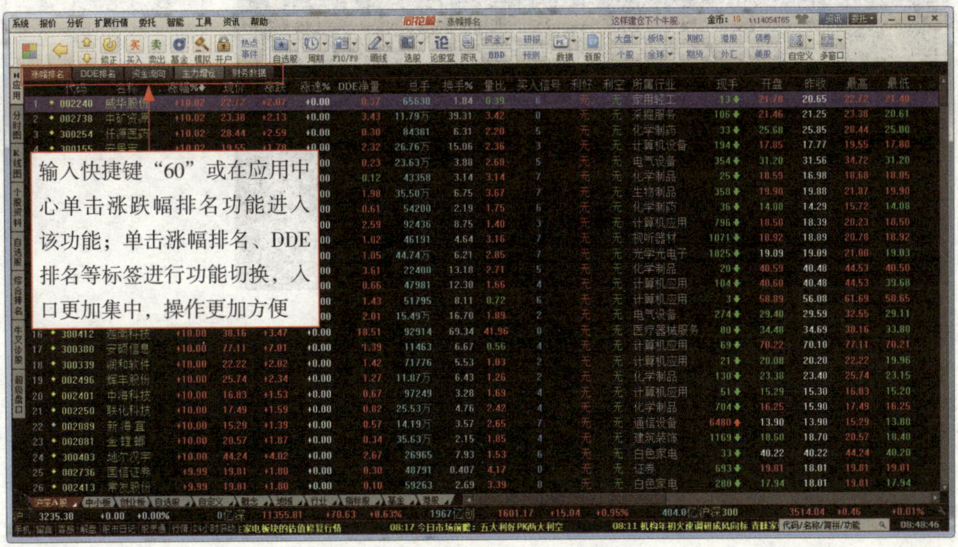

图3-3 涨跌幅排行页面整合

同花顺软件全部可以通过公司网站和其他网站下载方式免费获取，基本行情数据也是免费向广大投资者提供的，并通过提供增值证券服务收取费用。同花顺软件注册用户数已经超过 7200 多万人，每日使用同花顺网上行情免费终端的客户约 300 万人。

3.1.2 大智慧炒股软件

大智慧致力于以软件终端为载体，以互联网为平台，向投资者提供及时、专业的金融数据和数据分析。

大智慧软件是一套用来进行证券行情显示、行情分析、外汇及期货信息，并同时进行信息即时接收的超级证券信息平台。大智慧主要面向证券决策机构和各阶层证券分析、咨询、投资人员，并特别关注广大股民的使用习惯和感受。

大智慧集国内外分析软件之大成，整合了行情分析、盘口分析、竞价分析、趋势分析、盘中选股、指标选股、基本面选股、基本分析于一体，并融入万国测评强大的资讯实力，率先将盘中资讯和实时行情相结合，并开创了双向交流的先河，力图为证券市场投资者提供全方位的分析手段。如图 3-4 所示。

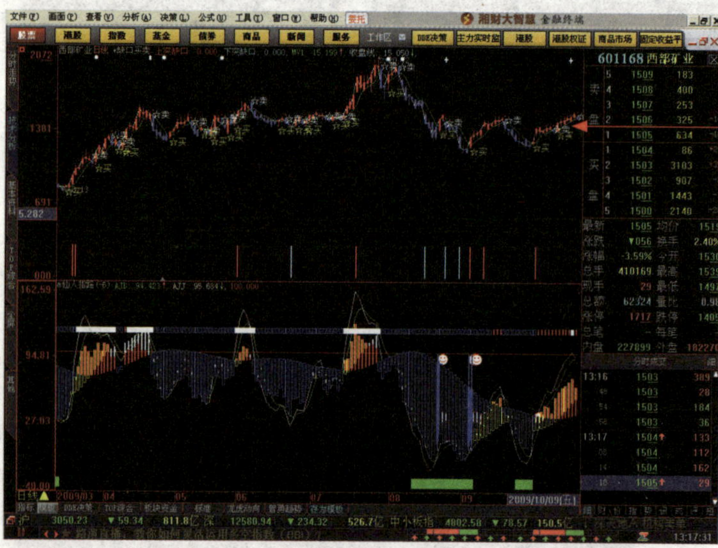

大智慧在涵盖主流的分析功能和选股功能的基础上不断创新，星空图、散户线、龙虎看盘等高级分析功能包含大智慧的绝密分析技术，在证券市场上独树一帜

图 3-4　大智慧技术分析界面

3.1.3 通达信炒股软件

通达信软件是多功能的证券信息平台，与其他行情软件相比，它有简洁的界面和行情更新速度较快等优点。如图 3-5 所示。通达信是南方市场上影响力最大的网上交易厂商，南方地区最主要的几个券商国信、招商、广发、中投、安信等均采用通达信的网上交易行情系统。

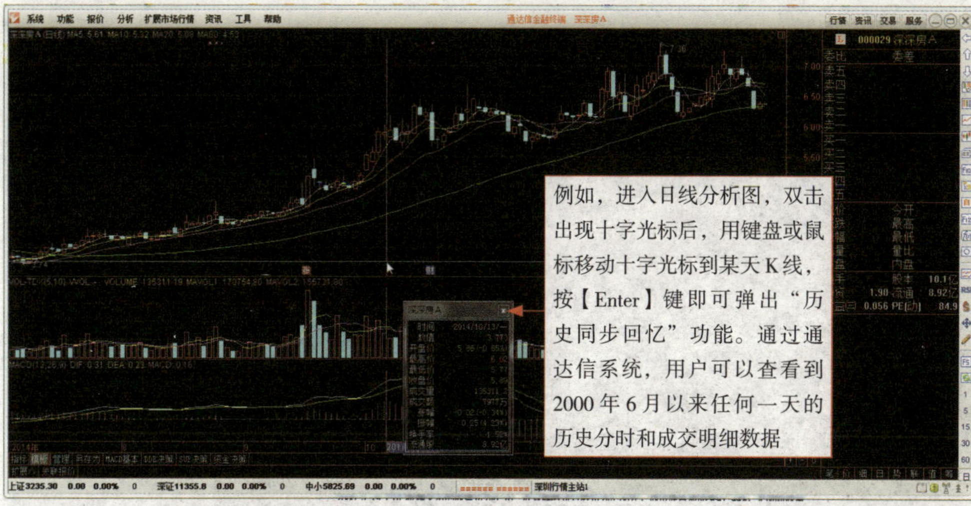

图 3-5 大智慧技术分析界面

通达信允许用户自由划分屏幕，并规定每一块对应哪个内容。至于快捷键，也是通达信的特色之一。通达信还有一个有用的功能，就是“在线人气”，可以了解哪些是当前关注，哪些是持续关注，又有哪些是当前冷门，让用户更直接了解各个股票的关注度。

通达信的知名网上交易产品（集成版系列）有招商证券全能版、国信证券鑫网通达信、金色阳光版、中信证券至信版、广发证券至强版、光大证券超强版、中信建投网上交易、华泰证券专业版、中投证券超强版等。目前，通达信在证券公司网上交易的市场中覆盖率达到80%以上。

3.1.4 钱龙炒股软件

钱龙是一款知名的股票软件，也是中国证券软件领域的著名商标，其所有者上海乾隆高科技有限公司、上海乾隆网络科技有限公司，是国内最早从事专业证券实时分析软件研发、销售的行业领导者。

历经20年发展，“钱龙”旗下的系列产品已经涵盖了实时证券投资分析软件、委托交易软件、金融数据库、专业证券网站建设、实时行情传输等证券信息业各个领域的应用，覆盖了上海、深圳、香港特别行政区三地的证券市场，并诞生出钱龙黄金眼全景版、钱龙天生赢家、钱龙旗舰、钱龙黄金眼、钱龙港股通、钱龙席位密码等股民耳熟能详的产品，成为深受投资者青睐的证券投资分析利器。

例如，钱龙旗舰版软件融动态行情、实时委托、财经资讯及互动平台于一体，囊括沪深港三地市场，拥有精准的经典指标、先进的智能分析、海量的财经资讯、方便快捷的操作等优点。如图 3–6 所示。

图 3–6　钱龙旗舰版软件界面

3.2　下载与安装炒股软件

对股票投资者来说，时间就是金钱，一瞬间的价格变动，都可能带来巨大的损失或收益，因此，简单地通过网站查询股市交易股票，已经不能满足投资者的需求了，这时，我们就需要使用到功能强大的炒股软件。本节主要以同花顺软件为例，介绍炒股软件的下载、安装、注册等方法。

3.2.1　下载炒股软件

在网络中，同一品牌下的看盘交易软件也有很多版本，投资者在下载的时候要特别注意，因为不同的版本功能也不同，而且有可能会收取费用。下面介绍同花顺免费版的下载方法。

步骤 1 进入同花顺首页（http://www.10jqka.com.cn/），单击左上角的“软件下载”超链接，在弹出的菜单中选择“同花顺免费版”选项。如图 3-7 所示。

步骤 2 在新打开的页面中，单击“免费下载”按钮。如图 3-8 所示。

步骤 3 执行操作后，弹出“新建下载任务”对话框，设置文件名和保存路径，单击“下载”按钮。如图 3-9 所示。

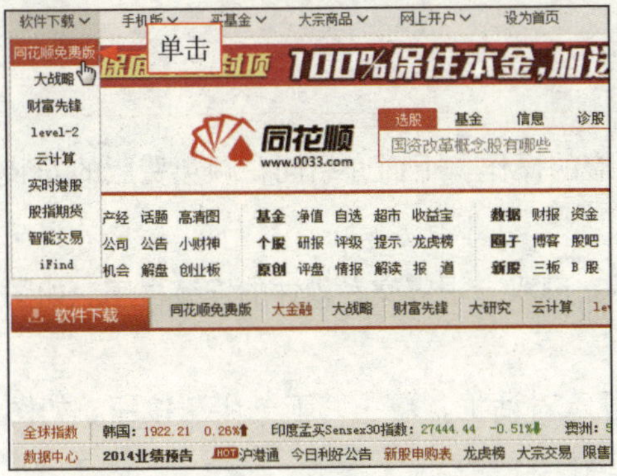

图 3-7 选择“同花顺免费版”选项

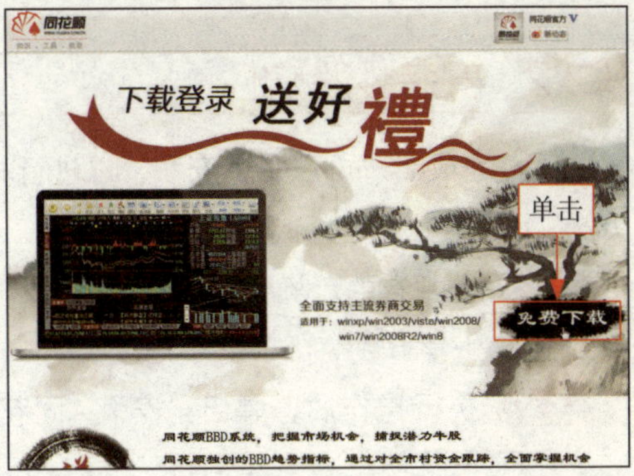

图 3-8 单击“免费下载”按钮

步骤 4 弹出“下载管理器”对话框，显示下载进度，等待下载完成即可。如图 3-10 所示。

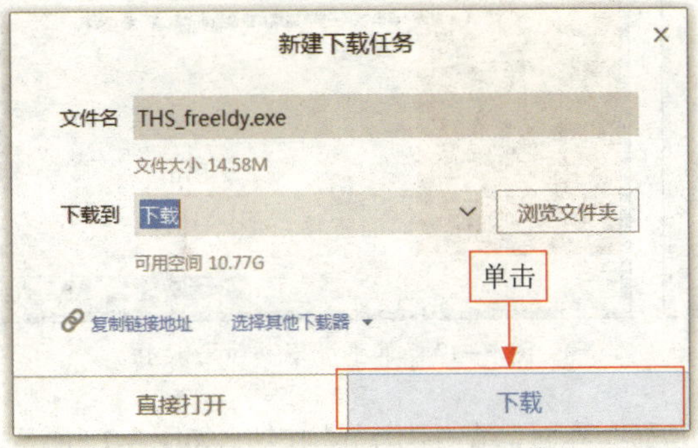

图 3-9 “新建下载任务”对话框

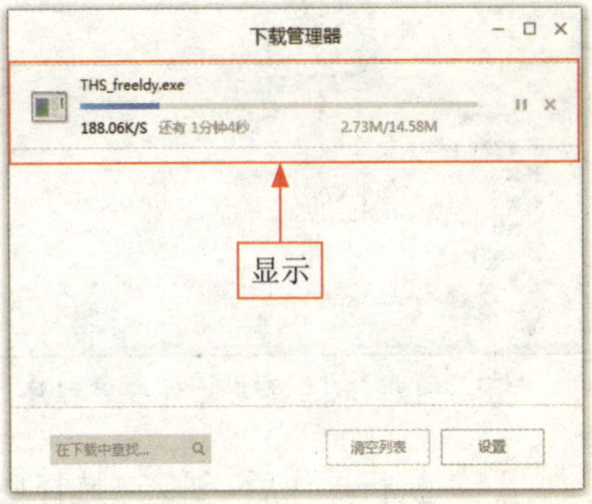

图 3-10 显示下载进度

不同版本的炒股软件它们有什么不同呢？具体区别如图 3-11 所示。

普通版 ⇨ 只包括各种看盘与看盘工具功能，如果要交易需添加交易程序

VIP 版 ⇨ 一般需付费下载或是使用 VIP 账号登录，有比普通版更丰富的交易信息与炒股资讯，同时是特殊的网络通道，不会发生网络延迟等情况

券商版 ⇨ 将证券投资公司与炒股软件绑定，使用此版本可以快速进行交易

特别版 ⇨ 针对一些特殊的股票投资而开发，如投资境外证券市场的软件等

图 3-11 不同版本的炒股软件

3.2.2 安装炒股软件

下载完成后，可以将其安装，以进行相应的操作。下面介绍同花顺免费版的安装方法。

步骤 1 在保存的目标文件夹中，使用鼠标左键双击相应交易软件的安装程序。如图 3-12 所示。

步骤 2 执行操作后，弹出“安装 - 同花顺”对话框，单击“下一步”按钮。如图 3-13 所示。

图 3-12 双击交易软件安装程序

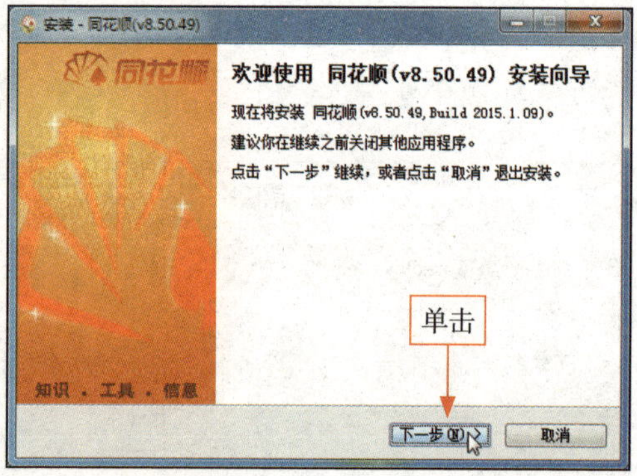

图 3-13 单击“下一步”按钮

步骤 3 执行操作后，进入“选择目标位置”界面，单击“浏览”按钮。如图 3-14 所示。

步骤 4 弹出“浏览文件夹”对话框，设置安装路径，并单击“确定”按钮。如图 3-15 所示。

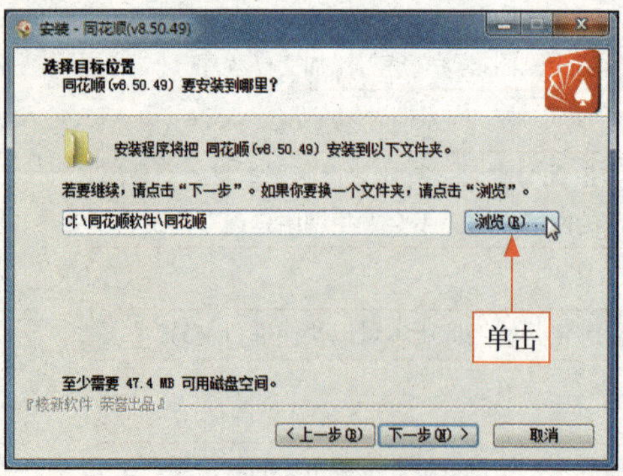

图 3-14 单击“浏览”按钮

图 3-15 设置安装路径

步骤 5 执行操作后，返回到“选择目标位置”界面，单击“下一步”按钮。如图 3-16 所示。

步骤 6 执行操作后，进入“选择附加任务”界面，用户可以在此设置添加图标的位置，单击“下一步”按钮。如图 3-17 所示。

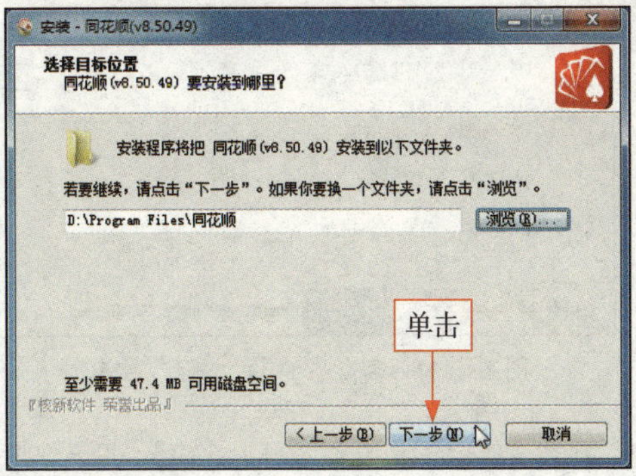

图 3-16　单击“下一步”按钮

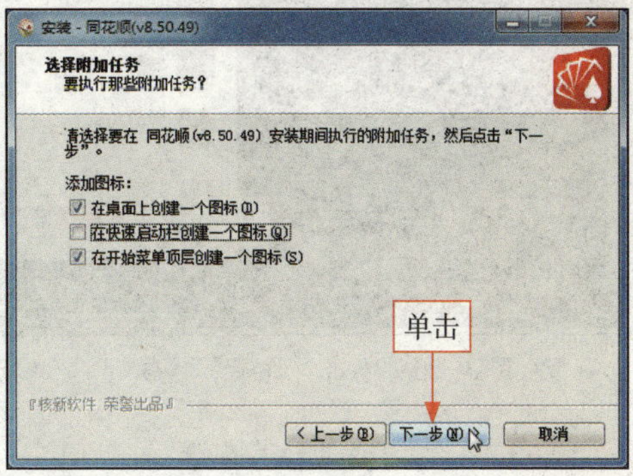

图 3-17　选择附加任务

步骤 7 执行操作后，进入“正在安装”界面，开始安装软件，并显示安装进度。如图 3-18 所示。

步骤 8 安装完成后，即可自动打开软件。如图 3-19 所示。

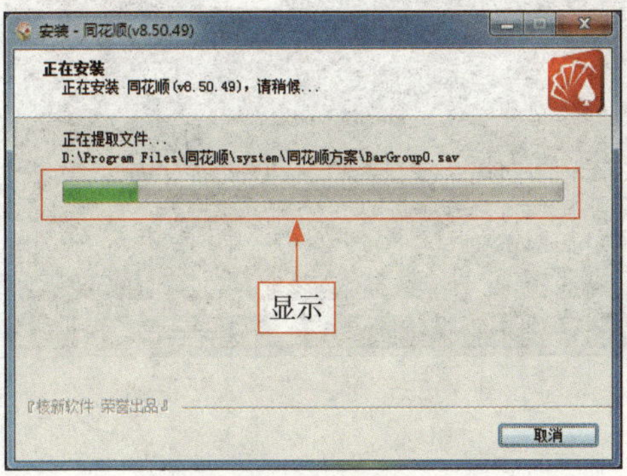

图 3-18　显示安装进度

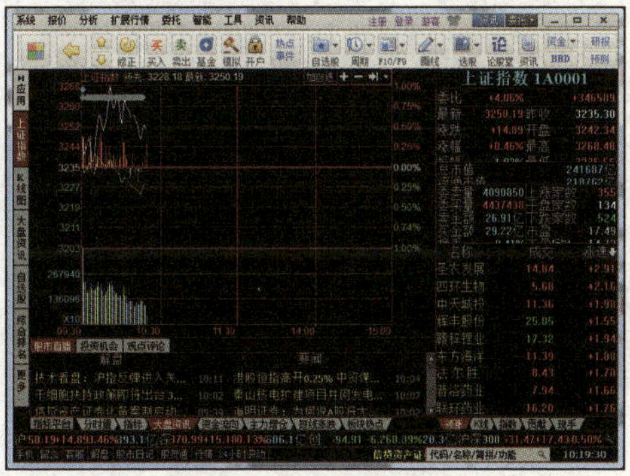

图 3-19　打开软件

3.2.3　注册与登录

炒股软件下载安装完成后，一般需要注册与登录才可以使用，登录炒股软件也是有一定技巧的。下面介绍同花顺免费版的注册与登录方法。

步骤 1 首次打开同花顺免费版时，软件会提示用户进行注册，单击“注册”按钮。如图 3-20 所示。

步骤 2 执行操作后，弹出“同花顺注册”对话框，设置账号、密码、手机号码、安全邮箱等选项，单击“立即注册”按钮。如图 3-21 所示。

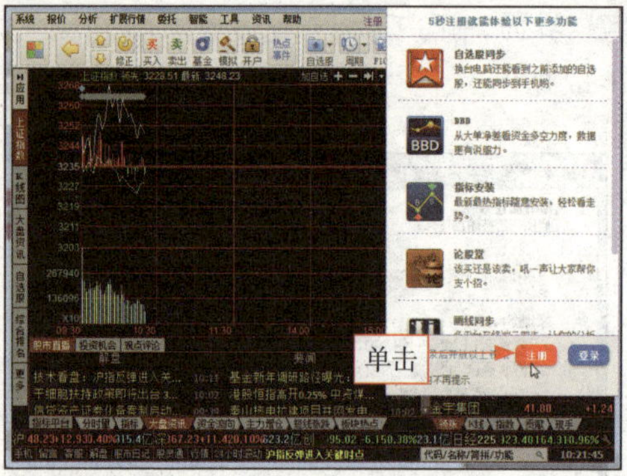

图 3-20　单击“注册”按钮

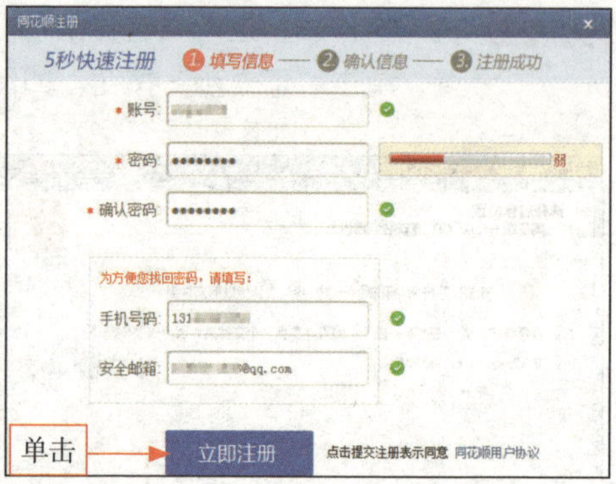

图 3-21　单击“立即注册”按钮

步骤 3 进入“确认信息”界面，用户可根据提示完成手机认证和邮箱验证。如图 3-22 所示。完成相关验证操作后，即可成功注册。

步骤 4 在同花顺主界面中，单击菜单栏中间的“登录”按钮。如图 3-23 所示。

图 3-22　“确认信息”界面

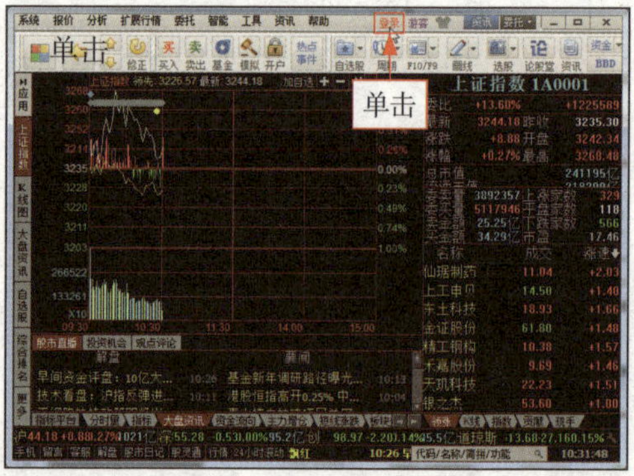

图 3-23　单击“登录”按钮

专家提醒

投资者只需免费注册同花顺，即可获得一系列更优质、全面的服务。

- 快速的期货、港股、外汇、国外证券市场即时行情。
- 加入同花顺社区，交流投资经验。
- 使用同花顺股灵通即时消息工具。
- 订阅同花顺短信服务，随时随地把握证券行情资讯。
- 在同花顺网站上传、下载、保存自选股，并每日自动推送自选股公告信息。
- 浏览更多、更专业的金融投资资讯。

步骤 5 执行操作后，弹出“登录到中国电信行情主站”对话框，输入账号和密码，单击“登录”按钮。如图 3-24 所示。

步骤 6 执行操作后，即可成功登录同花顺软件。如图 3-25 所示。

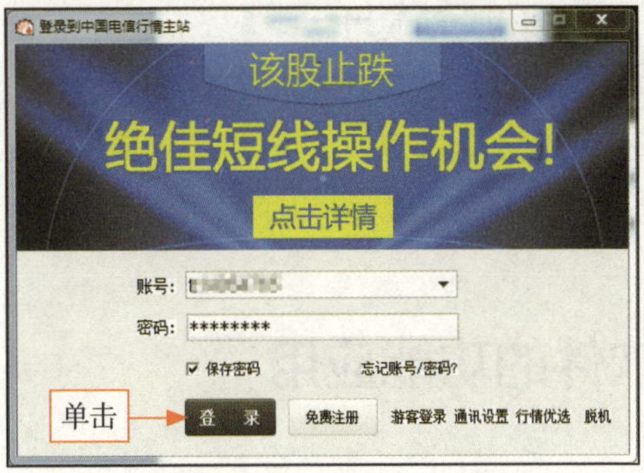

图 3-24 单击“登录”按钮

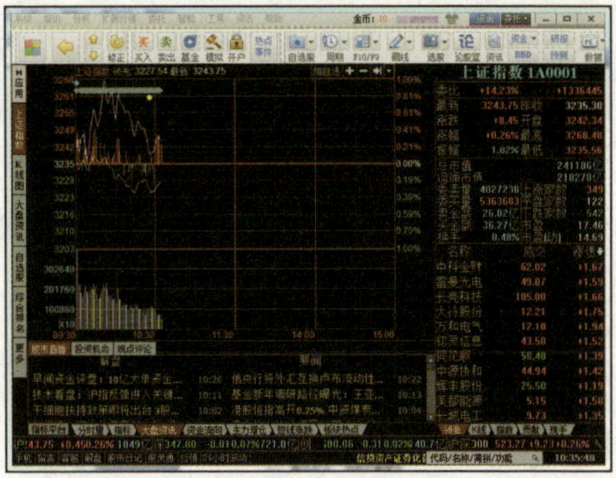

图 3-25 成功登录同花顺软件

3.2.4 熟悉工作界面

“同花顺”程序界面如图 3-26 所示，由标题栏、菜单栏、工具条、主窗口、指数条和信息栏组成。

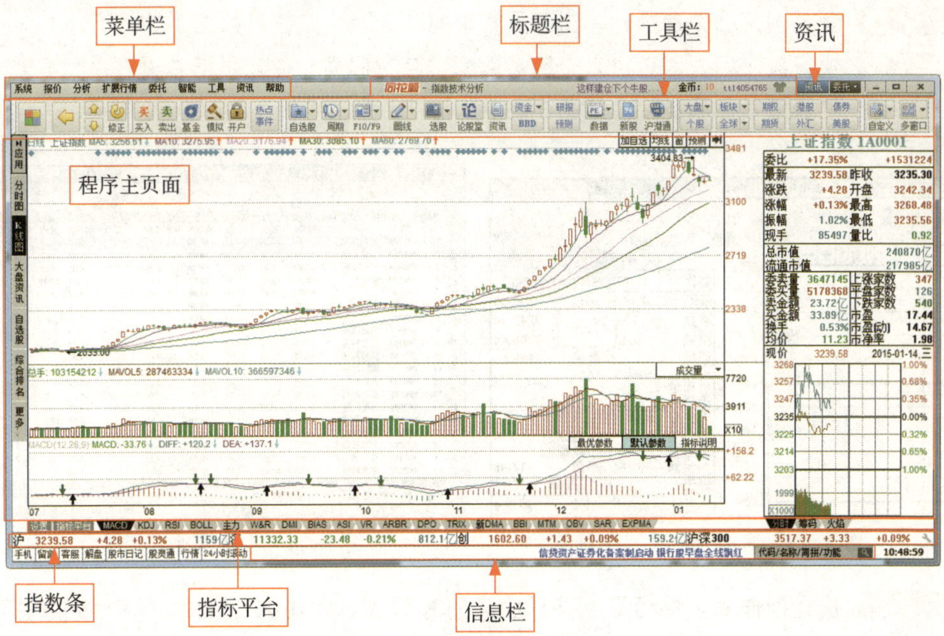

图 3-26 “同花顺”程序界面

- 标题栏：可以反映出程序当前连接的行情主站名称（如果脱机，则显示“本地”）、程序名称和当前页面名称等信息。
- 菜单栏：汇集了系统、报价、分析、扩展行情、委托、智能、工具、资讯、帮助等菜单命令。
- 工具栏：汇集了一些最常用的功能，以方便用户的使用。
- 程序主页面：根据用户选择不同的功能，在此显示其对应的信息。
- 指数条：用来显示上证、深证指数、涨跌、成交金额以及上涨、平盘、下跌家数。
- 信息栏：用来显示滚动条、连接状态、预警提示灯及系统时间等信息。

3.3 了解炒股软件的功能应用

登录炒股软件之后，投资者即可开始查询各类行情信息了。本节主要以同花顺免费版为例，介绍炒股软件的主要功能及应用方法。

3.3.1 查看个股走势图

在炒股软件上查询个股走势，比在网页上更加详细专业。下面介绍通过同花顺软件免费版查询个股走势的方法。

步骤 1 登录同花顺免费版，单击工具栏中的“个股”按钮。如图 3-27 所示。

步骤 2 执行操作后，即可进入个股“涨幅排名”界面，使用鼠标左键双击想要查询的股票名称超链接。如图 3-28 所示。

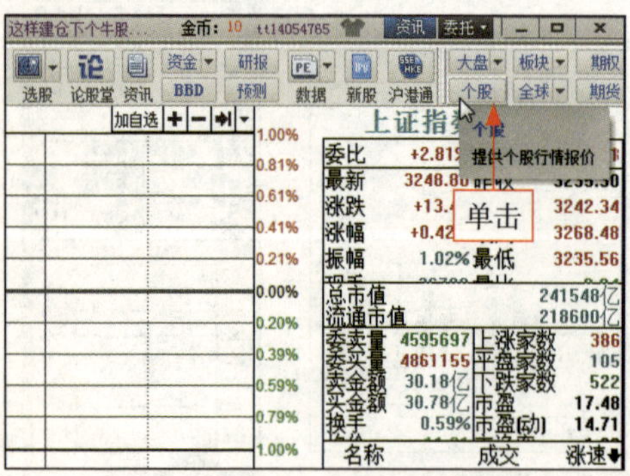

图 3-27 单击“个股”按钮

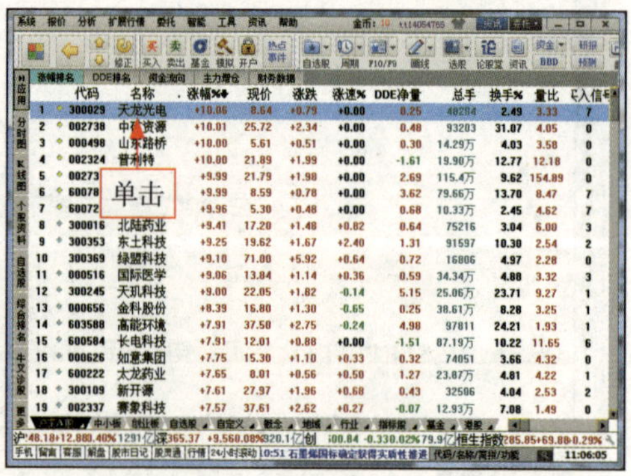

图 3-28 “涨幅排名”界面

步骤 3 执行操作后，即可看到该只股票的 K 线图，单击 K 线图的任何一处，即可打开详细数据窗口。如图 3-29 所示。

步骤 4 在 K 线图上单击鼠标右键，在弹出的快捷菜单中选择“分析周期”选项，可以选择不同时间坐标的 K 线图类型。如图 3-30 所示。

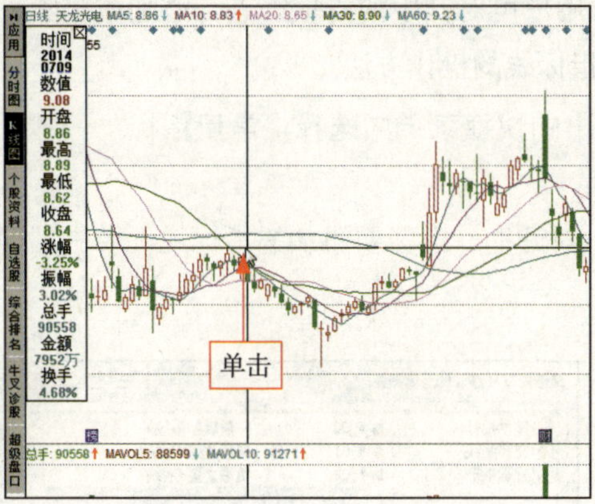

图 3-29 查看 K 线图

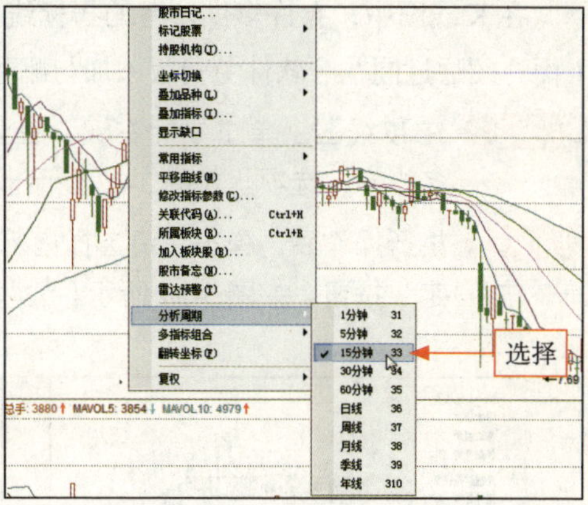

图 3-30 设置“分析周期”

步骤 5 单击菜单栏中的“分析”→“分时图”命令。如图 3-31 所示。

步骤 6 执行操作后，即可查看个股的价格分时图。如图 3-32 所示。

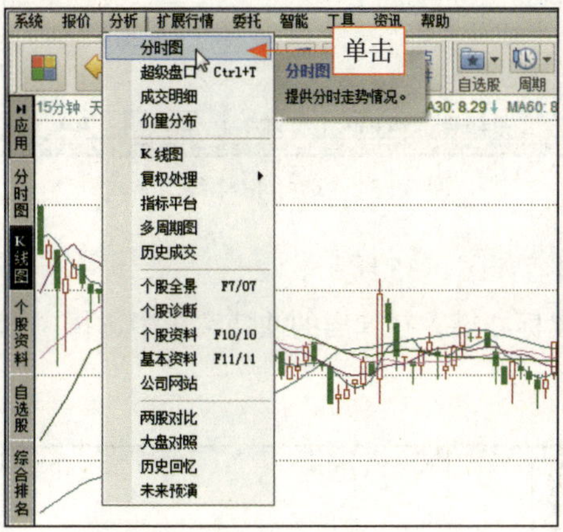

图 3-31 单击“分时图”命令

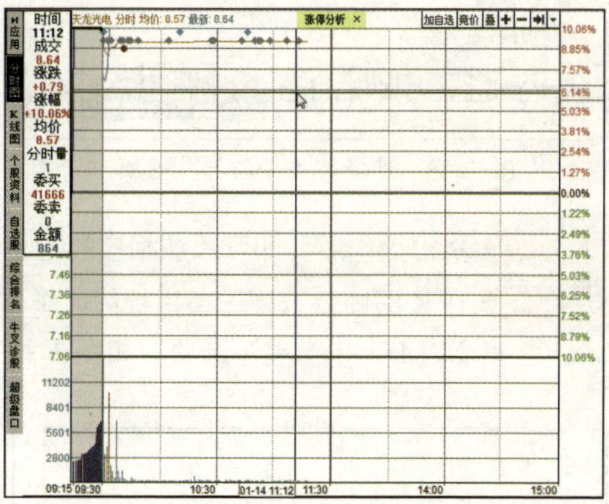
图 3-32 查看个股的价格分时图

专家提醒

在分时走势页面里面每按【↓】键一次，即可多显示前面一个交易日的走势图，这样用户就可以仔细地查看最近一段时间内某只股票的走势了。在个股分时走势页面里按【F1】键或【01 + Enter】键，都可以切换到成交明细表，在这里用户可以看到当天按时间次序排列的每一笔交易成交的时间、价格，当时买入价、卖出价、成交手数等信息。

3.3.2 添加与删除指标线

在K线图中，有许多供参考的指标线，用户可对其中的指标线进行添加或删除。下面介绍通过同花顺软件免费版添加与删除指标线的操作方法。

步骤 1 在K线图上单击鼠标右键，在弹出的快捷菜单中选择“常用指标”→“更多指标”选项。如图3-33所示。

步骤 2 执行操作后，弹出“请选择指标”对话框，选择要添加的指标线，单击“确定”按钮。如图3-34所示。

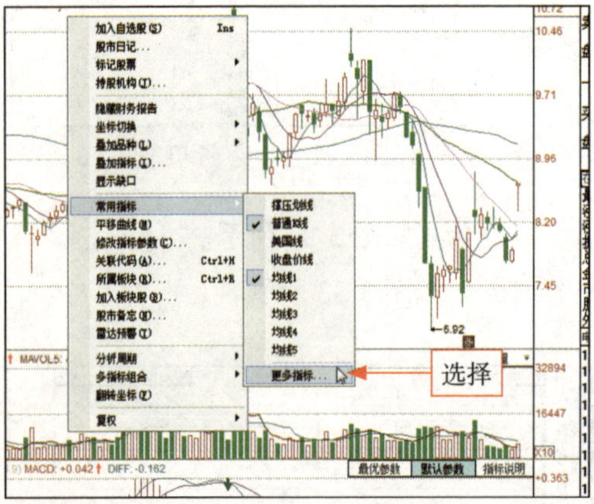

图3-33　选择“更多指标”选项

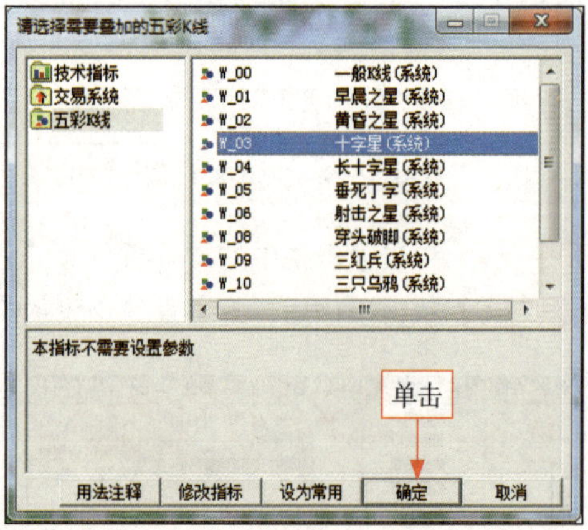

图3-34　选择指标线

步骤 3 执行操作后，即可添加相应的指标线。如图3-35所示。

步骤 4 在K线图上选择一条指标线，单击鼠标右键，在弹出的快捷菜单中选择“删除（D）十字星”选项。如图3-36所示。

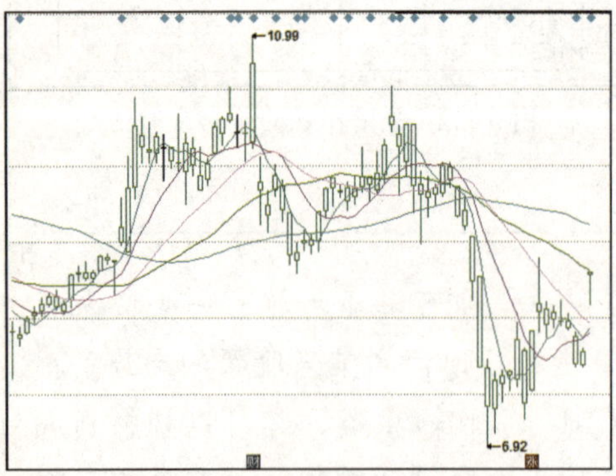

图3-35　添加相应的指标线

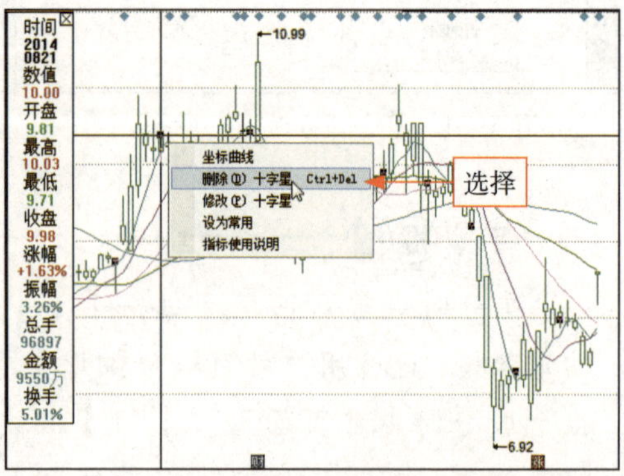

图3-36　选择“删除（D）十字星”选项

步骤 5 执行操作后，即可删除相应的指标线。如图 3-37 所示。

步骤 6 在 K 线图上单击鼠标右键，在弹出的快捷菜单中选择“多指标组合”选项，可选中各种多指标组合类型。如图 3-38 所示。

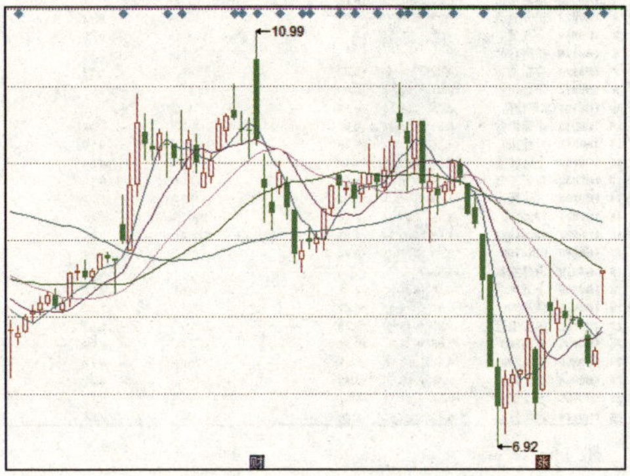

图 3-37 删除相应的指标线

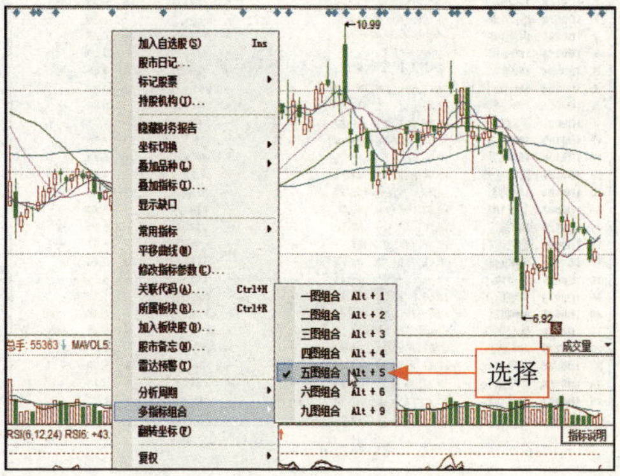

图 3-38 多指标组合

3.3.3 报价分析功能

报价页面主要是以表格的形式显示商品的各种信息。报价页面可以让用户对所关注股票的各种变化一目了然，可以同时显示多只股票，并对这些股票的某项数据进行排序，让用户方便、快速地捕捉到强势、异动的股票。下面介绍同花顺软件免费版的报价分析功能及其使用方法。

步骤 1 在“报价”菜单里可以调用各种报价分析的页面。如图 3-39 所示。

步骤 2 例如，“多窗看盘”是同花顺软件为用户实时看盘特制的页面，它可以让用户同时浏览所关注的多个股票。如图 3-40 所示。

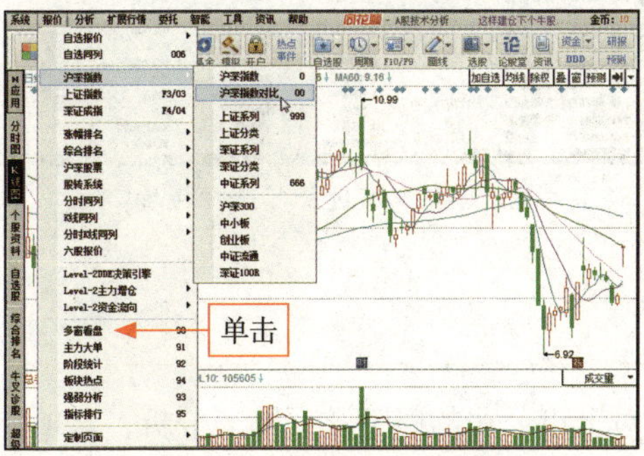

图 3-39 “报价”菜单

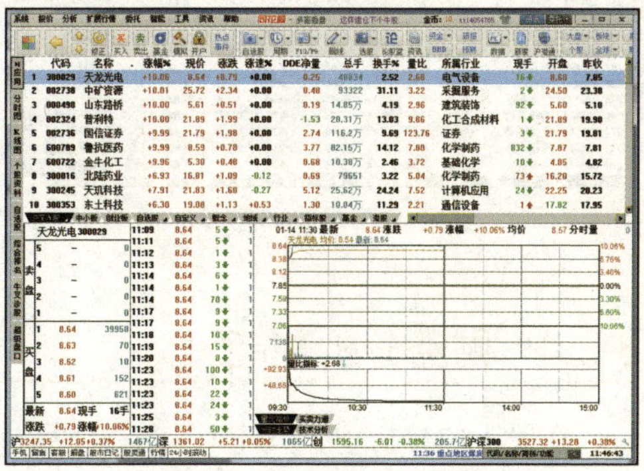

图 3-40 “多窗看盘”模式

步骤 3 单击表格中栏目的名称，表格将按此栏目的降序排列表格，再次单击则按升序排列（在栏目名称旁有箭头表示状态）。如图 3-41 所示。

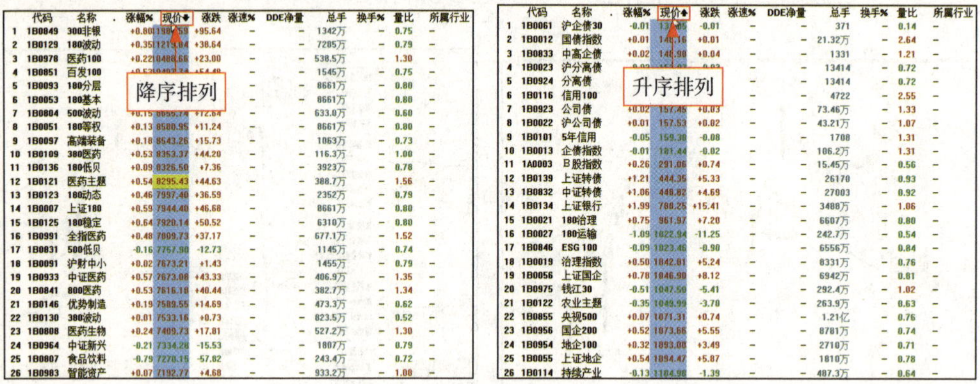

图 3-41 排序

步骤 4 由于表格往往显示较多的股票和各种数据，所以往往难以在一个屏幕里显示所有的内容，用户可以用【Page Up】键和【Page Down】键来对表格翻页。如图 3-42 所示。

步骤 5 当表格下面有各种标签的时候，用户可以通过标签选择板块来查看相应的某一类股票。如图 3-43 所示。

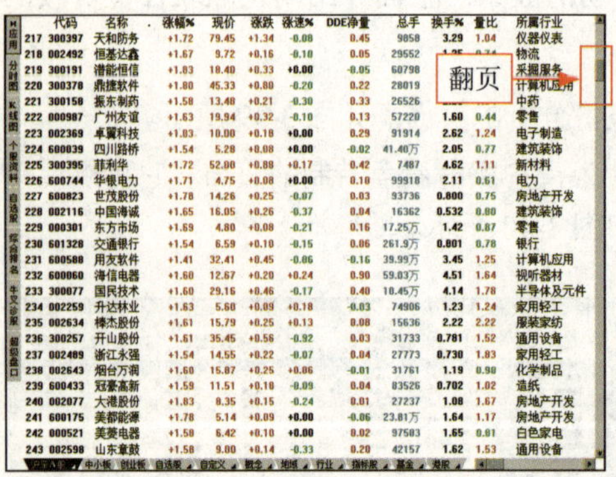

图 3-42 对表格翻页

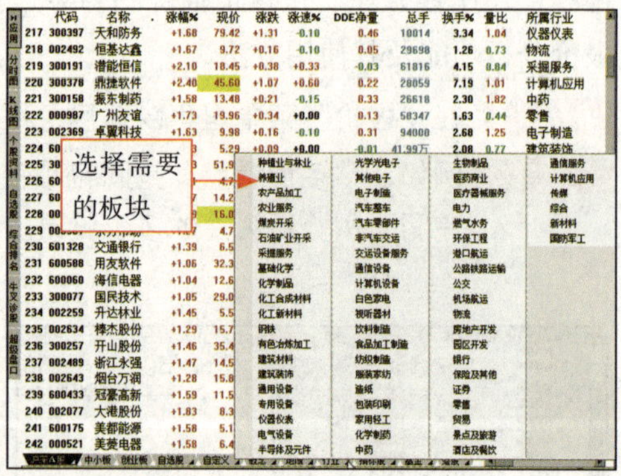

图 3-43 通过标签选择板块

3.3.4 财务分析功能

在股市的分析中，其中有一项是股市针对上市公司的财务数据图表分析，这项分析从某些程度上是建立在股民对财务有一定专业知识基础之上的。那么对于一些没有财务分析经验的投资者，他们的投资活动会不会存在阻力呢？回答是否定的，这些投资者可以通过炒股软件工具的应用，来弥补知识的空缺，了解和掌握更多的知识，同时为他们的投资活动助力。

同花顺通过将各种复杂的财务数据通过图形和表格的形式表达出来，使上市公司的经营绩效清晰地展示在投资者的面前，并可以在上市公司之间与板块之间做各种比较、计算，还配以丰富的说明，让以前没有财务分析经验的投资者轻松地掌握这种新的强大的工具。

步骤 1 单击“分析”→“基本资料”命令，即可查看上市公司的基本资料，通过该部分，用户能够具体了解到上市公司目前的运营状况以及业务收支的状态等。如图 3-44 所示。

步骤 2 单击“分析”→“个股诊断”命令，将大量财务数据、交易数据和分析师研究数据经过先进、科学的数学模型算法加工而成一个股票评价黑箱，这些数据对于用户来说，是很重要的财务信息。如图 3-45 所示。

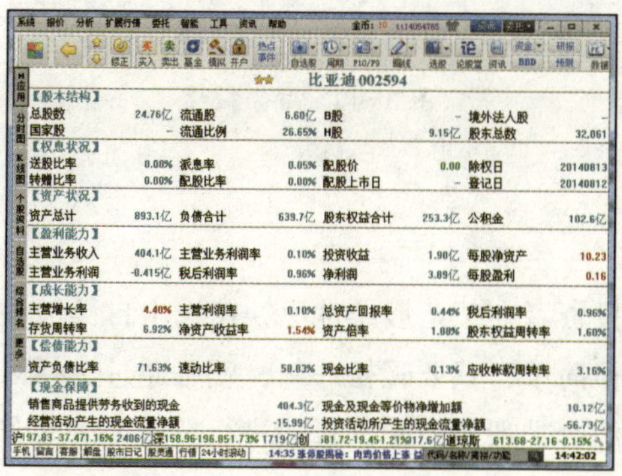

图 3-44 基本资料

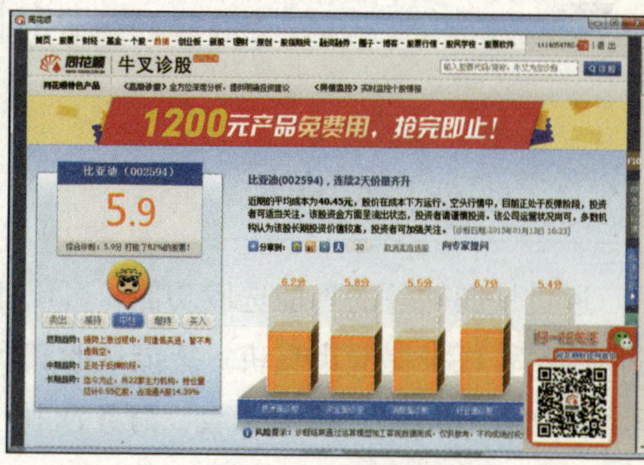

图 3-45 个股诊断

步骤 3 单击左侧的“更多”标签，在弹出的列表框中选择“财务图示年报”选项。如图 3-46 所示。

步骤 4 执行操作后，即可查看该个股的财务图示年报，这些矩阵共同组合来反映出上市企业的财务方面总的负债比较和总的资产比较。如图 3-47 所示。

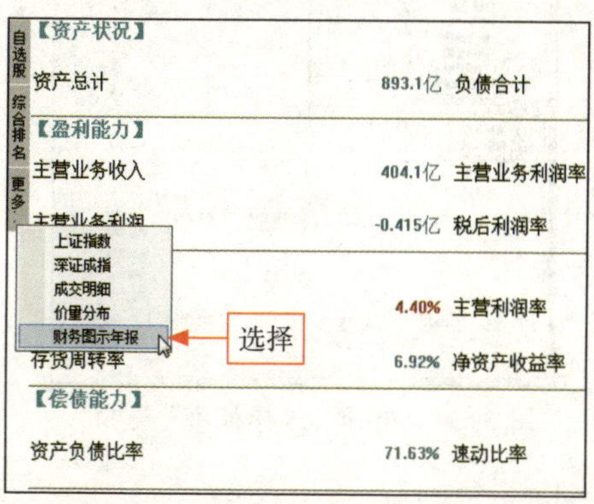

图 3-46 选择“财务图示年报”选项

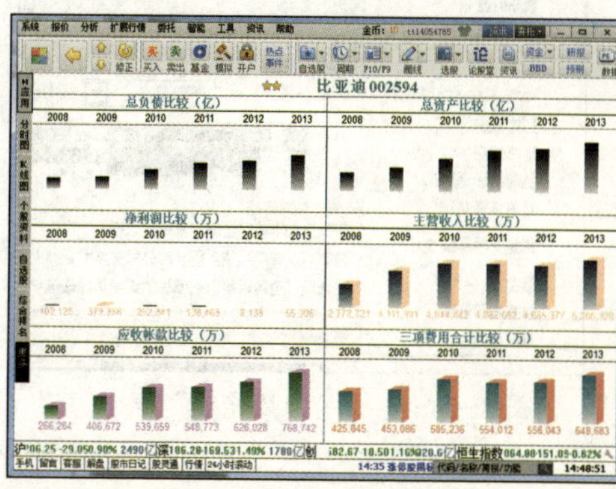

图 3-47 财务图示年报

步骤 5 单击“分析”→“个股资料”命令，即可查看上市公司概要、近期重要事件、新闻公告、财务指标、概念题材、大宗交易等资料。如图 3-48 所示。

步骤 6 例如，单击“财务指标”超链接，即可查看上市企业总结，并评价其财务状况和经营成果的相对指标。如图 3-49 所示。

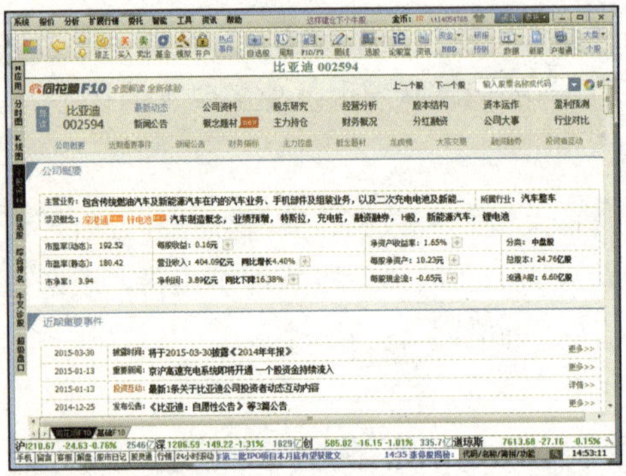

图 3−48　个股资料

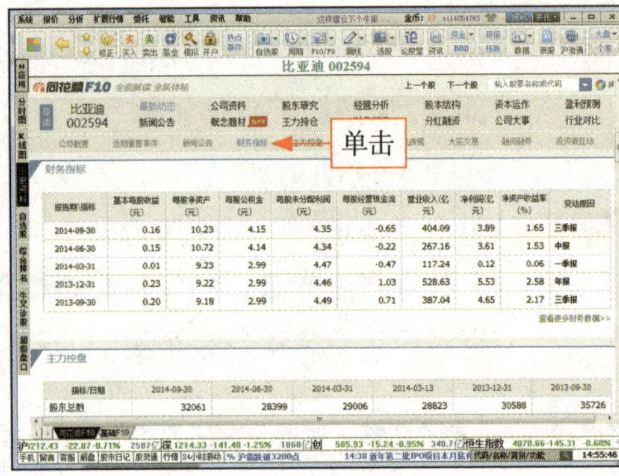

图 3−49　财务指标

3.3.5　智能选股功能

通过炒股软件的智能选股功能，可以让投资者在茫茫股票池里快速选出自己关注的股票，轻松把握股市良机。智能选股其实很简单，只要轻松一勾，就可通过选择以下条件如 K 线选股、指标选股、财务选股、综合选股、自定义选股进行选股。下面介绍同花顺软件免费版的智能选股功能。

步骤 1 在菜单栏中，单击“智能”→“选股平台”命令。如图 3-50 所示。

步骤 2 弹出“选股平台”对话框，单击“高级选项”按钮，在弹出的列表框中选择“选择板块”选项。如图 3-51 所示。

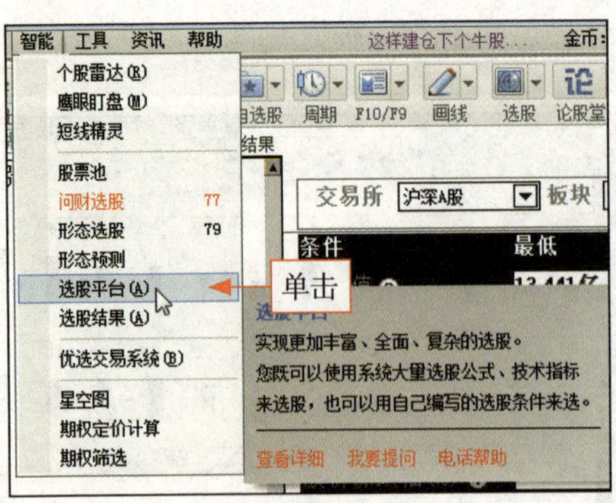

图 3−50　单击“选股平台”命令

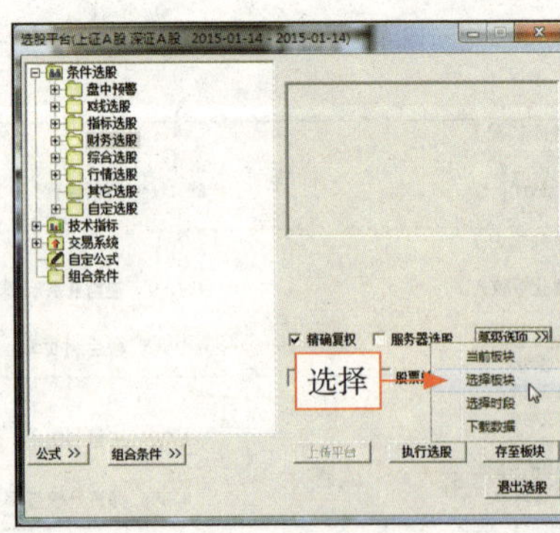

图 3−51　选择“选择板块”选项

步骤 3 弹出“适用代码设置”对话框，在“待选板块”下拉列表框中选择上证 A 股，选好后单击“确定”按钮。如图 3-52 所示。

步骤 4 在左侧列表框中依次选择“财务选股”→“智能选股”→“大盘股”选项，单击“执行选股”按钮。如图 3-53 所示。如果需要自己添加或者删除列出的备选条件，用户可以在“选股平台”里面设置。

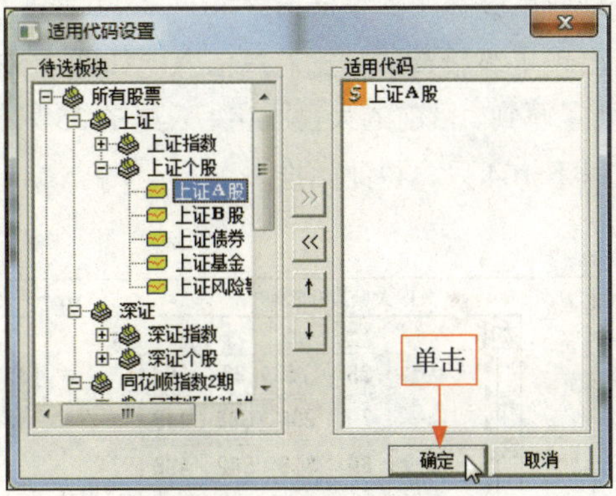

图 3-52 适用代码设置

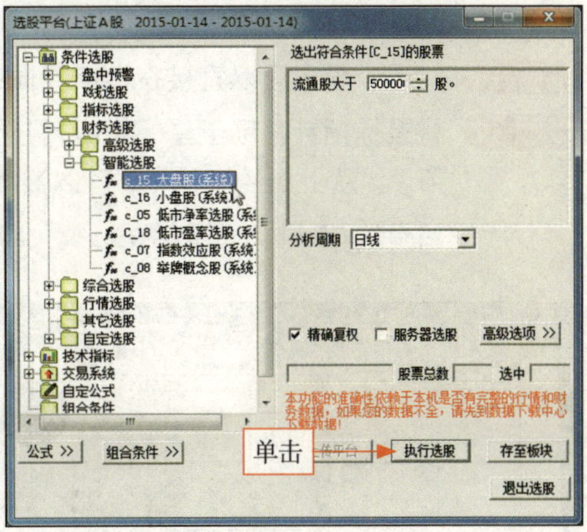

图 3-53 单击“执行选股”按钮

步骤 5 执行操作后，即可开始智能选股操作。如图 3-54 所示。在选股过程中，因为涉及大量的计算，会消耗一定的时间，期间，用户可以自由进行其他操作，不影响选股结果。

步骤 6 稍等片刻，可以在客户端软件中显示满足上证 A 股中大盘股这个条件的股票。如图 3-55 所示。

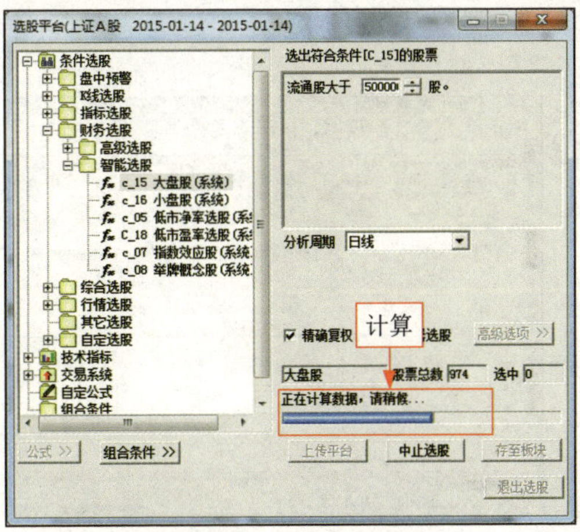

图 3-54 开始选股

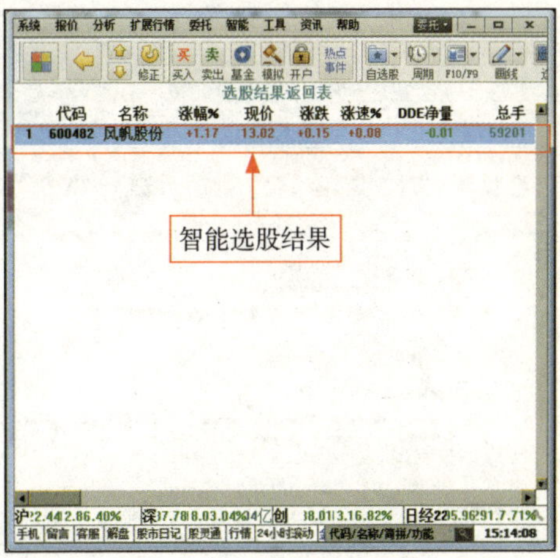

图 3-55 智能选股结果

3.3.6 评星评级功能

炒股软件特有的“评星评级”功能可简单快速地让投资者了解个股的基本面并掌握基本面变动情况。星级评定方法主要是从企业经营业绩、经营风险、行业环境等几个方面，对上市公司进行综合评级，为用户提供价值投资参考。下面介绍同花顺软件免费版的评星评级功能。

步骤 1 对于个股，可以直接在详情界面中查看星级。如图 3-56 所示。

步骤 2 将鼠标指针移动至星级上时，还会出现星级股票的数据汇总信息。如图 3-57 所示。从上面的表格中，可以清晰地了解到，目前的大盘股中，五星的 35 只、四星的 75 只、三星的 93 只、二星以下 104 只，依此类推。

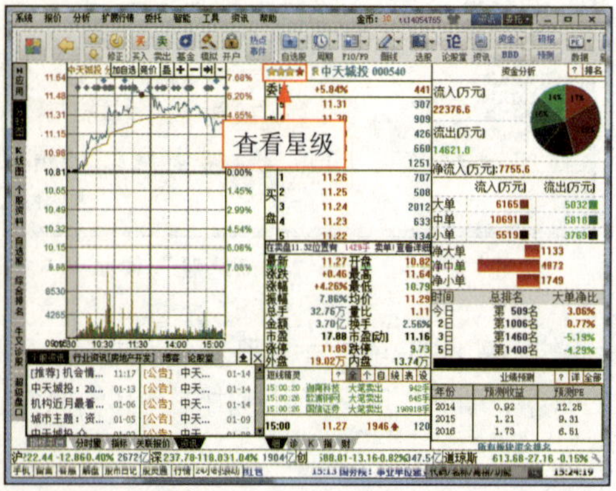

图 3-56 查看星级

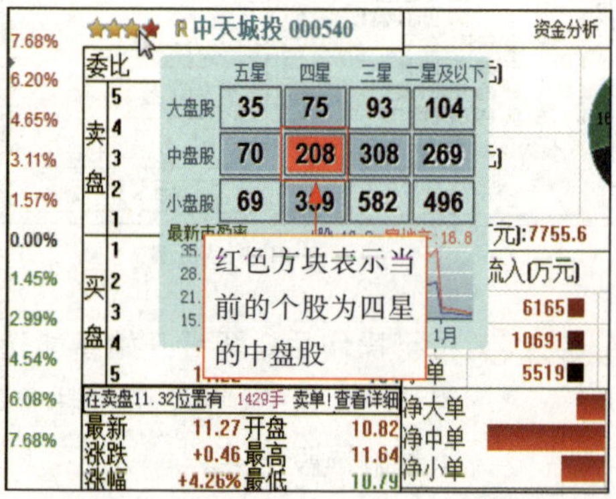

图 3-57 显示数据汇总信息

步骤 3 单击星级图标，还可以查看该个股上市企业的财务诊断总分和相关数据，为用户提供了更为详细的价值投资参考。如图 3-58 所示。

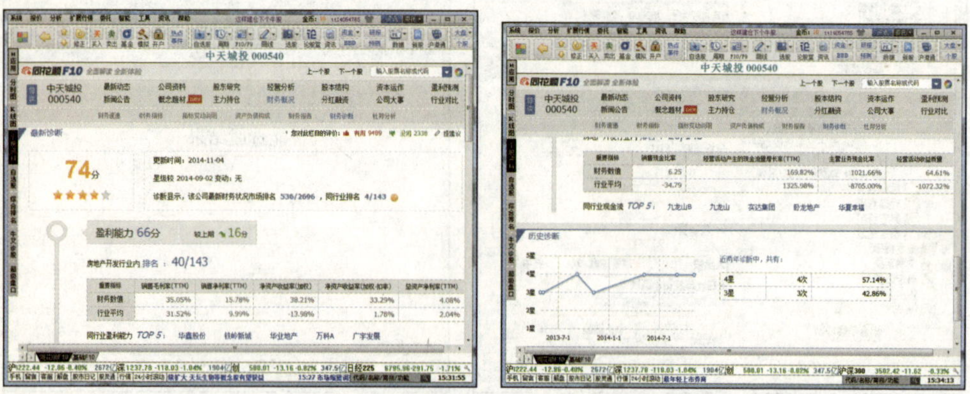

图 3-58 财务诊断总分和相关数据

3.4 模拟试用——炒股实战

登录炒股软件后，即可选择相应的股票进行买卖交易。本节以同花顺软件免费版为例，介绍模拟炒股的实战技巧。

3.4.1 添加自选股

自选股，顾名思义，就是把自己看好的股票加入到自己选定的自选股界面中，同时可以看多只股票，比较方便，单击鼠标右键即可回到界面，可察看股票走势。自选股就是自己选择的“股票库”。在每个炒股软件里都有“自选股”项目，将你选择的股票代码输入后，该股票的各种数据由软件自动生成。这样你就不用再在其他地方分散找，调阅起来很方便。

下面介绍使用同花顺软件免费版添加自选股的操作方法。

步骤 1 在个股列表中，选择看好的个股，单击鼠标右键，在弹出的快捷菜单中选择“加入自选股”选项。如图 3-59 所示。用户也可以用智能选股功能来筛选股票。

步骤 2 执行操作后，即可将选择的股票加入“自选股”列表。如图 3-60 所示。

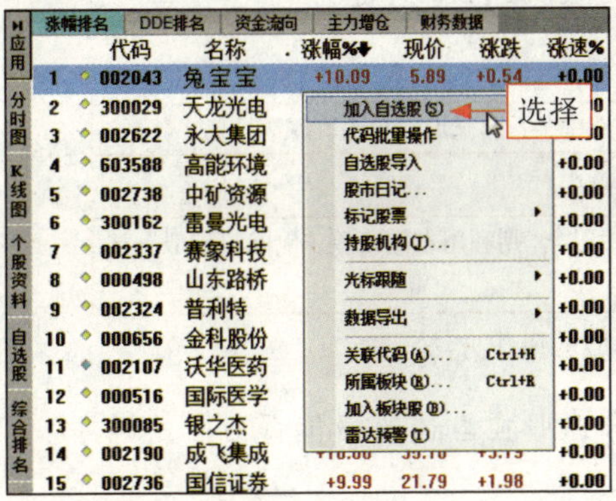

图 3-59 选择“加入自选股”选项

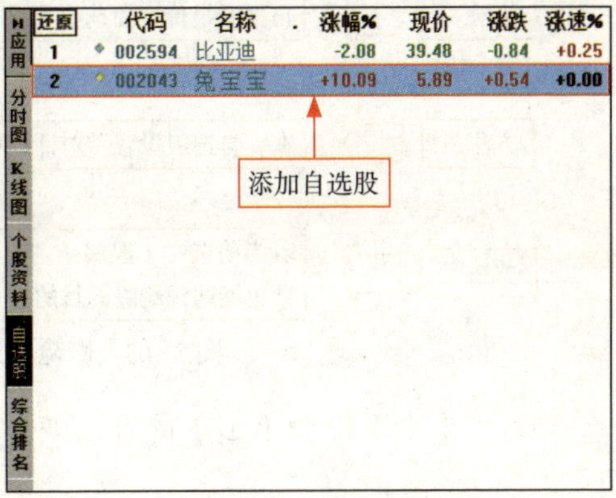

图 3-60 添加自选股

步骤 3 单击“工具”→“自选股设置”命令。如图 3-61 所示。

步骤 4 执行操作后，弹出“自选股设置”对话框，提供自选股的添加、删除及排列功能。如图 3-62 所示。用户可以在左边的列表框里选中某只股票单击“加”按钮，也可以直接输入代码后按【Enter】键添加自选股。使用“导出”与“导入”可以让用户将自己的自选股导出、导入，以便在不同的配置里使用。若希望每次自选股的变化都得到及时监控，可选中“自动监控自选股”复选框。

如果用户重新安装了软件，则可以用“取回自选股”功能来导入自选股，而不需要重新设置。

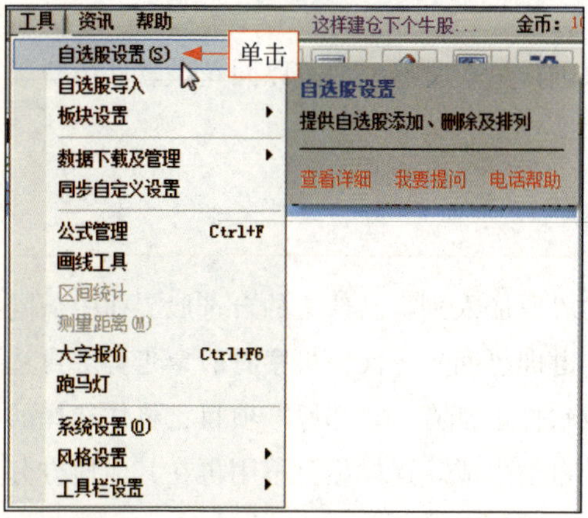

图 3-61 单击“自选股设置”命令

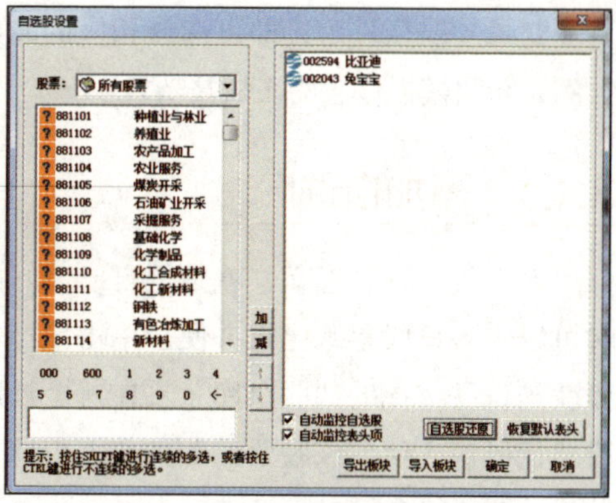

图 3-62 “自选股设置”对话框

专家提醒

删除自选股的操作方法如图 3-63 所示。

方法一 ⇒ 自选股报价页面选中某只自选股，按【Delete】键。

方法二 ⇒ 在“自选股设置”对话框中选中某只自选股，单击“减”按钮。

方法三 ⇒ 若当前选中个股属于“自选股”，则利用右键菜单“删除自选股”选项也能达到删除的目的。

图 3-63 删除自选股的操作方法

利用【↑】键和【↓】键可以调整自选股在自选股报价页面中的顺序。

3.4.2 模拟炒股的买卖

炒股就是买卖股票，靠做股票生意而牟利，买了股票其实就是买了企业的所有权。模拟炒股就是根据股票的交易规则，基于一种虚拟的平台，实现股票买卖的一种炒股手段。

模拟炒股系统是一种利用互联网技术，根据股市实盘交易规则设计的模拟仿真操作系统。股票投资者通过模拟炒股系统可以进行系统的锻炼或学习操盘技术。下面介绍使用同花顺软件免费版模拟炒股的操作方法。

步骤1 在同花顺主界面中，单击菜单栏中的“委托”→“模拟炒股”命令。如图3-64所示。

步骤2 执行操作后，弹出“模拟炒股”对话框，单击“模拟炒股交易区”按钮。如图3-65所示。

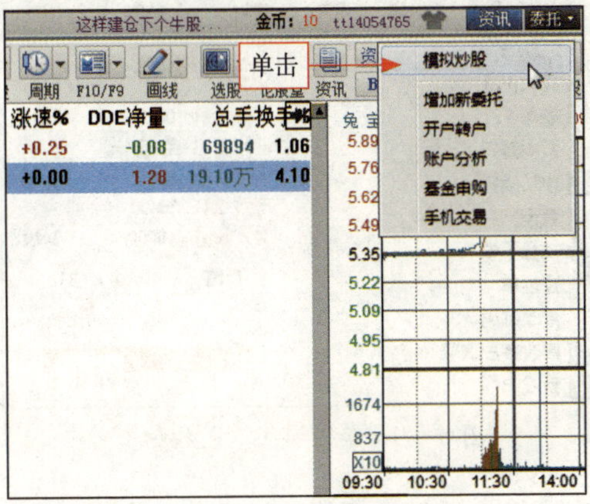

图3-64 单击“模拟炒股”命令

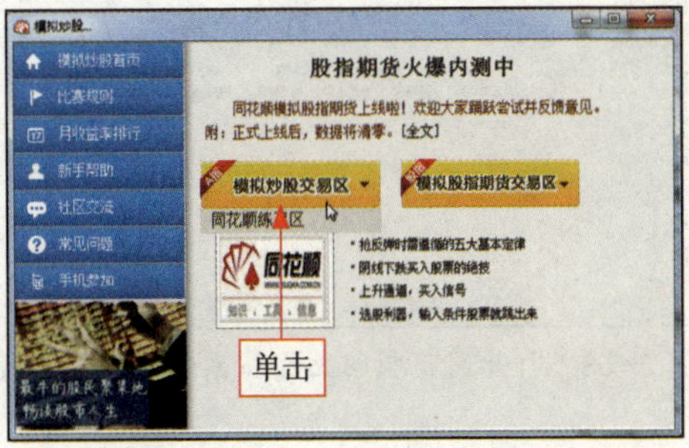

图3-65 单击“模拟炒股交易区”按钮

步骤3 弹出“委托管理”对话框，在“普通委托”下拉列表框中选择相应的证券平台，单击“添加券商”按钮。如图3-66所示。

步骤4 弹出“委托程序安装目录设置”对话框，设置好安装目录，并单击“安装”按钮。如图3-67所示。

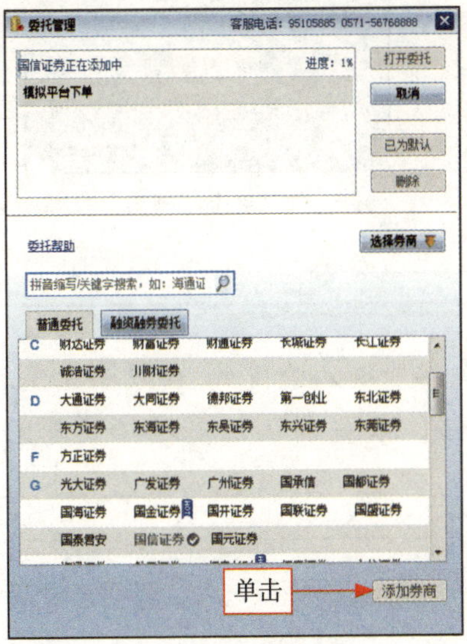

图3-66 添加券商

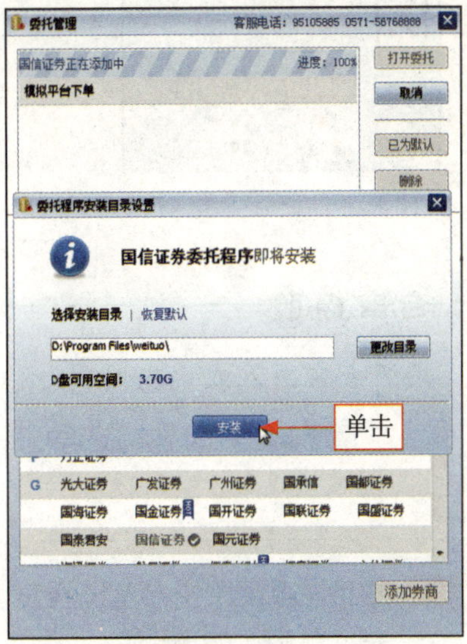

图3-67 单击“安装”按钮

步骤 5 安装完成后，单击“打开委托”按钮，即可打开同花顺网上交易系统（模拟炒股）。如图 3-68 所示。

步骤 6 在“买入股票”选项区中，设置证券代码和买入数量，单击“买入”按钮。如图 3-69 所示。

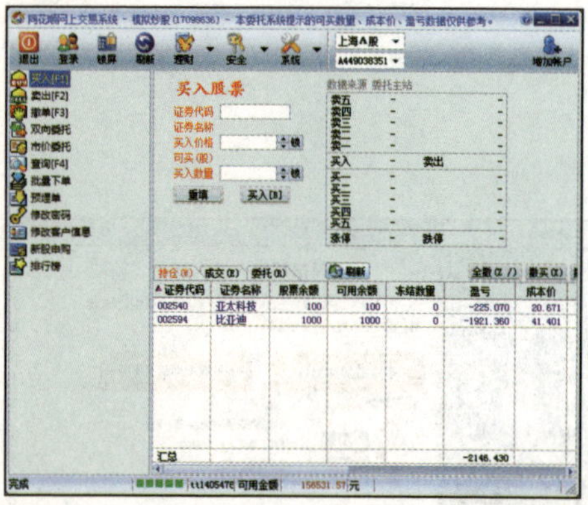

图 3–68　打开同花顺网上交易系统（模拟炒股）

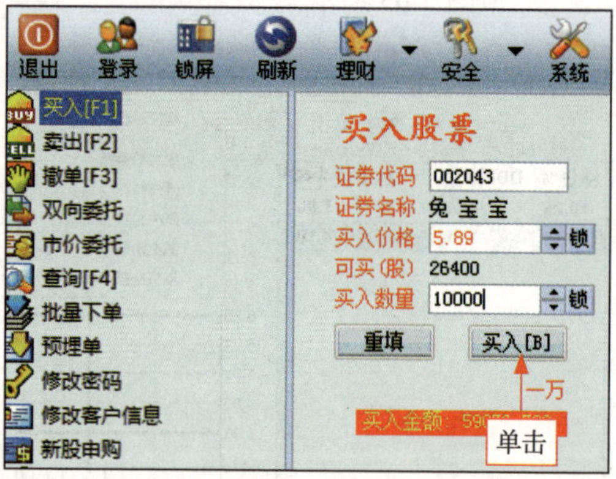

图 3–69　单击“买入”按钮

步骤 7 执行操作后，弹出“委托确认”对话框，显示委托的详细信息，确认无误后单击“是”按钮。如图 3-70 所示。

步骤 8 弹出“提示”对话框，提示用户的买入委托已成功提交，单击“确定”按钮。如图 3-71 所示。

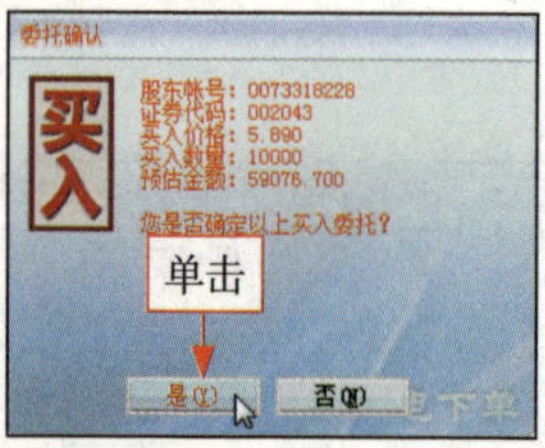

图 3–70　单击“是”按钮

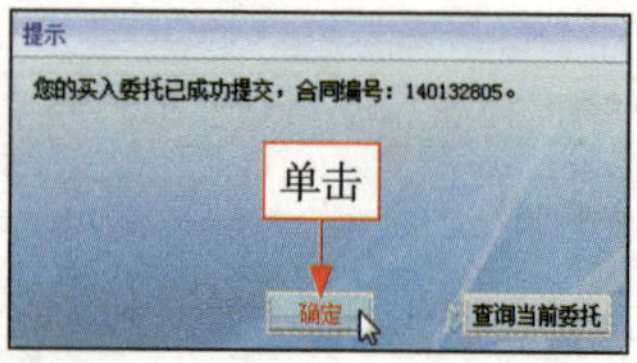

图 3–71　单击“确定”按钮

专家提醒

投资者在买入或卖出股票时，需注意确认所输入的信息，待确认无误后，再单击“买入下单”或“卖出下单”按钮，以免确认后发现错误时无法更改。

步骤 9 在同花顺网上交易系统展开“查询”→“当日委托”选项，即可查看买入委托。如图 3-72 所示。

步骤 10 切换至“卖出”窗口，在“卖出股票”选项区中设置证券代码和卖出数量，单击“卖出”按钮。如图 3-73 所示。

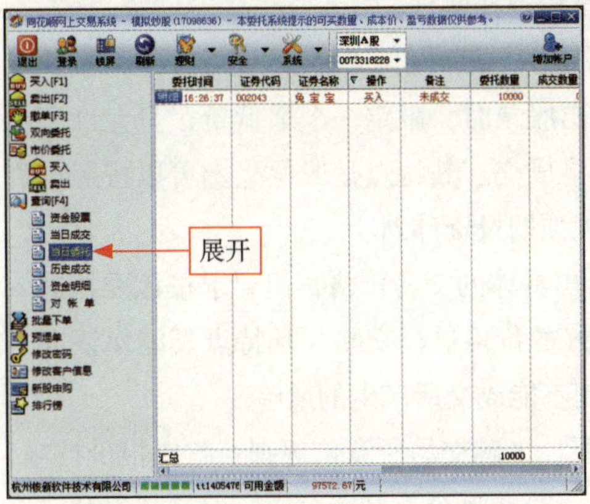

图 3-72 查看买入委托

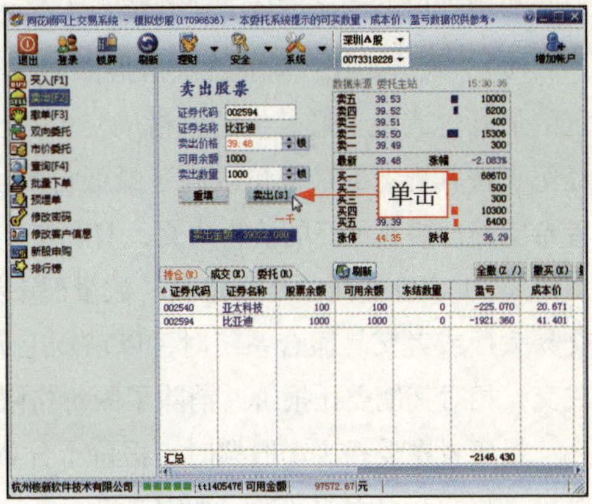

图 3-73 单击“卖出”按钮

步骤 11 执行操作后，弹出“委托确认”对话框，显示委托卖出的详细信息，确认无误后单击“是”按钮。如图 3-74 所示。

步骤 12 弹出“提示”对话框，提示用户的卖出委托已成功提交，单击“确定”按钮即可。如图 3-75 所示。

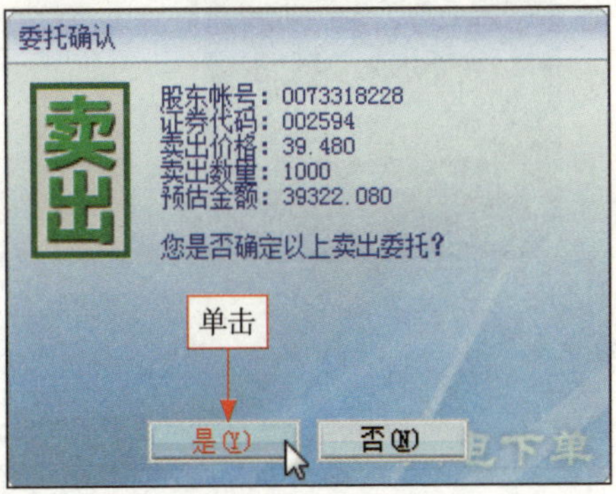

图 3-74 单击“是”按钮

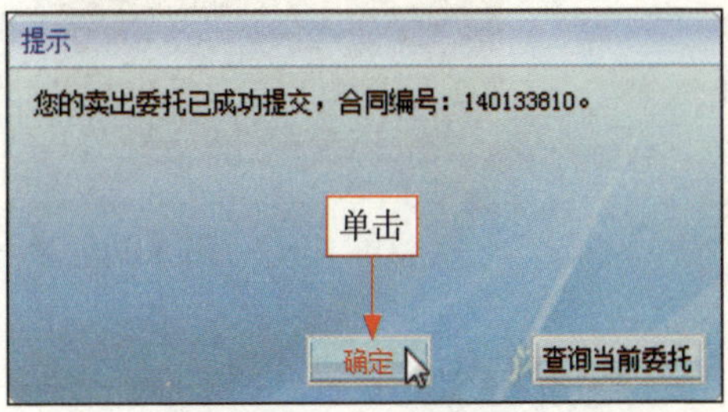

图 3-75 单击“确定”按钮

专家提醒

在模拟炒股系统中，由于模拟炒股用户委托价格并不会影响到实际行情的变化，用户在玩模拟炒股的时候，小资金体验往往是仿真度较高的，而多数模拟炒股系统都不能体现出大资金对行情的影响。

3.4.3 办理委托报价技巧

我国常用的委托报价方式有限价委托和市价委托两种。

（1）限价委托：就是在买入股票时，限定一个最高价，只允许证券经纪人按其规定的最高价或低于最高价的价格成交；在卖出股票时，限定一个最低价，只允许证券经纪人按其规定的最低价或高于最低价的价格成交。其特点是股票买卖可以按照投资者希望的价格或更好的价格成交，有利于实现预期投资计划。

（2）市价委托：是指定交易数量而不给出具体的交易价格，但要求按该委托进入交易大厅或者交易撮合系统时，以市场上最好的价格进行交易。其特点是能保证即时成交，相对其他委托报价，消除了因价格限制不能成交所产生的风险。

投资者在委托买卖股票时，报价十分重要，了解交易所竞价规则、掌握报价技巧，对投资收益有很大的帮助。如图 3-76 所示。无论在哪个交易所，成交价格都遵循“价格优先、时间优先”的原则，同时，在这个原则中，“价格优先于时间”。

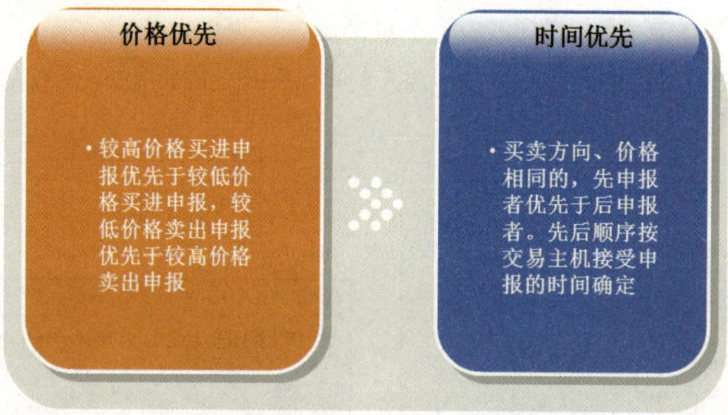

图 3-76 委托报价优先原则

专家提醒

上海和深圳股票交易所的股票交易时间为：星期一至星期五正常工作日的上午 9：30 ~ 11：30，下午 13：00 ~ 15：00。双休日和交易所公布的休市日休市。其中全天内只有上午 9：15 ~ 9：25 为集合竞价时间，投资者可以下单，委托价格限于前一个营业日收盘价的加减 10%，即在当日的涨、跌停板之间。

CHAPTER 4

第 4 章 选股实战 根据多个要素

学前提示

在市场红火高涨时，为何积极选股，却还是不赚钱？在市场低迷时，如何准确选择成长股，并坚定持有？投资者只有根据正确要素精确选择成长股，才能持续稳定盈大利。本章不仅让你彻底摒弃“人云亦云”的惯性法则，更教会你做一位始终独立思考的投资者。

要点展示

- 赢在起点：选股的重要性
- 要素 1：根据基本面选股
- 要素 2：根据心理面选股
- 要素 3：根据市场面选股
- 要素 4：根据技术分析选股

4.1 赢在起点：选股的重要性

俗话说：“不管 A 股 B 股，能赚钱就是好股。”如何选择好股票是投资者最迫切想要知道的。股票市场广阔且波动很大，没有固定的好股之说，对于不同的投资者，找到适合自己投资方式的股票是非常重要的。不管大盘下跌也好上涨也好，选股才是最重要的，选股不对你也很难挣钱。

投资者有的盈，有的亏，盈亏程度各不同，其实主要是由于选股不同造成的。选股的思路与方法五花八门，千奇百怪，但最适合散户的选股方法应该还是 K 线图。

能够正确选股，并且享受到拉高阶段利润的投资者，在数量上必然是极少数。他们是高手，不是高在技术面上，而是有一个好习惯，那就是以把玩的心态，每天至少看 50 支股票的 K 线图。

下面以同花顺软件为例，介绍一些 K 线选股的技巧。

步骤 1 在行情列表窗口中，双击某只股票进入其动态图形窗口，它是分析个股盘面的主要窗口之一。默认情况下，系统将显示两个窗口，分别是日 K 线窗口和成交量窗口。图 4-1 所示为浦发银行（600000）的日 K 线窗口和成交量窗口。

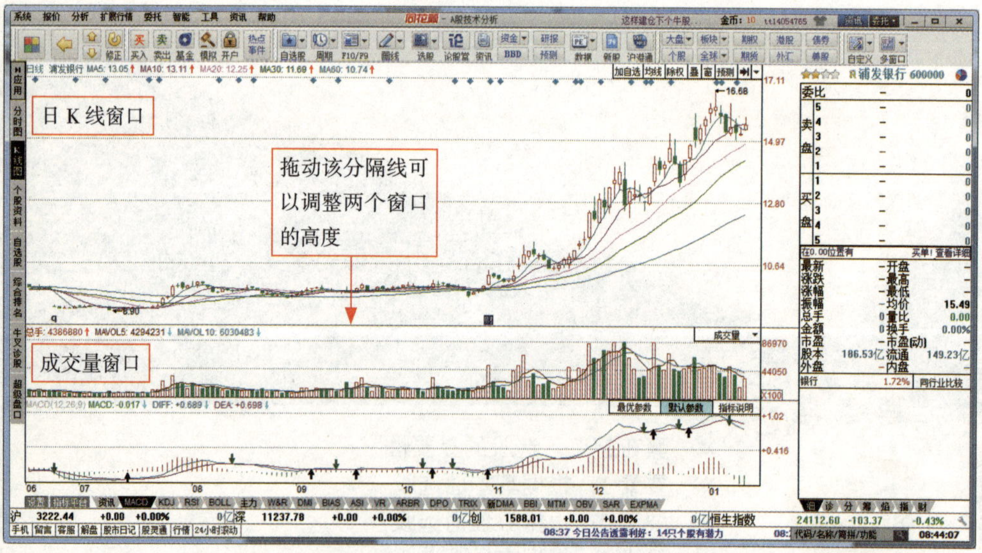

图 4-1　日 K 线窗口和成交量窗口

专家提醒

在选股票的过程中，首先要选择的就是股票的形态。一般都是从股票的日线图来进行挑选，有时也会用周线图来挑选一遍，这个完全体现于投资者个人的喜好，没有什么规定。

步骤 2 对于日K线图窗口，投资者可以根据需要更改其显示周期，其方法是：在日K线图窗口中单击鼠标右键，在弹出的快捷菜单中选择“分析周期”选项，在弹出的子菜单中选择对应的选项更改K线显示周期。图4-2所示为浦发银行（600000）的周K线窗口和成交量窗口。

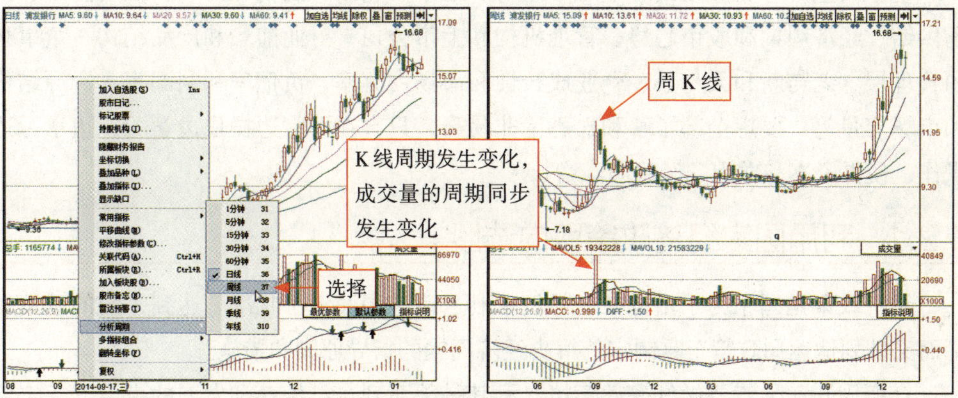

图 4-2 周K线窗口和成交量窗口

步骤 3 如果要自定义显示动态图形窗口中的指标个数，其方法是：在窗口的任意位置单击鼠标右键，在弹出的快捷菜单中选择“多指标组合”选项，在弹出的子菜单中选择对应的选项更改指标个数。图4-3所示为浦发银行（600000）的两个指标同步显示。

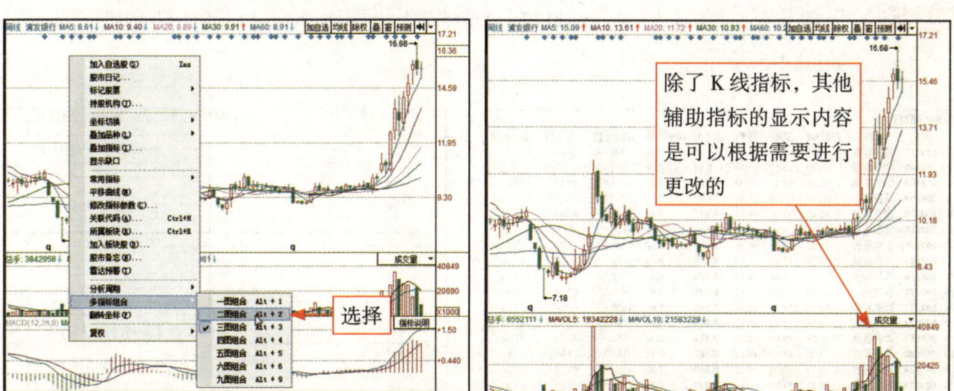

图 4-3 更改指标图显示个数

总之，股票建仓、洗盘、拉高阶段的 K 线研究，一些原则性的东西永远不会过时。例如，建仓量能决定突破高度，均线系统决定突破时间，控盘意图简洁不受干扰，价格波动不给短线客留空间，成交量千万不能散等。

4.2 要素 1：根据基本面选股

股价常根据一些特定经济指标、经济政策、全球经济形势、国内外突发事件等基本面宏观因素的起伏而变化，对这些因素的分析是判断股市当前行情以及选择好股票的主要依据。

基本面包含外交和政治、金融和经济、汇率和利率、国情和人气、社会需求和市场供给、经济周期和股市趋势、管理机构和上市公司、行业前景和产品结构、董事长和管理层、老与新和大与小、企业成长性和市场占有率、负债率和利润率、资源结构和市场容量等。要想全部了解和熟悉绝非易事，只有在平常边操作边学习，边学习边操作，使得资本和学识、经验同步增长。

4.2.1 利用国家经济政策取向选股

经济政策是国家为了增进社会经济福利、改进国民经济状况、达到一定的政策目标而又计划地运用政策工具制定的解决经济问题的指导原则和措施。

众所周知，你若要做好一件事情，尤其是关系到自己生存和发展的大事，一定要遵守国家政策。股市基本分析方法无论有多少种，作为我们中小投资者首先要学会根据政策来选股。

步骤 1 2015 年 1 月 13 日，财政部发挥财政政策引导作用，创造有利于新能源汽车发展的政策环境，推动新能源汽车产业加速发展。在此政策引导下，当天新能源汽车概念股行情如图 4-4 所示。

步骤 2 受此影响，华电能源（600726）全年净利预增 7 ~ 11 倍，开盘瞬间涨停。如图 4-5 所示。

受益概念:新能源汽车

	代码	名称	涨幅%⬇	现价	涨跌	换手%	DDE净量	DDE金额	总市值	流通市值
1	600213	亚星客车	+3.98	17.51	+0.67	1.37	-0.37	-1425万	38.52亿	38.52亿
2	002190	成飞集成	+3.33	36.27	+1.17	4.48	-0.97	-1.20亿	125.2亿	125.2亿
3	002454	松芝股份	+3.06	16.19	+0.48	0.797	0.25	+980.4万	65.67亿	38.99亿
4	300104	乐视网	+3.02	43.98	+1.29	1.03	0.11	+2196万	370.0亿	209.6亿
5	300328	宜安科技	+2.70	33.06	+0.87	0.517	0.04	+34.51万	37.03亿	9.26亿
6	002660	茂硕电源	+2.69	8.78	+0.23	0.533	0.08	+110.3万	22.16亿	13.60亿
7	002662	京威股份	+2.47	13.25	+0.32	0.356	0.10	+192.9万	99.38亿	19.87亿
8	002085	万丰奥威	+2.20	29.23	+0.63	0.215	0.00	+21.26万	114.0亿	108.7亿
9	002276	万马股份	+2.18	8.91	+0.19	0.385	0.03	+322.9万	83.72亿	74.19亿
10	600478	科力远	+2.15	19.49	+0.41	0.245	0.07	+676.2万	92.04亿	92.04亿
11	601311	骆驼股份	+2.13	14.37	+0.30	0.245	0.05	+579.6万	122.4亿	121.4亿
12	000927	一汽夏利	+1.75	6.41	+0.11	0.069	0.00	-10.03万	102.3亿	102.3亿
13	000957	中通客车	+1.56	15.64	+0.24	0.991	-0.02	-66.96万	37.30亿	37.30亿
14	002580	圣阳股份	+1.46	18.08	+0.26	0.382	0.01	+16.21万	19.55亿	14.84亿
15	300224	正海磁材	+1.31	26.32	+0.36	0.270	-0.00	-18.64万	63.17亿	63.17亿
16	600884	杉杉股份	+1.25	17.02	+0.21	0.226	0.04	+245.1万	69.93亿	69.93亿
17	601238	广汽集团	+1.07	8.51	+0.09	0.269	0.00	+89666	547.6亿	51.43亿
18	601965	中国汽研	+1.03	12.73	+0.13	0.364	0.03	+63.44万	81.57亿	24.44亿
19	600482	风帆股份	+1.00	13.15	+0.13	0.203	0.03	+177.5万	70.55亿	68.95亿

图 4-4 新能源汽车概念股

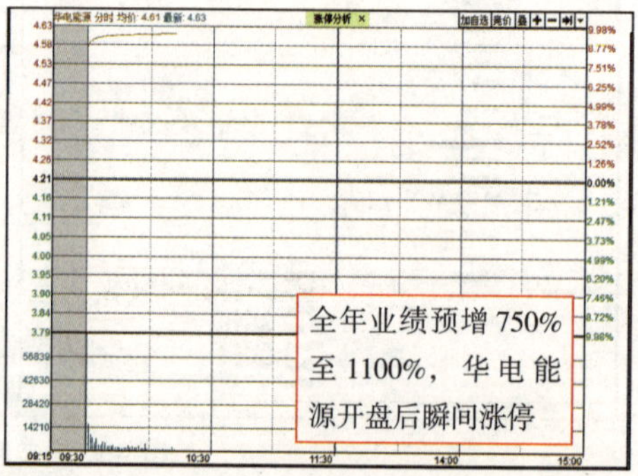

图 4-5 华电能源分时图

步骤 3 后市分析：从华电能源的 K 线图分析，公司业绩向好，未来或可持续增长，该股股价后市有望继续走强。如图 4-6 所示。

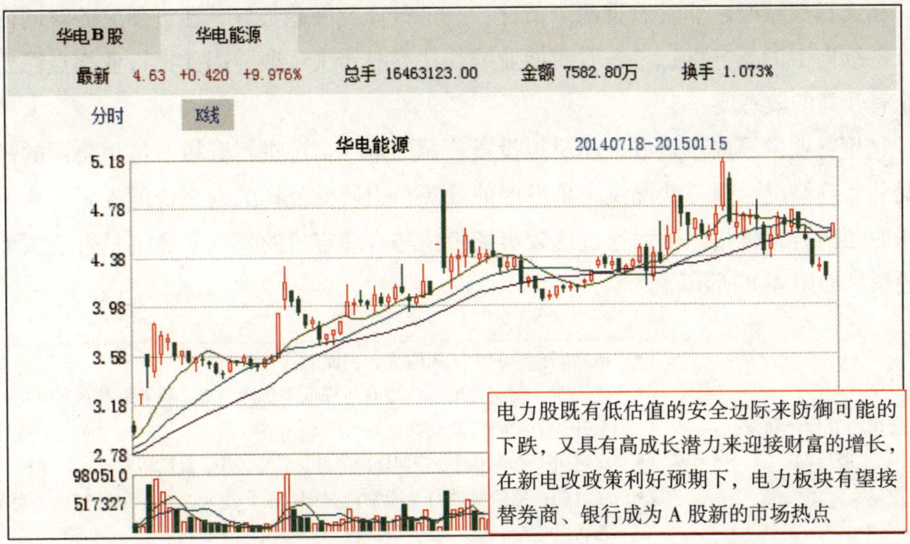

图 4-6 华电能源 K 线图

随着国家经济形势的不断发展变化，国家的经济政策自然会不断地做出相应的调整。国家经济政策对股价的主要影响如图 4-7 所示。

国家经济政策促使股价上涨 → 若一个国家有合理的经济政策，并颁布了促进社会发展的相关措施，则会带动股价上涨

国家经济政策促使股价下跌 → 若国家出现紧缩财政的预兆，则投资者会预测未来景气不好而减少投资，从而导致股价下跌

图 4-7 国家经济政策对股价的影响

因此，投资者必须深刻理解国家的重大经济政策，并认真贯彻在整个股票买卖的过程中，投资才能获得成功。如果投资者能根据政策来选股，同时又花工夫通过市场调查来了解上市公司的基本面，再学会用技术分析选好买点，那就不愁在股市中赚不到大钱。

专家提醒

在通货膨胀时期，若物价涨幅过大，居民实际资产会缩水，引起市场不稳定。为控制通货膨胀，国家将推动利率上涨，市场中流动资金将减少，从而使股价下跌。

4.2.2 利用行业发展前景选股

在选择股票时，非常看重两个条件：一是行业发展趋势好，在可预见的时间内能够有持续向上的景气度；二是看当期业绩往往容易错失牛股，因此抓行业拐点需要对行业有较高的敏感度。

利用行业发展前景选股，即对拟投资公司的基本情况进行分析，包括公司的经营情况、管理情况、财务状况及未来发展前景等，由研究公司的内在价值入手，确定的公司股票的合理价格，进而通过比较市场价位与合理定价的差别来确定是否购买该公司股票。如图 4–8 所示。

公司所处行业和发展周期	• 初创期：盈利少，风险大，因而股价较低 • 成长期：利润大增，风险有所降低但仍然较高，行业总体股价水平上升，个股股价波动幅度较大 • 成熟期：盈利相对稳定但增幅降低，风险较小，此阶段股价比较平稳 • 衰退期：此阶段的行业通常称夕阳行业，盈利减少，风险较大，财务状况逐渐恶化，股价呈跌势
公司竞争地位和经营管理情况分析	决定一家公司竞争地位的首要因素是公司的技术水平，其次是公司的管理水平，另外市场开拓能力和市场占有率、规模效益和项目储备及新产品开发能力也是决定公司竞争能力的重要方面
公司财务分析	看每股收益、净利润、净资产、未分配利润，注意跟往年的同期数据比较，看增长的比例
未来发展前景和利润预测	通过对公司的产品产量、成本、利润率、各项费用等因素的分析，预测公司下一期或几期的利润
发现公司已存在或潜在的重大问题	选股时，投资者还必须通过对公司年报、中报以及其他各类披露信息的分析，发现公司存在的或潜在的重大问题，及时调整投资策略，回避风险

图 4–8　利用行业发展前景选股

通常人们在选择个股时，要考虑到行业因素的影响，尽量选择高成长行业的个股，而避免选择夕阳行业的个股。例如，我国的通信行业，是典型的朝阳行业，通信类的上市公司在股市中倍受青睐，其市场定位通常较高，往往成为股市中的“高价贵族股”。如图 4–9 所示。

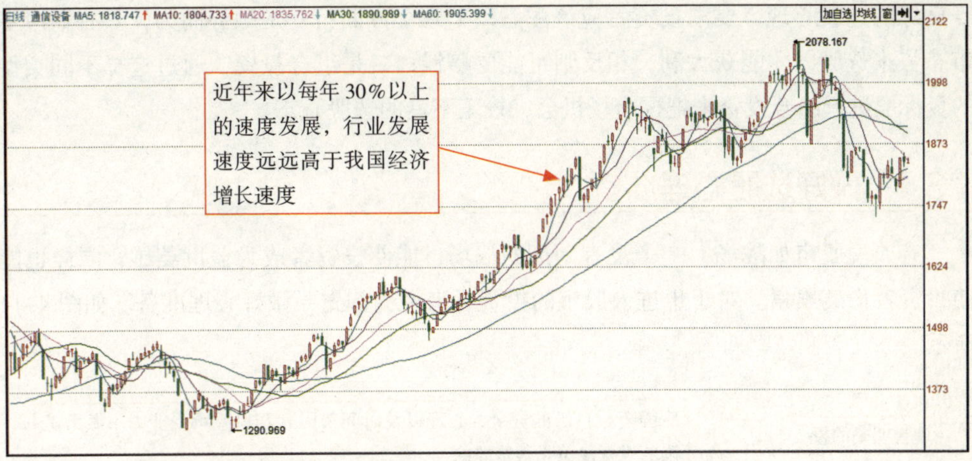

图 4-9 通信行业 K 线图

4.2.3 利用价值投资选股

股票的内在价值决定价格，想要稳定获利并能及时回避风险，必须对股票进行内在价值的分析。如图 4-10 所示。

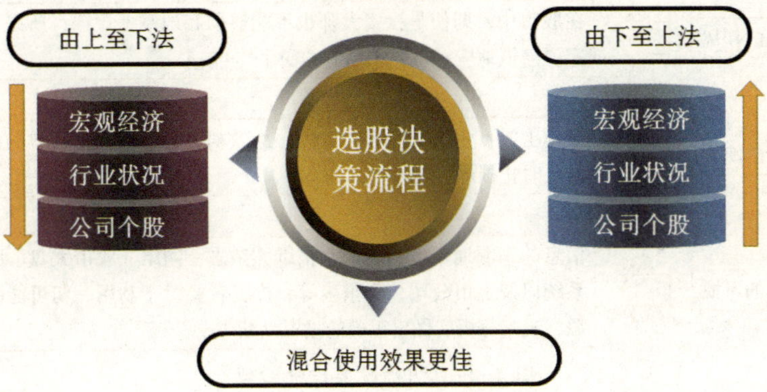

图 4-10 利用价值投资选股

价值投资选股是指在大板块里趋势最好的行业中，进一步细分其子行业的研究，选出趋势最强的子行业，然后再根据价值投资的理念，选出子行业中基本面好、有投资价值，且最具代表性的龙头公司进行投资。

4.3 要素 2：根据心理面选股

选股心理是投资者在对目标选择时所产生的对股票价值进行心理预期的活动。培养良好的选股心理，要求投资者应该注意以下几个方面：一是顺势而为，只有顺应牛市态势来选股，才能获大利，相反则可能要赔钱；二是组合投资，通过选择不同类型的目标股进行组合投资来把握市场机会，校正不良的选股心态。

4.3.1 做好选股心理准备

有人说股市如战场，一个没有硝烟的战场，能使投资者成为盖世英雄，同样也能使投资者伤痕累累。对于想进入股市的投资者来说，首先要做好心理准备。如图 4–11 所示。

理智明确的投资	冷静衡量自己的资金、心理以及时间等因素和风险承受能力，做出正确的投资决策是很重要的
乐观愉快的心情	有利于投资者在精神、身体各方面保持良好的状态，从而使投资者的判断能够更加准确、有远见性
独立自主的思考	对于意见可以听取，但切勿盲目跟风。即使失败，也要在失败的经历中总结积累经验
谨慎谦虚的作风	在股市中，即使是投资大师也不能够彻底地掌握规律，所以投资者一定要谨慎地应对每个小细节的变化
当机立断的魄力	股市上没有永远的赢家，丧失一次盈利机会还有重新补救的机会，不能及时止损却可能元气大伤
广集信息的习惯	信息的来源通常包括电视、报纸、杂志、网络、股市大盘、股票实时系统以及上市公司公告报表等，投资者要善于利用一切可能的消息来源，观察分析后做出正确的投资判断

图 4–11 明确股票投资心理

4.3.2 利用比价效应选股

“比价效应”（Price Comparison effect）是指与同类型公司之间通过诸如经营业绩、流通股本、募集资金所投入项目等方面进行直观比较后，来影响二级市场中的股价最终定位。具体主要有以下几方面。

- 与同一地域板块间的个股比价，选择股价较低的个股。如图 4–12 所示。
- 与同一行业间的个股比价，选择股价较低的个股。如图 4–13 所示。

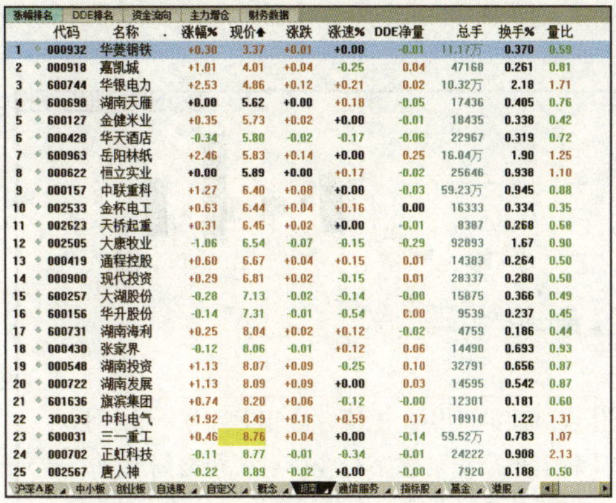

	代码	名称	涨幅%	现价	涨跌	涨速%	DDE净量	总手	换手%	量比
1	000932	华菱钢铁	+0.30	3.37	+0.01	+0.00	-0.01	11.17万	0.370	0.59
2	000918	嘉凯城	+1.01	4.01	+0.04	-0.25	0.04	47168	0.261	0.81
3	600744	华银电力	+2.53	4.86	+0.12	+0.21	0.02	10.32万	2.18	1.71
4	600698	湖南天雁	+0.00	5.62	+0.00	+0.18	-0.05	17436	0.405	0.76
5	600127	金健米业	+0.35	5.73	+0.02	+0.00	-0.01	18435	0.338	0.42
6	000428	华天酒店	-0.34	5.80	-0.02	-0.17	-0.06	22967	0.319	0.72
7	600963	岳阳林纸	+2.46	5.83	+0.14	+0.00	0.25	16.04万	1.90	1.25
8	000622	恒立实业	+0.00	5.89	+0.00	+0.17	-0.02	25646	0.938	1.10
9	000157	中联重科	+1.27	6.40	+0.08	+0.00	-0.03	59.23万	0.945	0.88
10	002533	金杯电工	+0.63	6.44	+0.04	+0.16	0.00	16333	0.334	0.35
11	002623	天桥起重	+0.31	6.46	+0.02	+0.00	-0.01	8387	0.268	0.58
12	002505	大康牧业	-1.06	6.54	-0.07	-0.15	-0.29	92893	1.67	0.90
13	000419	通程控股	+0.60	6.67	+0.04	+0.15	0.01	14383	0.264	0.50
14	000900	现代投资	+0.29	6.81	+0.02	-0.15	0.01	28337	0.280	0.50
15	600257	大湖股份	-0.28	7.13	-0.02	-0.14	-0.00	15875	0.366	0.49
16	600156	华升股份	-0.14	7.31	-0.01	-0.54	0.00	9539	0.237	0.45
17	600731	湖南海利	+0.25	8.04	+0.02	+0.12	-0.02	4759	0.186	0.44
18	000430	张家界	-0.12	8.06	-0.01	+0.12	0.06	14490	0.693	0.93
19	000548	湖南投资	+1.13	8.07	+0.09	-0.25	0.10	32791	0.656	0.87
20	000722	湖南发展	+1.13	8.09	+0.09	+0.00	0.03	14595	0.542	0.87
21	601636	旗滨集团	+0.74	8.20	+0.06	-0.12	-0.00	12301	0.181	0.60
22	300035	中科电气	+1.92	8.49	+0.16	+0.59	0.17	18910	1.22	1.31
23	600031	三一重工	+0.46	8.76	+0.04	+0.00	-0.14	59.52万	0.783	1.07
24	000702	正虹科技	-0.11	8.77	-0.01	-0.34	-0.01	24222	0.908	2.13
25	002567	唐人神	-0.22	8.89	-0.02	+0.00	-0.00	7920	0.188	0.50

图 4-12　同一地域板块间的个股比价

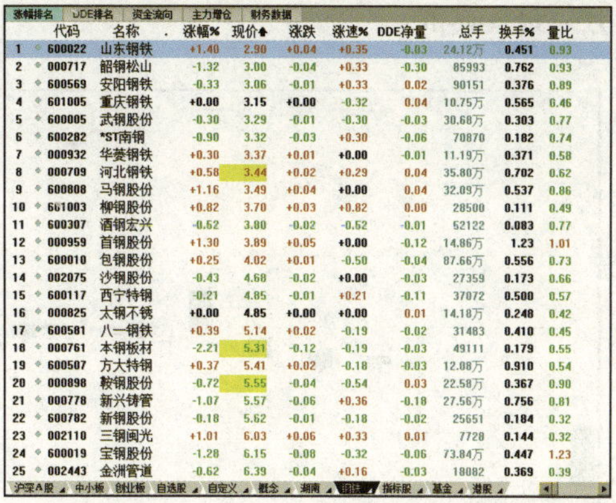

	代码	名称	涨幅%	现价	涨跌	涨速%	DDE净量	总手	换手%	量比
1	600022	山东钢铁	+1.40	2.90	+0.04	+0.35	-0.03	24.12万	0.451	0.93
2	000717	韶钢松山	-1.32	3.00	-0.04	+0.33	-0.30	85993	0.762	0.93
3	600569	安阳钢铁	-0.33	3.06	-0.01	+0.33	0.02	90151	0.376	0.89
4	601005	重庆钢铁	+0.00	3.15	+0.00	-0.32	0.04	10.75万	0.565	0.46
5	600005	武钢股份	-0.30	3.29	-0.01	-0.30	-0.03	30.68万	0.303	0.77
6	600282	*ST南钢	-0.90	3.32	-0.03	+0.30	-0.06	70870	0.182	0.74
7	000932	华菱钢铁	+0.30	3.37	+0.01	+0.00	-0.01	11.19万	0.371	0.58
8	000709	河北钢铁	+0.58	3.44	+0.02	+0.29	0.04	35.80万	0.702	0.62
9	600808	马钢股份	+1.16	3.49	+0.04	+0.00	0.04	32.09万	0.537	0.86
10	601003	柳钢股份	+0.82	3.70	+0.03	+0.82	0.00	28500	0.111	0.49
11	600307	酒钢宏兴	-0.52	3.80	-0.02	-0.52	-0.01	52122	0.083	0.77
12	000959	首钢股份	+1.30	3.89	+0.05	+0.00	-0.12	14.86万	1.23	1.01
13	600010	包钢股份	+0.25	4.02	+0.01	-0.50	-0.04	87.66万	0.556	0.73
14	002075	沙钢股份	-0.43	4.68	-0.02	+0.00	-0.03	27359	0.173	0.66
15	600117	西宁特钢	-0.21	4.85	-0.01	+0.21	-0.11	37072	0.500	0.57
16	000825	太钢不锈	+0.00	4.85	+0.00	+0.00	0.01	14.18万	0.248	0.42
17	600581	八一钢铁	+0.39	5.14	+0.02	-0.19	-0.02	31483	0.410	0.45
18	000761	本钢板材	-2.21	5.31	-0.12	-0.19	-0.03	49111	0.179	0.55
19	600507	方大特钢	+0.37	5.41	+0.02	-0.18	-0.03	12.08万	0.910	0.54
20	000898	鞍钢股份	-0.72	5.55	-0.04	-0.54	0.03	22.58万	0.367	0.90
21	000778	新兴铸管	-1.07	5.57	-0.06	+0.36	-0.18	27.56万	0.756	0.81
22	600782	新钢股份	-0.18	5.62	-0.01	-0.18	-0.02	25651	0.184	0.32
23	002110	三钢闽光	+1.01	6.03	+0.06	+0.33	0.01	7728	0.144	0.32
24	600019	宝钢股份	-1.28	6.15	-0.08	-0.32	-0.06	73.84万	0.447	1.23
25	002443	金洲管道	-0.62	6.39	-0.04	+0.16	-0.03	18082	0.369	0.39

图 4-13　同一行业间的个股比价

- 与同一炒作题材股间的个股比价，选择股价较低的个股。如图 4-14 所示。
- 与相同流通股本规模的个股比价，选择股价较低的个股。如图 4-15 所示。

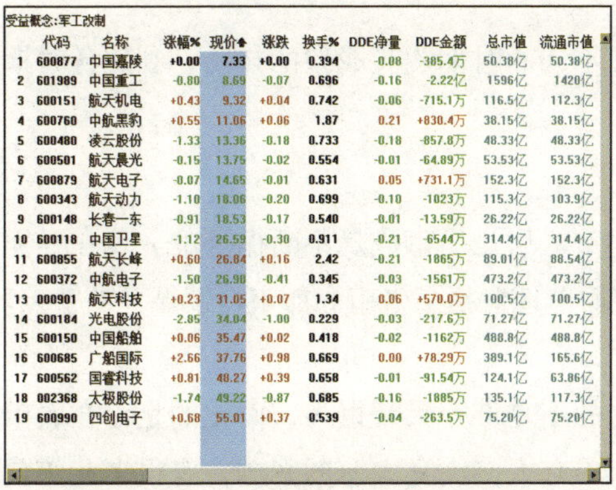

受益概念:军工改制

	代码	名称	涨幅%	现价	涨跌	换手%	DDE净量	DDE金额	总市值	流通市值
1	600877	中国嘉陵	+0.00	7.33	+0.00	0.394	-0.08	-385.4万	50.38亿	50.38亿
2	601989	中国重工	-0.80	8.69	-0.07	0.696	-0.16	-2.22亿	1596亿	1420亿
3	600151	航天机电	+0.43	9.32	+0.04	0.742	-0.06	-715.1万	116.5亿	112.3亿
4	600760	中航黑豹	+0.55	11.06	+0.06	1.87	0.21	+830.4万	38.15亿	38.15亿
5	600480	凌云股份	-1.33	13.36	-0.18	0.733	-0.18	-857.8万	48.33亿	48.33亿
6	600501	航天晨光	-0.15	13.75	-0.02	0.554	-0.01	-64.89万	53.53亿	53.53亿
7	600879	航天电子	-0.07	14.65	-0.01	0.631	0.05	+731.1万	152.3亿	152.3亿
8	600343	航天动力	-1.10	18.06	-0.20	0.699	-0.10	-1023万	115.3亿	103.9亿
9	600148	长春一东	-0.91	18.53	-0.17	0.540	-0.01	-13.59万	26.22亿	26.22亿
10	600118	中国卫星	-1.12	26.59	-0.30	0.911	-0.21	-6544万	314.4亿	314.4亿
11	600855	航天长峰	+0.60	26.84	+0.16	2.42	-0.21	-1865万	89.01亿	88.54亿
12	600372	中航电子	-1.50	26.90	-0.41	0.345	-0.03	-1561万	473.2亿	473.2亿
13	000901	航天科技	+0.23	31.05	+0.07	1.34	0.06	+570.0万	100.5亿	100.5亿
14	600184	光电股份	-2.85	34.04	-1.00	0.229	-0.03	-217.6万	71.27亿	71.27亿
15	600150	中国船舶	+0.06	35.47	+0.02	0.418	-0.02	-1162万	488.8亿	488.8亿
16	600685	广船国际	+2.66	37.76	+0.98	0.669	0.00	+78.29万	389.1亿	165.6亿
17	600562	国睿科技	+0.81	48.27	+0.39	0.658	-0.01	-91.54万	124.1亿	63.86亿
18	002368	太极股份	-1.74	49.22	-0.87	0.685	-0.16	-1885万	135.1亿	117.3亿
19	600990	四创电子	+0.68	55.01	+0.37	0.539	-0.04	-263.5万	75.20亿	75.20亿

图 4-14　同一炒作题材股间的个股比价

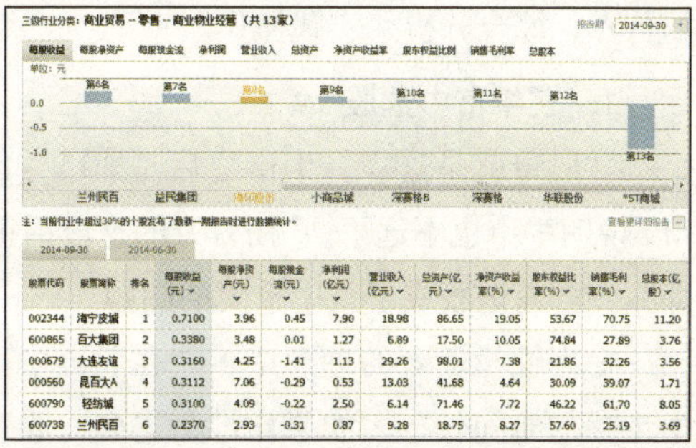

股票代码	股票简称	排名	每股收益(元)	每股净资产(元)	每股现金流(元)	净利润(亿元)	营业收入(亿元)	总资产(亿元)	净资产收益率(%)	股东权益比率(%)	销售毛利率(%)	总股本(亿股)
002344	海宁皮城	1	0.7100	3.96	0.45	7.90	18.98	86.65	19.05	53.67	70.75	11.20
600865	百大集团	2	0.3380	3.48	0.01	1.27	6.89	17.50	10.05	74.84	27.89	3.76
000679	大连友谊	3	0.3160	4.25	-1.41	1.13	29.26	98.01	7.38	21.86	32.26	3.56
000560	昆百大A	4	0.3112	7.06	-0.29	0.53	13.03	41.68	4.64	30.09	39.07	1.71
600790	轻纺城	5	0.3100	4.09	-0.22	2.50	6.14	71.46	7.72	46.22	61.70	8.05
600738	兰州民百	6	0.2370	2.93	-0.31	0.87	9.28	18.75	8.27	57.60	25.19	3.69

图 4-15　相同流通股本规模的个股比价

“比价效应”是推动证券市场不断变化的一个最主要的市场动因。例如，1999 年上市的福日电子集团，上市初总股本 25600 万元，流通盘 7000 万股，1999 年预测业绩是每股 0.17 元，公司主要从事电视机的生产，属于家电行业，由于在 1999 年长虹等家电类公司已经沦落为市场中的“没落贵族”，因此对于这么一个同样以家电生产为主，未来没有太大发展前景、经营业绩又比较差的公司，股民普遍抱以嗤之以鼻的态度，上市首日股价就呈现出了一路走低的局面，两天内按开盘计算跌幅达到将近 30%。

然而，市场投资者却同时忽视了一个最为关键的因素——“比价效应”。1999 年家电类股票的股价仍基本定位在 10 元以上，当时长虹最低为 12 元，康佳最低为 15 元，厦华最低为 11 元，即使进入 ST 的熊猫和黄河也都保持在 8 元以上，平均价格达到 10 元以上，这样当时股价才 5 元出头的福日电子集团显然价格被低估了，日后其股价在 2 个月内越过 10 元，实现翻番。如图 4-16 所示。该股的成功炒做可以说是点对面比价效应最佳典范。

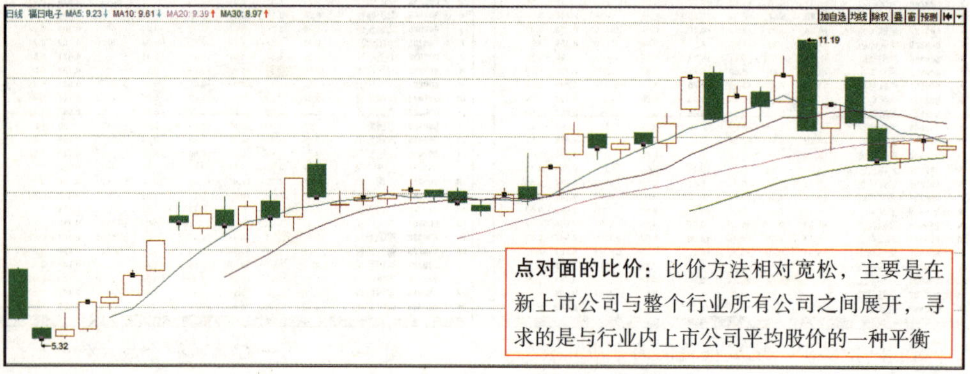

图 4-16　福日电子上市初期的价格走势

4.3.3　牛市与熊市选股技巧

股市行情随时在变动，投资者应学会在不同的时期购买股票的技巧，利用各时期的特点，综合分析、实践操作。

1. 在牛市中选股

“股市就是这样，牛市之后是熊市，熊市之后是牛市，是不断循环的。现在是熊市，说明牛市也不远了。”杨百万的这段话很简单地概括了牛市和熊市持续循环的特点。那么，如何选股成了其中重要的问题。

在理性投资者的理念中，“在股市中比的不是谁今天赚得多，而比的是谁在股市中生存的时间长”。如果比谁赚得多，股市中有太多大喜大悲的案例，有很多几年前在股市叱咤风云的人物早已消失，倒在了牛市形成之前。谁生存的时间长，则意味着所获得市场赐予的机会就越多。新股民可以关注短线选股的“三高”理论。如图 4-17 所示。

2. 在熊市中选股

在熊市中选股的难度远远大于牛市，大盘在不断下跌，大部分个股的走势也逐级向下，只有极少数个股逆势上扬。虽然在熊市中选股难度很大，但也有一定的方法可循，具体如下。

（1）选择基本面情况发生重大变化、业绩有望突升的个股。无论是在牛市还是在熊市，这类个股都是受追捧的对象。由于基本面发生了好转，必然或早或晚地反映到股市上。当然，在选择时需要注意时机，不要等到股价已经上涨到高点时再买进。

涨幅要高 →

- 绝对涨幅要高：如果股价从底部启动 50% 以上，进入主升浪应该是顺理成章的
- 实现阶段突破：能够成功突破前一顶部的股票理当看好，不能突破或在前一顶部下梭巡有无功而返的可能
- 股价创历史新高：说明价值重新发现，价格重新定位，在成交正常的情况下，应看高一线

主力资金介入程度要高 →

- 主力浅尝辄止的，股民放弃
- 主力实力弱小的，股民观赏
- 主力实力非凡、大举入驻的，便是股民重仓参与的对象

板块呼应度要高 →

在价值投资理念下，主力资金已经从个股挖掘转向行业挖掘。有板块呼应度的股票，说明该行业发展前景比较好，属于当然热点或潜在热点，有发展潜力。即便是临时性热点，板块呼应度高的特点也决定了被套的可能性不大，因为热点的反复表现，会多次创造解套获利的机会

图 4-17　牛市选股技巧

（2）选择具有长期良好发展前景的个股。具有良好发展前景的公司，是大多数人选股时追求的目标，这类公司发展前景光明、经营稳健，被许多人看好，在牛市中股价可能高高在上，业绩被提前预支。但是在熊市中可能随着大盘而大幅下跌，甚至暴跌，这为投资者提供了一次很好的买入机会，他们可以用很低的价格得到一只优质股票。同时，需要注意，选择这类个股应立足于中长线，不能指望短期内获得高额利润。

（3）选择主力机构介入的个股。股市中的主力机构实力强大，不是一般的中小投资者可以比的，但是也有进出不灵活的弱点，一旦介入一只个股，就要持有较长的时间，尤其是在熊市中，除非认输出局，否则就要利用每次反弹机会，伺机拉升个股。中小散户只要介入时机合适，成本价在主力之下或持平，并且不要贪恋过高的利润，就会有相对较大的获利机会。

（4）选择在熊市后期超跌的个股。在熊市后期或熊市已经持续较长时间，一些个股总体跌幅已深，综合基本分析和技术分析，下跌空间已经有限，已经无法再跌。即使大盘继续下跌，这批个股也会提前止跌，率先反弹。

总结可知，熊市中重要的是关注大盘走势、了解盘中热点以及政策的转变等。投资者宜只选不买，为将来在牛市中选择个股做好准备。

4.4 要素 3：根据市场面选股

股价的巨大波动性成为股票具有较高报酬的原因之一。由市场股票的涨跌幅度，可以寻找出盘面上的强势股及弱势股。一般而言，股价为市场基本面的领先指针，亦即当消息未传出市场前，股价可能已经开始反应了。所以观察股价的波动有助于猜测出市场的实际变化。

因此，股票投资者一定要学会理解市场行为，做“聪明的小羊”，不要有个体恐惧效应，要有破釜沉舟的觉悟，学会根据市场面选股。如图 4–18 所示。

图 4–18 根据市场面选股

4.4.1 利用市场炒作题材选股

题材是指炒作股票的借口，是用来激发市场人气的工具。有些题材确有实质性内容，而有些则纯粹是空穴来风，甚至是刻意散布的谣言。另外，大部分题材对上市公司本身有多大好处是不能随便确定的，许多具体情况需要具体分析。但市场的特点是只要有题材，市场就乐于挖掘和接受，而题材的真实作用反而被忽视了。

股市题材具有正反两方面的作用，在利用题材寻找最佳投资机会和选股时，操作上要注意如图 4–19 所示的问题。

长期价值投资选股，一般都要选择价格低于价值的股票，也就是通常说的花 4 角钱买价值一元钱的股票。凡是这样的股票，一定是普遍不被市场看好的股票，所以才会有低价格。而短期投机炒作题材股，就完全相反，一般就不管什么价值和价格了，主要看此股主力是否控盘，是否具有主力股的特点，题材的想象空间是否够大，然后根据 K 线判断此股价格是在顶部出货阶段还是在底部开始拉升阶段。

大盘形势是否适合炒股	只有在大盘已经企稳并且在上涨过程中，才是适合介入题材股的时机。如果大盘正处于急跌之中，即使有少部分股票逆市上涨，不论题材有多好，其成功率也不会太高
多关注涨幅排行榜和消息面	每天观察盘面，从涨幅排行榜中发现群体出现的个股，及早跟进，是取胜的关键
题材的市场反应和号召力	如果同时出现农业、新能源、地域板块几类题材股，投资者要衡量哪种题材爆发力更强，行情更持久。而且同一题材中不同个股也会强弱有别，这需要投资者有高度的敏感性和比较广泛的知识
对题材进行合理的定位	即使投资者选准了题材股，也要合理定位，不可对股价预期过高，更不可长期持股。长期持股可能会使到手的利润化为乌有
警惕行情切换	题材只是炒作的借口，真正分析市场有效的方法是看市场当时的状态，即供求关系的对比。同样的题材在不同市场状态下反应截然不同

图 4-19　利用市场炒作题材选股

4.4.2　利用市场热点选股

用一句通俗的话说：热点就是某一特定时间内走红的板块或股票，这些在特定时间内走红的股票，常常被股民称之为当时的“热门股”。如果投资者查看股票涨跌排行榜，就会发现在涨幅榜的前列大多是它们的身影。

下面介绍利用市场热点选股的方法。

步骤 1 在工具栏中，单击“热点事件”按钮。如图 4-20 所示。

步骤 2 执行操作后，进入热点事件板块。如图 4-21 所示。

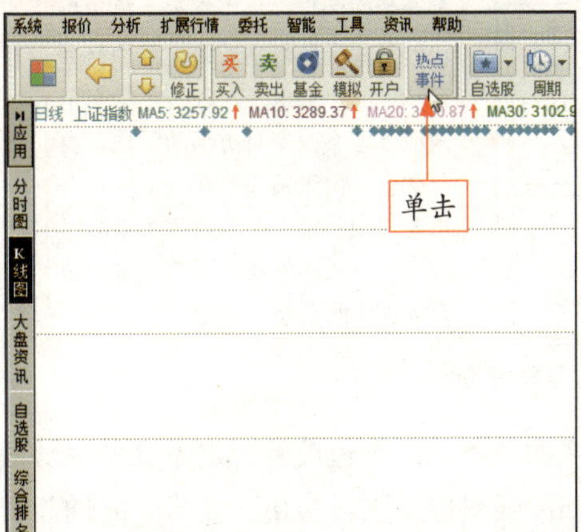

图 4-20　单击“热点事件”按钮

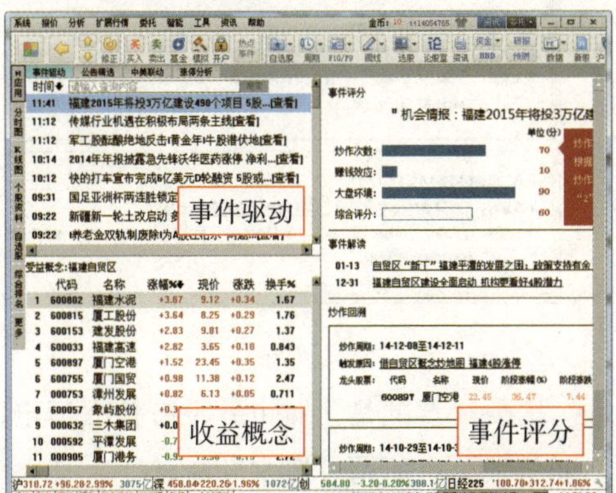

图 4-21　热点事件板块

步骤 3 在“事件驱动”下拉列表框中，可以查看近期的股市热点事件，如图 4-22 所示。

步骤 4 单击相应事件右侧的“查看”超链接，用户可以查看事件的具体内容，如图 4-23 所示。

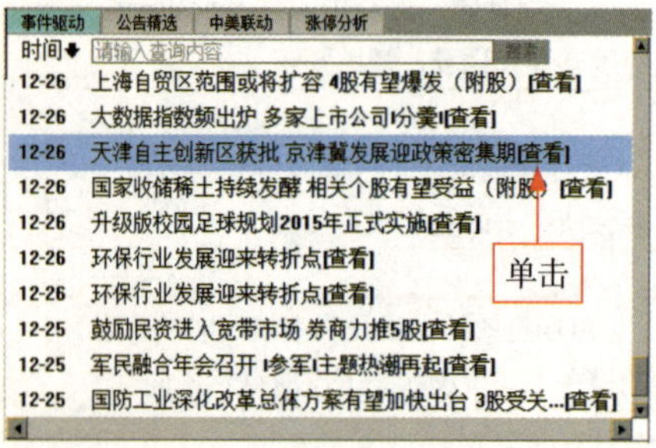

图 4-22 “事件驱动”列表

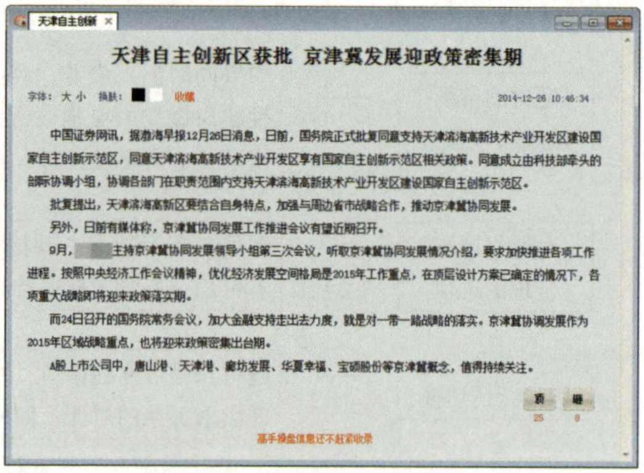

图 4-23 查看事件的具体内容

步骤 5 在“事件评分”窗口中，可以查看该热点事件的炒作次数、赚钱效应、大盘环境以及综合评分。如图 4-24 所示。

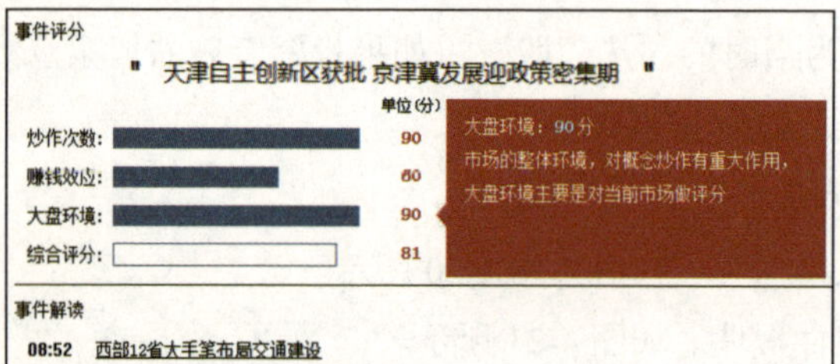

投资者要盯住热点板块中的领头羊。在热点板块中，并不是所有的个股都能够涨得很好。大出风头的首先是行情的领头羊。领头羊是主力为了使热点板块能够顺利启动，也为了号令天下而刻意塑造的一个市场形象。在行情初期，最先引起轰动效应的肯定是领头羊。热点板块的其他个股都是看领头羊的号令行动，股民们也是在领头羊的示范效应下才会改变对市场的看法，由空翻多。由于领头羊在行情中具有重要作用，主力在培植领头羊的过程中往往也不计成本，股价可以拉升到惊人的高度

图 4-24 查看事件评分

需要注意的是，股市并没有什么恒定不变的热点，同理也没有恒定不变的强势股和弱势股。正所谓“风水轮流转”，某一时期的强势股、强势板块，在另一时期就可能变为弱势股、弱势板块，反之亦然。

因此，投资者应时刻保持头脑清醒，善于根据市场面的强弱变化，及时调整自己的投资策略，以便及时抓住市场新热点。

专家提醒

对中小散户投资者来讲，可以贴近市场热点选择相应股票。热点选股，趋势选时，积小利成大利，继而演变成一种稳健的盈利模式。

4.4.3 利用股东情况变动选股

股东情况变动也是投资者选股的一个重要参考因素。例如，股东人数是某只个股所有股东的人数，人数越少代表筹码越集中，用通俗一点的话说就是主力已经吸足了货，因而股价就会上升。相反，如果股东人数增加，则说明主力在派发，众多筹码被散户接走，股价自然就会下来，获利自然也就降下来了。

下面介绍利用股东情况变动选股的方法。

步骤 1 选择要查看的个股，单击左侧的“个股资料”标签。如图 4-25 所示。

步骤 2 执行操作后，进入“个股资料”界面，单击导航栏中的“股东研究”超链接。如图 4-26 所示。

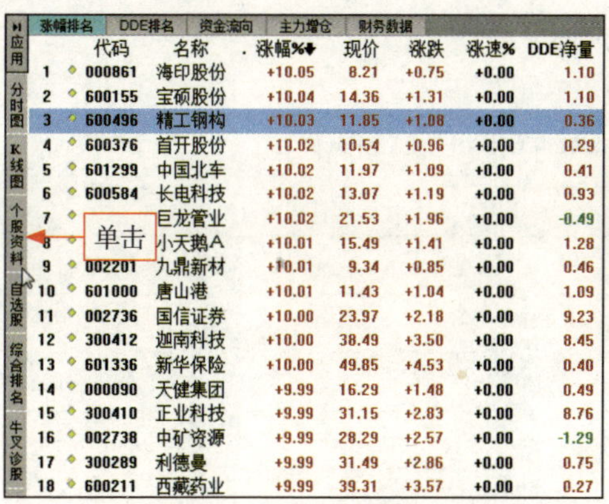

图 4-25 单击“个股资料”标签

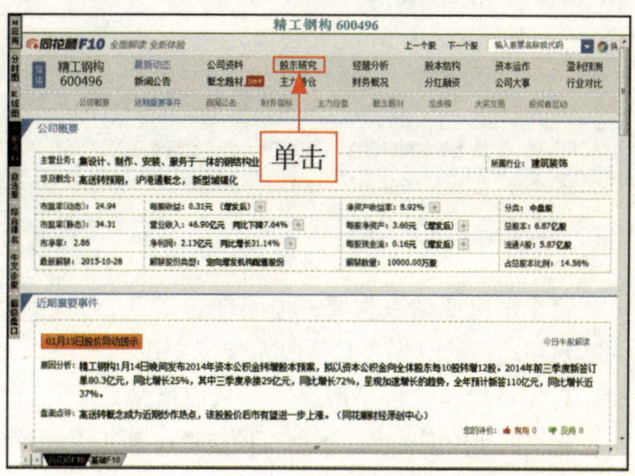

图 4-26 单击“股东研究”超链接

步骤 3 执行操作后，即可查看股东人数与股价比较情况以及较上期变化、人均流通股、人均流通变化、行业平均户等数据。如图 4-27 所示。

步骤 4 向下翻动页面，可以查看 10 大流通股东的持有数量、占流通股比例、增减情况、股份类型等数据。如图 4-28 所示。

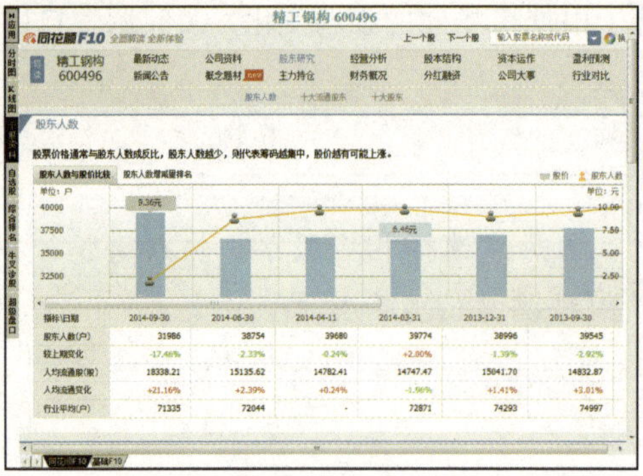

图 4-27　查看股东人数与股价比较情况

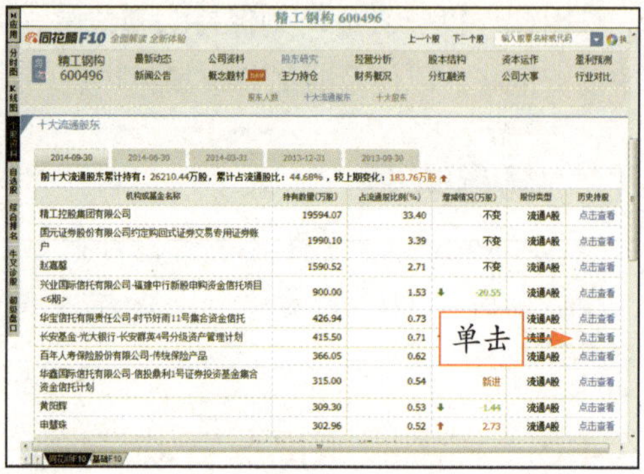

图 4-28　查看 10 大流通股东的数据

专家提醒

一般而言，股东人数的变化往往从“人数众多→逐渐减少→最低值（拐点）→逐渐增加→人数众多”完成一个周期。在这 4 个阶段中，投资者在第二个阶段介入时，是比较有利可图的，特别是在这个阶段的中后期介入，则成功的可能性相当高。

步骤 5 单击相应股东右侧的“历史持股 - 点击查看”超链接，即可通过图表查看大股东的历史持股情况。如图 4-29 所示。

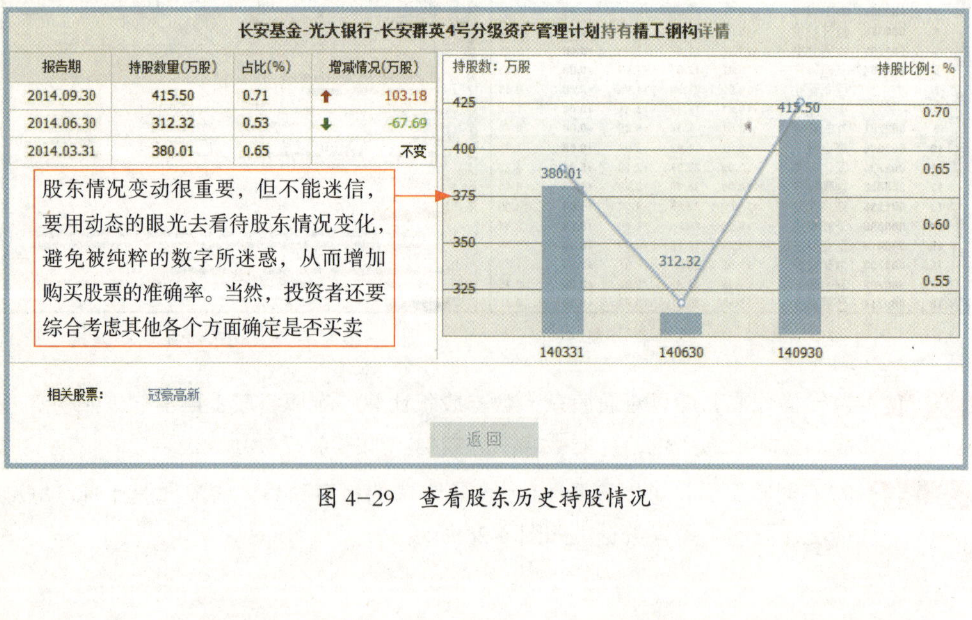

图 4-29　查看股东历史持股情况

专家提醒

投资者有必要对股东人数变动情况进行统计分析，从而更好地把握大盘与个股的动向。在具体分析过程中要特别注意图 4-30 所示的几个要点。

滞后性	就股东人数的数据，目前绝大多数股民只能从年报、中报、季报中获取。年报的数据往往滞后 3 ~ 4 个月，中报也要滞后 1 ~ 2 个月
变动性	例如，配股、增发都会影响到股东人数的变化。送股虽不会影响股东人数，但是会影响到个人持股数，这种情况在分析数据时必须充分考虑
片面性	股价涨跌还会受到大盘走势、政策、国际形势、资金状况、业绩好坏、题材多少等因素的影响，投资者需要配合其他基本面分析和技术分析，多角度、全方位、立体化地研判个股和大势
欺骗性	某些主力机构也会利用这种股东情况变动的分析方法来误导散户，成为掩护其操作方向的工具

图 4-30　利用股东情况变动选股的注意事项

4.5　要素 4：根据技术分析选股

在股市中，只了解行情是站不稳的，更要有足够的技术分析判断能力。技术分析就是为了预测市场的变动趋势，应用各种常用的技术指标进行分析市场的工具，利用它可以分析市场的动向。技术分析的目的是为了预测市场变动趋势，技术分析应用数学和逻辑上的方法，从价格、成交量和时间周期等方面进行判断，挑选出优质股。

4.5.1　利用 K 线选股

K 线图是股票分析的基础手段，能够让投资者全面、透彻地观察到市场的真正变化。从 K 线图中，既可以看到行情整体的趋势，也可以了解每日股市的波动情形，是目前最为流行的股票技术分析方法。

在大牛市行情中，经常可以看到连续拉升的品种，其短期的表现异常突出，收益也相当可观。在近期市场中，此类个股更是层出不穷，其中的机会值得关注。如图 4-31 所示，为天健集团（000090）于 2014 年 5 月至 2014 年年初的走势。一般而言，这些短线机会都是进行追涨的操作，因此需要寻找到超强的持续上涨品种，以确保参与的个股有充足的短期获利机会，而这从 K 线上可以寻找到相应的痕迹。

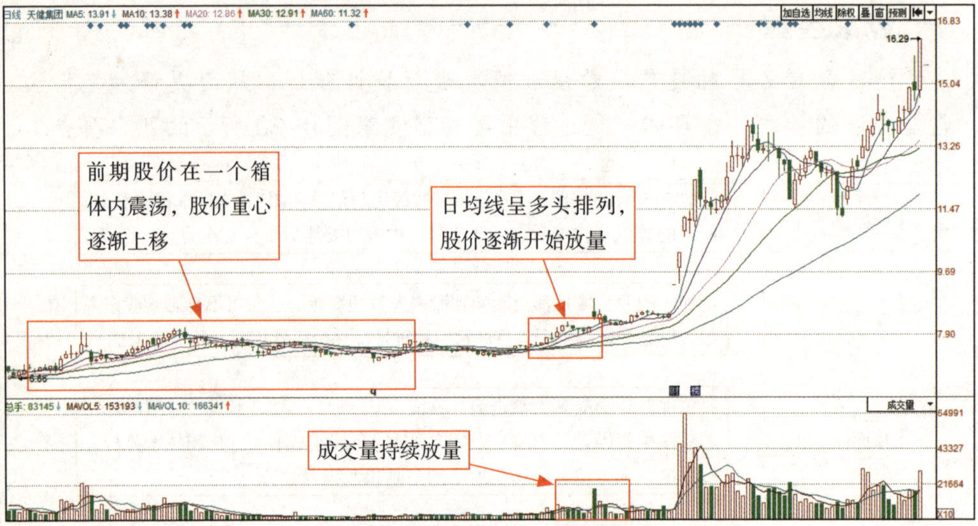

图 4-31　天健集团 K 线分析

选股重在对选股时机的把握，这要遵守一个重要的原则——不在下降途中抄底（因为不知何时是底）。只选择趋势确立时的股票，在趋势确立的股票中，发现走势最强、涨势最好的股票进行操作。

从 K 线上进行分析，那些持续上扬的个股一般都有两种情况：一是离历史高位较远，目前价位远远低于该股的平均市场成本，上涨阻力极小；二是股价正处于历史新高，而且技术上盘整较为充分，筹码已经被大资金掌握，急拉后快速脱离成本区域。

专家提醒

市场通常的运行规律是：如果某只股票创了新高（或近期新高），那么未来一段时间里再创新高的可能性很高；相反，如果某只股票创了新低（或近期新低），那么在一段的时间里再创新低的可能性也很大。投资者需要记住一点：下降通道中的股票只会让你赔钱或输掉盈利的时间。

4.5.2　利用均线选股

移动平均线（Moving Average，简称 MA）原本的意思是移动平均，由于我们将其制作成线形，所以一般称之为移动平均线，简称均线，它是将某一段时间的收盘价之和除以该周期。如图 4-32 所示。

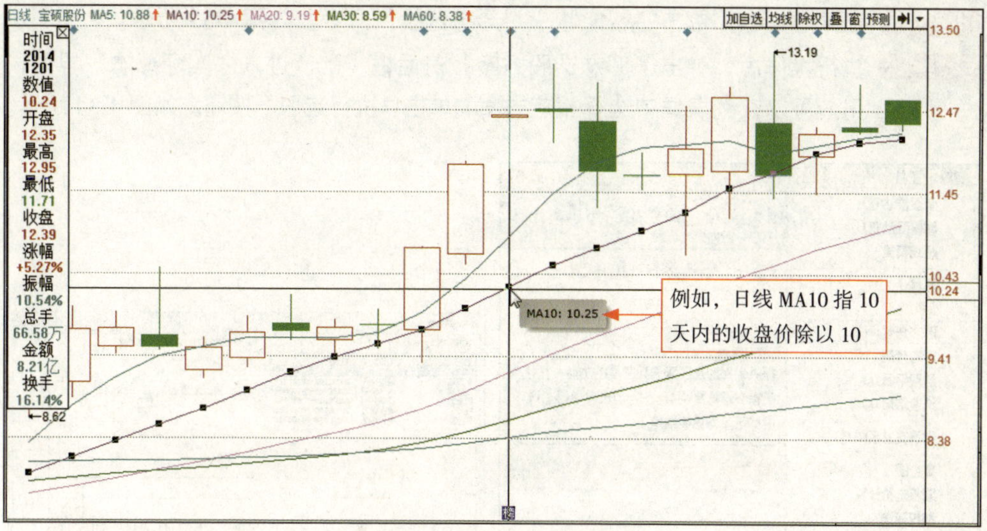

图 4-32 天健集团 K 线分析

移动平均线常用线有 5 天、10 天、30 天、60 天、120 天和 240 天的指标。其中，5 天和 10 天的短期移动平均线，是短线操作的参照指标，称作日均线指标；30 天和 60 天的是中期均线指标，称作季均线指标；120 天、240 天的是长期均线指标，称作年均线指标。

投资者在选股的时候可以把移动平均线做为一个参考指标，移动平均线能够反映出价格趋势走向，所谓移动平均线就是把某段时间的股价加以平均，再依据这个平均值作出平均线图像。投资者可以将日 K 线图和平均线放在同一张图里分析，这样非常直观明了。

移动平均线最常用的方法就是比较证券价格移动平均线与证券自身价格的关系。当证券价格上涨，高于其移动平均线，则产生购买信号。当证券价格下跌，低于其移动平均线，则产生出售信号。之所以产生此信号，是因为人们认为，移动平均线中的“线”是支撑或阻挡价格的有力标准。价格应自移动平均线反弹。若未反弹而突破，那么它应继续在该方向上发展，直至其找到能够保持的新水平面。

4.5.3 利用形态分析选股

形态分析是技术分析领域中比较简明实用的分析方法，把股价走势中若干典型的形态作出归纳，并命名之。形态分析是通过将几天的 K 线组合，扩大到几十天甚至一段的时期，这些众多的 K 线就组成了若干不同的轨迹形态，通过研究股价走过的这些轨迹，来分析多空双方力量的对比变化，并作出相应的判断，从而指导实际的操盘。

下面介绍利用形态分析选股的方法。

步骤 1 在菜单栏中，单击“智能”→“形态选股”命令。如图 4-33 所示。

步骤 2 执行操作后，弹出“形态选股方案”对话框，默认进入“实际形态”界面，用户可以在列表框中选择相应方案，单击“执行选股”按钮。如图 4-34 所示。

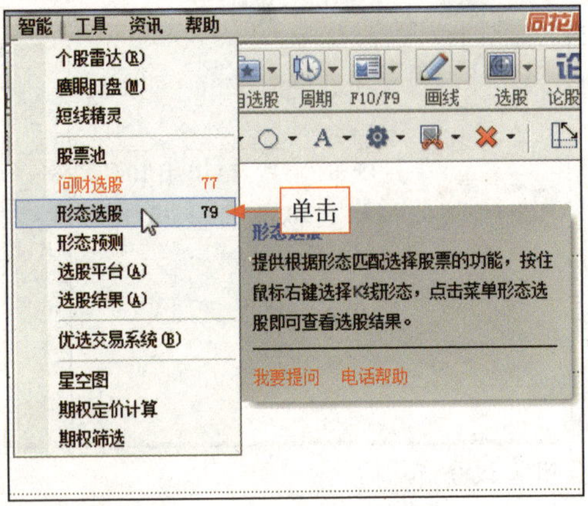

图 4-33 单击“形态选股”命令

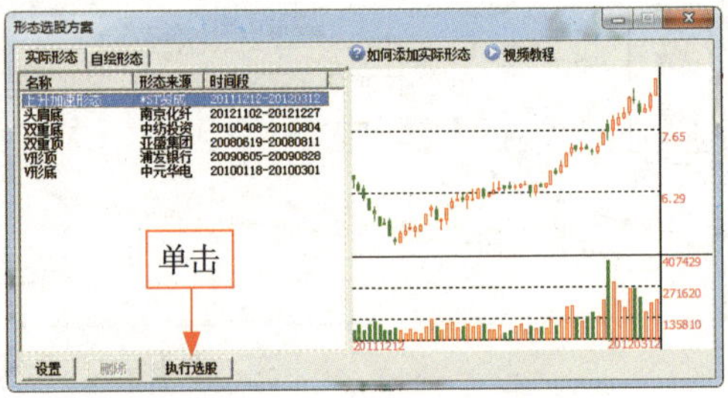

图 4-34 单击“执行选股”按钮

步骤 3 执行操作后，弹出“选股结果”对话框，系统会自动计算出选股结果。如图 4-35 所示。

步骤 4 如果用户对选股结果不满意，可以单击“设置”按钮，弹出“形态方案设置”对话框，用户可以设置形态匹配度、形态匹配条件等选项，单击“重新选股”按钮，即可重新匹配出更符合要求的股票。如图 4-36 所示。

图 4-35 计算出选股结果

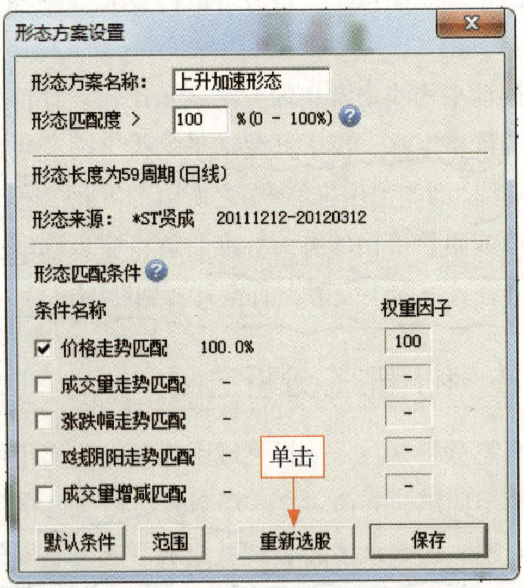

图 4-36 单击“重新选股”按钮

步骤 5 “形态选股方案”对话框中切换至“自绘形态”选项卡，单击“自绘形态”按钮。如图 4-37 所示。

步骤 6 执行操作后，即可新建一个自绘形态，用户可以在右侧的图形上绘制需要形态。如图 4-38 所示。

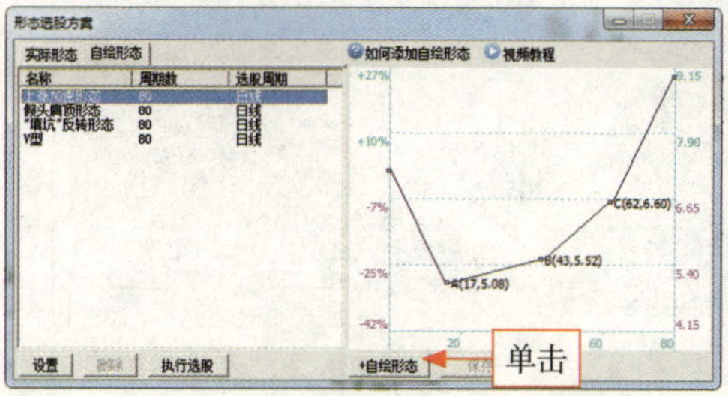

图 4-37 单击“自绘形态”按钮

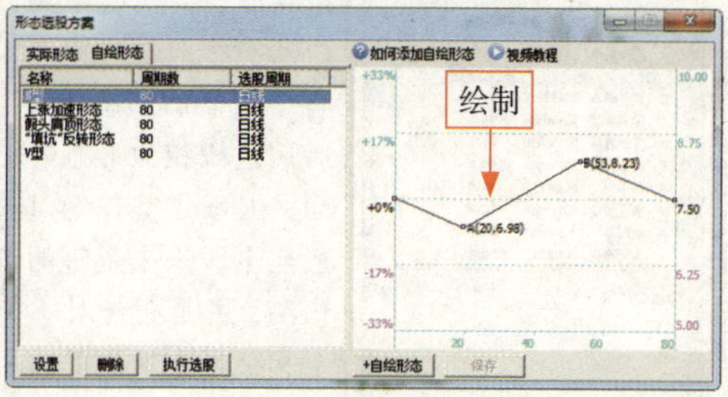

图 4-38 自绘形态

专家提醒

形态选股的关键是能抓取到反转或加速上扬的走势形态，包括像头肩底、W 底、矩形突破、三角形突破等传统的反转形态，当然投资者也可以根据经验，借助软件工具抓取自定义的形态模型。

步骤 7 单击“执行选股”按钮，即可计算出选股结果。如图 4-39 所示。

步骤 8 使用鼠标左键双击相应的股票名称，即可查看相似形态的具体走势。如图 4-40 所示。

图 4-39 计算出选股结果

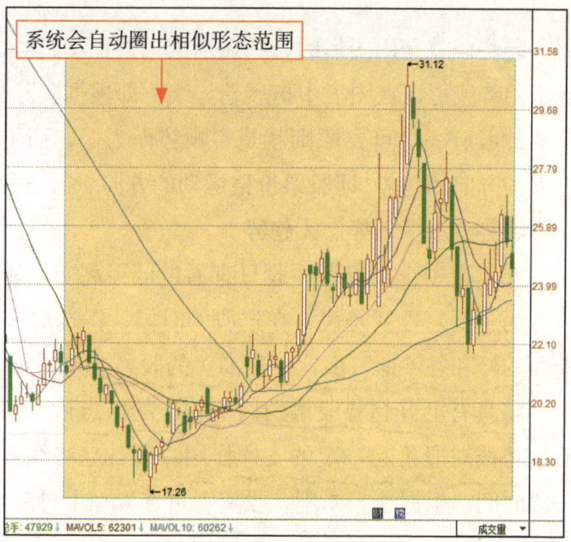

图 4-40 查看相似形态的具体走势

步骤 9 用户也可以利用“形态预测”功能，单击“智能”→“形态预测”命令即可，该功能主要用于预测当前个股未来可能的走势。如图 4-41 所示。

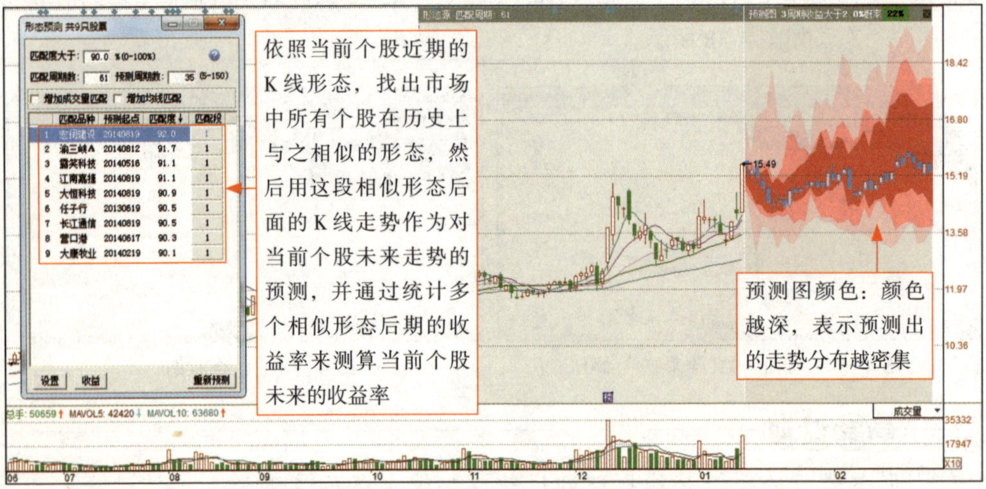

图 4-41　形态预测

形态分析是一门重要的技术分析理论，其核心思想是利用历史相似的后期走势来预测当前股票未来的股价走势。股价的形态是对股票一切信息的合成。每一根 K 线都是由资金堆砌而成的，能真实地反映公司的基本面和主力的操盘意图。如果投资者能掌握形态理论精髓，对趋势反转洞察先机，就能在这个市场上赚得盘满钵满。

4.5.4 利用趋势线选股

趋势线就是用图形的方式显示数据的预测趋势，可用于预测分析，也叫作回归分析。运用趋势线可以在图表中扩展趋势线，即根据实际数据预测未来数据。

炒股有一个重要原则就是“顺势而为”，而不能“逆势而动”。其中，“势”就是大的方向和趋势，即股票价格运动的方向。通常情况下，趋势的方向有三种：上升趋势、下降趋势、水平趋势（无趋势）。

在股市中，投资者炒股只有通过低买高卖才能赚钱，所以选取具有上升趋势的个股尤为重要。也就是说，在选股的时候，得选取 K 线图形中每个后面的峰和谷都高于前面的峰和谷（即一底比一底高）的股票。如图 4-42 所示。

将具有上升趋势股票的两个相连的低点依次相连，就得出上升趋势线。通常，上升趋势线对股价起一定的支撑作用。上升趋势线一旦形成，股价将在趋势线上方运行一段时间。根据这一原理，投资者可选取在上升趋势线上方的个股。

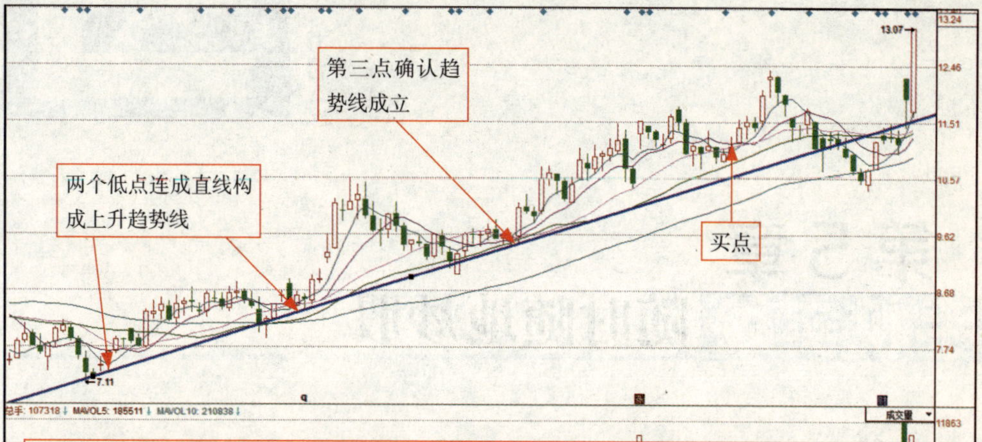

价格以趋势方式演变：通常，当某个股突破趋势线上轨之时，多半会有一个回踩确认过程，在大势向好以及所在板块符合热点要求的情况之下可以选择在趋势线位置买进以博取短线利润，多半会迎来短线快速飙升的结果。当某个股跌破趋势线下轨之时，只要三天之内能够收复趋势线，那么就应该当其是诱空来看待，后面往往会迎来一个阶段的波段拉升

图 4-42　利用趋势线选股

CHAPTER 5

第 5 章 手机实战 随时随地炒股

学前提示

股市阴晴不定，股价瞬息万变，尤其是在碰到大的起伏时，交易速度就是投资者的“死穴”。机会往往就在一瞬间，看到机会却因为交易慢而失之交臂是投资者最纠结的事。移动互联网的发展，让投资者彻底从上网的线缆中解脱出来，进入令人憧憬的移动炒股时代。

要点展示

- 操盘工具——4 大热门手机炒股应用
- 必备技能——下载手机炒股软件
- 深度讲解——手机炒股软件的使用

5.1 操盘工具——4 大热门手机炒股应用

有数据显示，中国的股民中有 90% 的人无法经常到证券营业厅看行情并进行交易，而电话委托交易的费用较高，并且时常占线，而且电话委托和网上交易终端的固定性决定了不能随时随地进行交易，而手提电脑也不能老带着，在这样的前提下，手机炒股克服了以上不足，这是其受青睐的主要原因。

手机炒股软件除了券商自主研发设计的还有第三方提供的，在市面上流行的手机炒股软件也有很多种。本节将介绍 4 大热门手机炒股 APP。

5.1.1 同花顺——帮你投资下单快人一步

同花顺是一款老牌炒股软件，凭借十多年为千万股民服务的经验及股民的口口相传，在大智慧、东方财富网、益盟操盘手、万得股票（wind）、和讯股票等一些软件中脱颖而出，成为股民的第一选择。同花顺手机炒股软件的优点为行情交易速度快、数据全、支持券商多，其主要功能如下。

- 最全的市场行情：权证、沪深行情、基金、实时港股、美股、全球股指、期货、外汇等，及时提供专业证券资讯，还能看热度和评论。如图 5-1 所示。
- 更快行情数据，更安全在线交易：行情数据实时快速刷新，安全快速在线委托交易；海量专业资讯及时更新，让投资者的投资决策、下单买卖先人一步。如图 5-2 所示。

图 5-1 市场行情全面

图 5-2 海量专业资讯

- 更多的券商支持，可以模拟炒股：同花顺手机炒股软件支持全国 90% 的券商，支持多品种券商行情查询，如广发证券、银河证券、方正证券、光大证券、国泰君安、宏源证券、申银万国、中信证券等券商。另外，用户可以免费获得 20 万模拟炒股资金，帮助新手快速学会炒股要点。如图 5-3 所示。
- 免费的特色服务：智能选股、股价预警、主力买卖、成交统计、MACD、问财选股、云参数选股等特色服务免费使用，多平台、云同步，随时随地掌握自选股信息。如图 5-4 所示。

图 5-3　支持模拟炒股

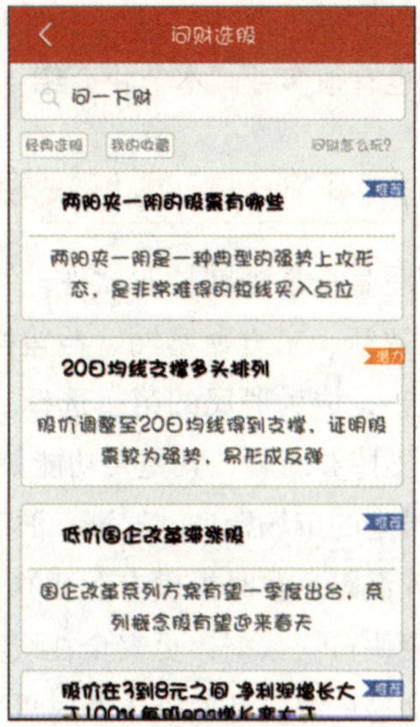

图 5-4　问财选股

5.1.2　大智慧——提供多元化投资的理财软件

大智慧手机版是中国股民使用最多的免费炒股投资软件之一，为用户提供更快、更精确、更好用的股票行情与数据。大智慧手机版是一款集股票行情（新增我国港股、美股行情）、彩票购买及数钱街三位于一体的投资理财软件，满足投资者看行情、看主力、看资讯、在线交易等需求。

大智慧手机版是由上海大智慧软件开发有限公司针对时下市场流行的各款手机操作系统平台，秉承用户使用习惯独立设计、开发而成。其界面友好，用户无需花费过多时间学习，便能在最短的时间内轻松玩转“大智慧”，成为当下投资者在移动状态中的必备之选，股市风向标。

大智慧手机版的特色功能如下。

- 提供全市场实时行情查看，随时随地在线下单，自选股信息、股价、涨跌幅、换手率、盘中异动实时提醒。如图 5–5 所示。

- 透析个股，用户可以免费查看资金流、大单交易、异动主题等选股决策信息。如图 5–6 所示。

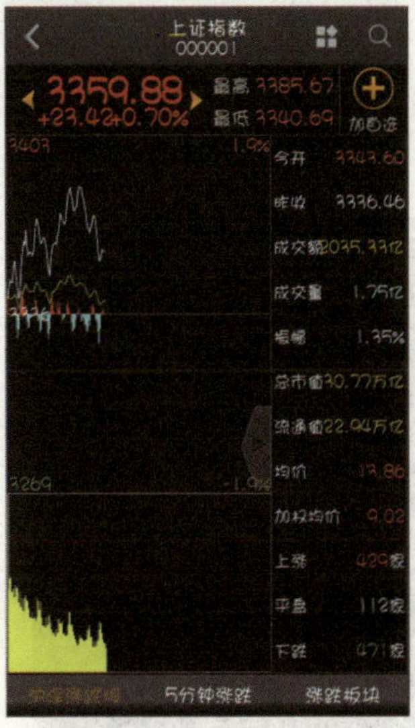

图 5–5　查看实时行情

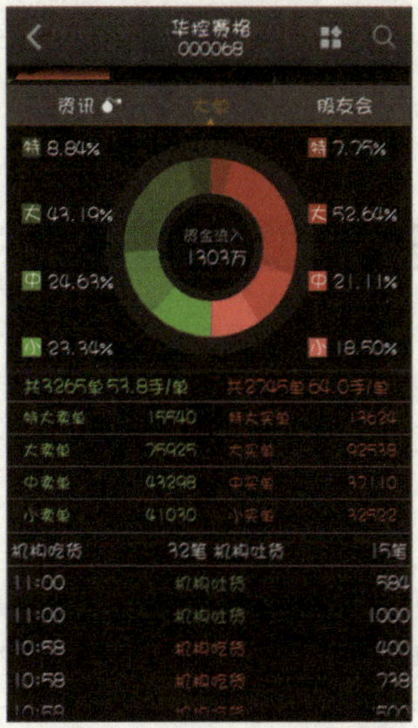

图 5–6　大单交易详情

- 提供双色球、大乐透、快 3 等在内的 28 个彩种购买。如图 5–7 所示。
- “数钱街”功能让投资者了解热卖的理财产品，轻松获取丰厚回报。如图 5–8 所示。

图 5–7　提供购彩功能

图 5–8　“数钱街”功能

5.1.3 东方财富网——中国财经第一门户

“东方财富网”是中国访问量、影响力都很大的财经证券门户网站，用户数量超过一亿，提供沪深港美全球实时高速行情、7×24 小时全天候财经直播，囊括上海证券交易所 3 项大奖、5 星好评，被 App Store 评为精品应用，且在 2012 ~ 2014 年连续三年被评为最佳手机炒股软件。如图 5-9 所示。

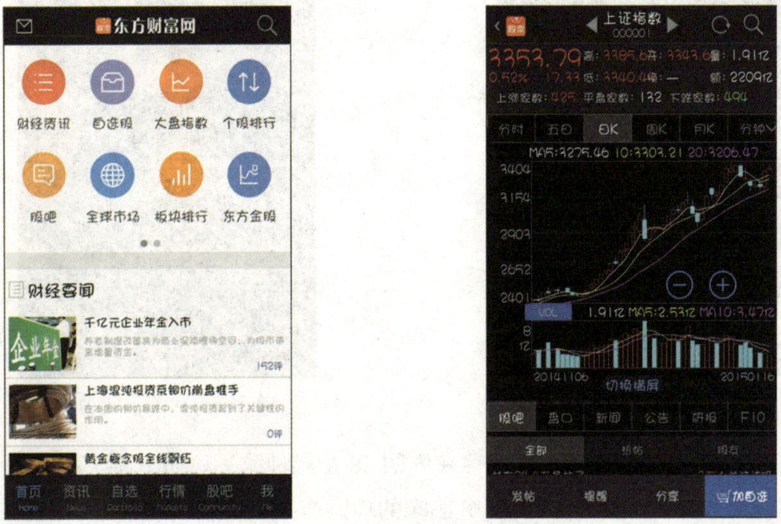

图 5-9 “东方财富网”APP 界面

“东方财富网”APP 的主要功能如图 5-10 所示。

超人气社区——股吧	用户可以在这里分享炒股心得、学习炒股知识、寻觅良师益友，一起“吐槽”股市百态
个股即时提醒	系统自动关注股票公告、研究报告、数据，并及时推送到用户的手机，让用户不错过任何一个捕获牛股的机会，完全免费
统一平台便捷管理	东方财富通手机版、东方财富通平板电脑版、东方财富通 PC 版、东方财富网 4 大平台只需一个账号，轻松管理自选股
实时主力资金流	100% 真实还原主力大单，揭秘主力资金布局，让广大用户在第一时间尽览全球财经及理财资讯

图 5-10 “东方财富网”APP 的主要功能

5.1.4 益盟操盘手——可随身携带的操盘利器

“益盟操盘手”以其独特的数据分析模型、简单的提示界面为证券投资者提供了有效的辅助决策功能。“益盟操盘手”颠覆了传统简单机械的炒股工具，而是根据一套完整的操作逻辑，从选时（大势）、选股、跟着主力（主力资金）、波段操作（买卖提示）提供系统的辅助决策功能，真正为投资者提供一站式服务。如图 5-11 所示。

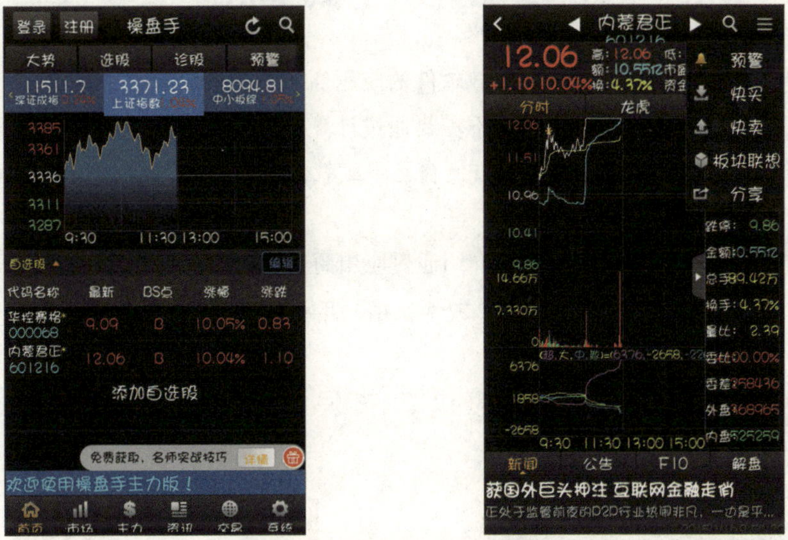

图 5-11 “益盟操盘手”APP 界面

“益盟操盘手”APP 的主要功能如图 5-12 所示。

买卖提示 一目了然	帮助用户轻松获得更清晰的买卖指导——B 点买入，S 点卖出，清晰展示买卖点，有效提高炒股成功率
潜力牛股 一网打尽	提供 14 项经典选股指标，涵盖经典形态、个股异动等多个方面的信息，帮助用户在“茫茫股海”中快速找到潜力牛股
预警功能 便捷全面	为用户提供全面的自选股预警，让用户随时把握股票异动，不错过每一个盈利良机
仓位建议 清晰明确	清晰展示行情趋势，并给出清晰合理的仓位建议，帮助用户随时明确持仓比例，有效趋利避险

图 5-12 “益盟操盘手”APP 的主要功能

专家提醒

基于 level2 研发的“益盟操盘手”充分吸收了先行产品的优点，并结合上海交通大学、上海财经大学研究人员关于指令流分析和投资行为分析的研究成果，其对主力资金的分析功能大幅提高了软件辅助决策功能的成功率。

5.2 必备技能——下载手机炒股软件

某些品牌手机会预装供用户下载软件的应用商店，在网络允许的情况下，可以直接在手机的应用商店下载，这样就不需要通过计算机来传输。对于手机本身没用应用商店的用户，也可以先安装一个，方便自己下载软件应用，像“91 助手”这样的软件也都有查找和下载 APP 的功能。

下面以手机“91 助手”为例，介绍通过应用商店下载炒股软件的步骤。

步骤 1 在手机上开打“91 助手”软件，单击手机屏幕下方中间的“搜索”按钮。如图 5-13 所示。

步骤 2 在搜索栏输入欲安装软件（如“同花顺”），并点击“搜应用”按钮。如图 5-14 所示。

图 5-13　点击“搜索”按钮

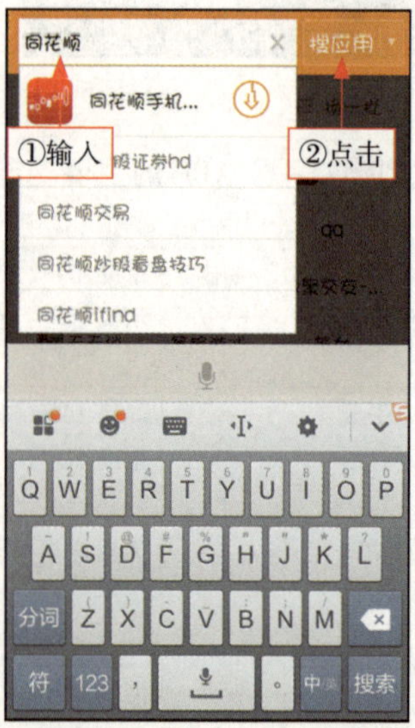

图 5-14　点击“搜应用”按钮

步骤 3 执行操作后，显示搜索结果，选择适合的应用程序（如同花顺手机炒股票），点击“下载”按钮。如图5-15所示。

步骤 4 执行操作后，即可开始下载该APP，并显示下载进度。如图5-16所示。

图5-15 “免费下载”按钮

图5-16 下载软件

步骤 5 下载完成后，应用商店会完成自动安装APP的操作。

专家提醒

值得注意的是，使用手机应用商店直接下载软件会使用用户大量的手机流量，因此最好是在有无线网络的情况下下载。如果用户没有无线网络，同时又使用非“3G”或“4G”手机卡时，其下载的速度会非常慢。

5.3 深度讲解——手机炒股软件的使用

如今，投资者可以彻底告别传统的电话委托交易方式和高成本的证券营业厅交易方式，能够利用现代化的设备和手段高效、轻松地炒股并获得相关信息。本节将以“同花顺手机炒股票”APP为例，讲解手机炒股软件的使用方法。

5.3.1 添加自选股

手机炒股、看行情，成为了热门的趋势。投资者不需要再实时守在电脑旁边，即可完成股票交易。那么，对于自选股，即投资者自己关注的股票，应该如何添加到手机软件中去呢？下面以同花顺炒股软件为例说明，其他的手机软件也大同小异。

步骤 1 打开同花顺手机交易软件，登录主界面，点击“涨跌排名”按钮。如图 5-17 所示。

步骤 2 进入“市场行情”界面，选择感兴趣的股票点击打开。如图 5-18 所示。

图 5-17　点击“涨跌排名”按钮

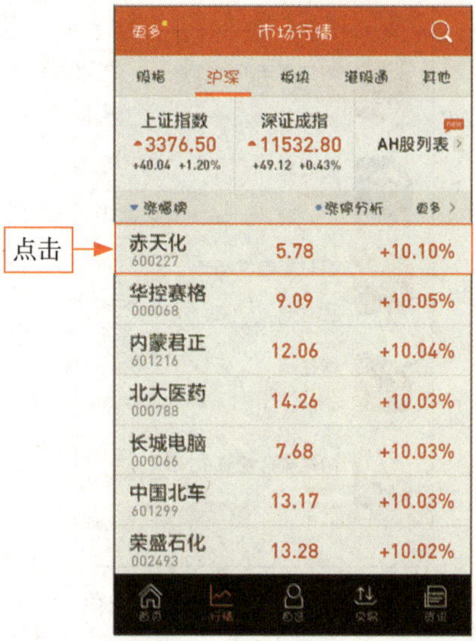

图 5-18　选择感兴趣的股票

步骤 3 执行操作后，即可打开股票走势界面，点击右下角的“加自选”按钮。如图 5-19 所示。

步骤 4 执行操作后，即可将当期选择的股票加入自选股。如图 5-20 所示。

图 5-19　点击“加自选”按钮

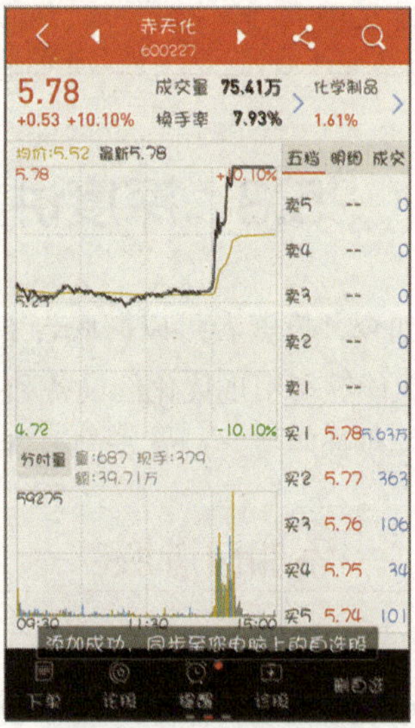

图 5-20　添加自选股

步骤 5 或者不进入“涨跌排名”界面，直接点击主界面右上角的搜索图标。如图 5-21 所示。

步骤 6 在搜索框中输入自己关注的股票代码或名称，点击左侧的“+”号加入自选股。如图 5-22 所示。

图 5-21 点击搜索图标

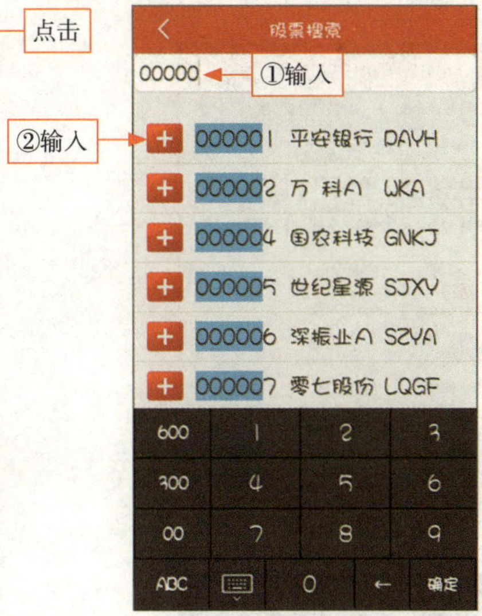

图 5-22 点击“+”号

专家提醒

手机炒股有哪些方式？

（1）APP 炒股：利用手机的可扩展性安装第三方软件来实现行情和资讯的查看，甚至进行委托，如上面介绍的同花顺手机炒股票软件。

（2）STK 短信炒股：STK 是一个很早的 GSM 应用，通过 STK 程序的菜单方式让用户选择炒股的功能，其通信过程是通过短信来实现的。其优点是几乎所有的手机都可以用这个，但缺点是目前开通该服务的运营商和券商不多。

（3）USSD 炒股：利用 USSD 炒股只需要和平时打电话一样进行拨特殊号码，系统将返回一个菜单给你进行选择，然后服务器根据你的菜单再进行交互，可直接进行委托交易，相当方便。此种方式的缺点是用户体验不佳，需要用户记忆的东西比较多。

5.3.2 实时解盘

同花顺手机炒股票软件不但支持沪深两市大盘及个股分时、K 线、报价行情，还支持基金、外汇、期货、延时港股和全球股指。

步骤 1 打开同花顺手机交易软件，登录主界面，点击“大盘指数”按钮进入“市场行情”界面。如图 5-23 所示。

步骤 2 选择某种大盘指数后，点击进入分时页面，页面显示大盘指数的分时图和成交量图。如图 5-24 所示。

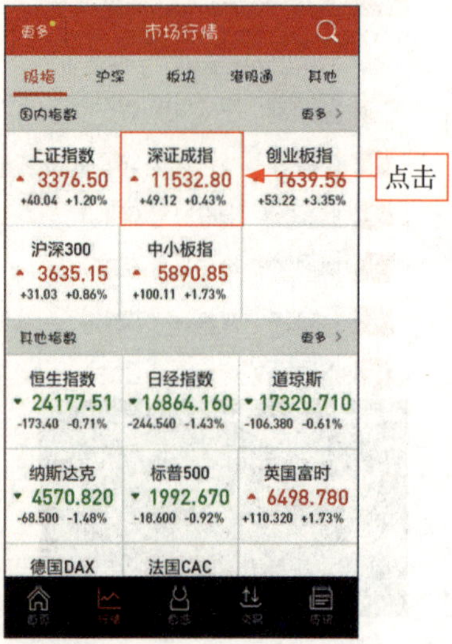

图 5-23 “市场行情”界面

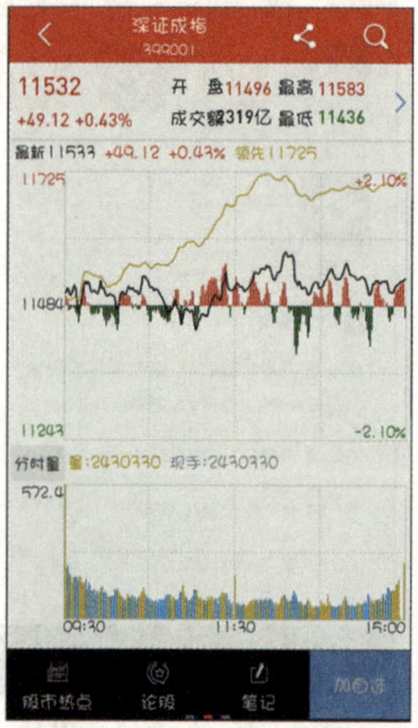

图 5-24 大盘分时页面

步骤 3 在分时图上可点击显示与移动光标，并以浮动框显示光标时间点的分时数据信息。如图 5-25 所示。

步骤 4 按住屏幕向右翻动，即可进入 K 线图页面。如图 5-26 所示。

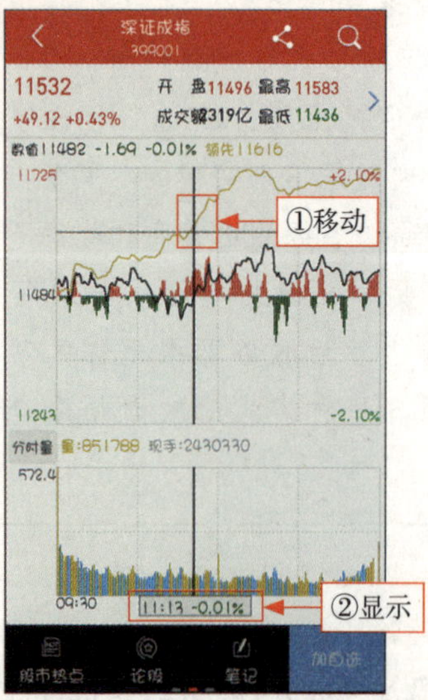

图 5-25 “市场行情”界面

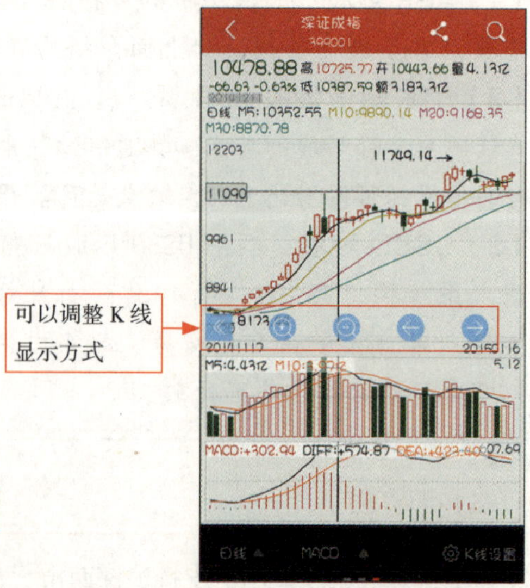

图 5-26 大盘 K 线图

步骤 5 在分时图下方点击“论股”按钮，进入帖子区，可以查看其他用户的评论，也可以点击“发新帖”按钮发表自己的看法。如图 5-27 所示。

步骤 6 点击分时图上方的详细报价区域，即可查看大盘的详细报价信息。如图 5-28 所示。

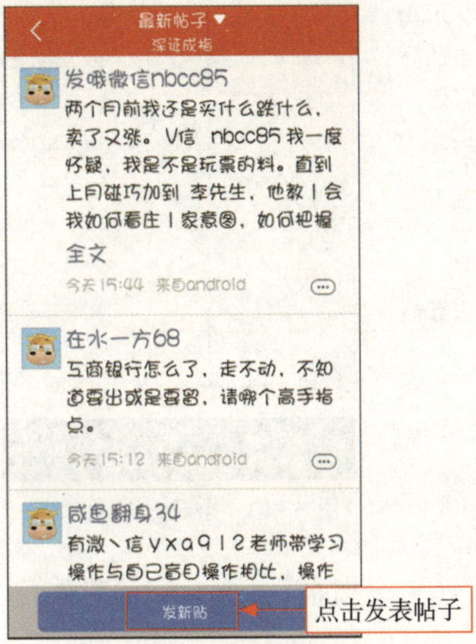

图 5-27 帖子区

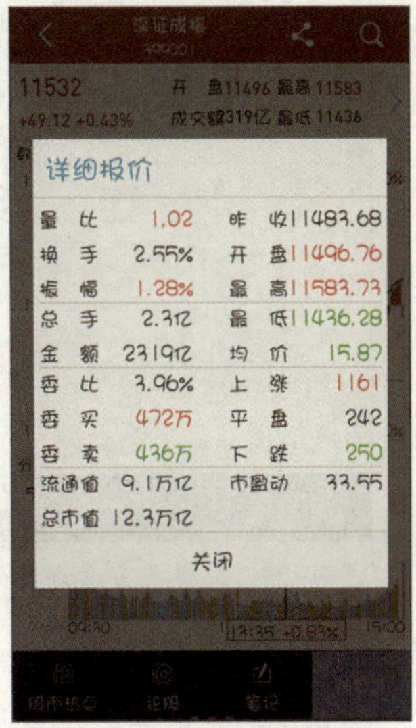

图 5-28 大盘的详情报价信息

专家提醒

手机炒股产生的费用主要有以下两个方面。

（1）行情信息费。不少第三方手机炒股软件或是 WAP 门户提供的手机行情查看以及无线交易功能都是需要付费的。即使在投资者使用的头一两个月提供免费试用，但是后期基本上都是要付费的。

（2）基于移动网络的流量费。在流量费方面，运营商为了大力推广该项增值业务，也给予了很大优惠，如中国移动开通的 5 元、10 元、20 元等包月上网服务选择。也就是说，如果投资者选择流量费 20 元包月的话，由于行情信息费多数免费，所以事实上每个交易日只花 1 元左右。

5.3.3 个股分析

通过手机炒股软件可以深度解译股票基本面，直观展现个股评级和操作建议。

步骤 1 打开同花顺手机交易软件，进入“自选”界面，点击选择要查看详情的个股。如图 5-29 所示。

步骤 2 执行操作后，进入个股分时页面。如图 5-30 所示。

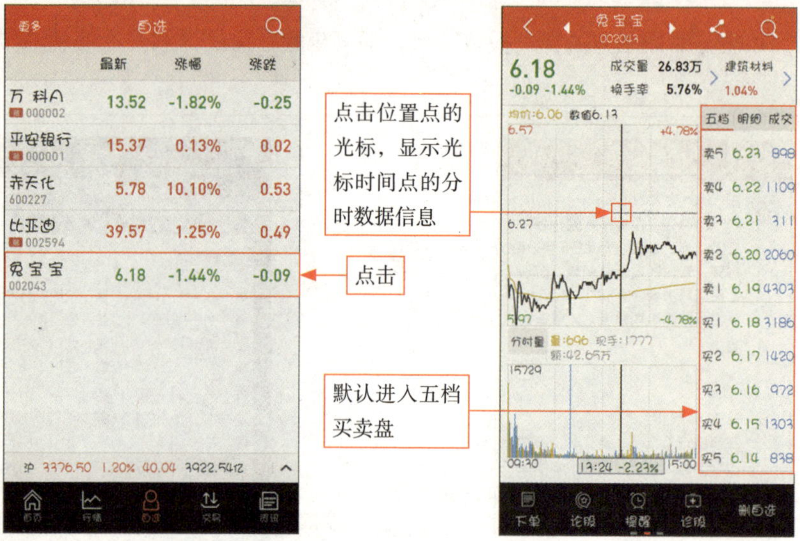

图 5-29　选择要查看详情的个股

图 5-30　个股分时页面

步骤 3 点击下方的“分时量”图表，可以在“分时量”“量比”“净量”“金额”等图表中切换。如图 5-31 所示。

步骤 4 点击右侧的“五档”“明细”“成交”等标签，可以切换查看相应的数据等。如图 5-32 所示。

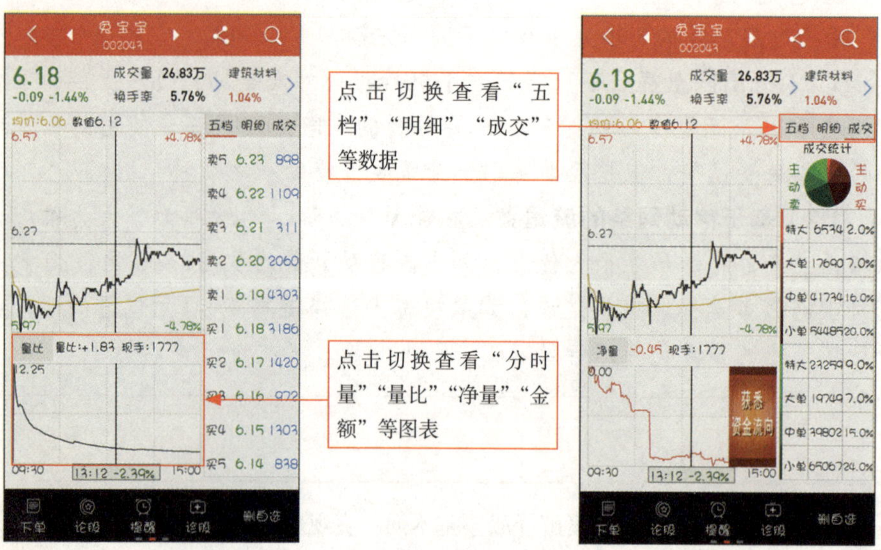

图 5-31　切换图表

图 5-32　切换数据

步骤 5 按住屏幕向右翻动，即可进入 K 线图页面。如图 5-33 所示。

步骤 6 点击“日线”按钮，在弹出的菜单中可以选择 15 分、30 分、60 分、日线、周线等 K 线周期。如图 5-34 所示。

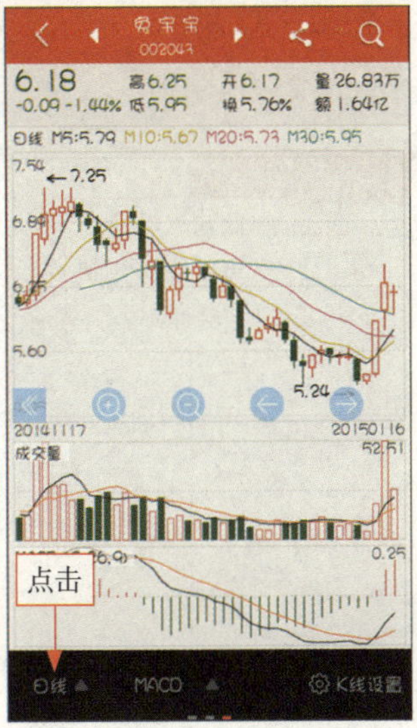

图 5-33　K 线图页面

“K 线周期”包括 1 分钟、5 分钟、15 分钟、30 分钟、60 分钟、日线、周线、月线

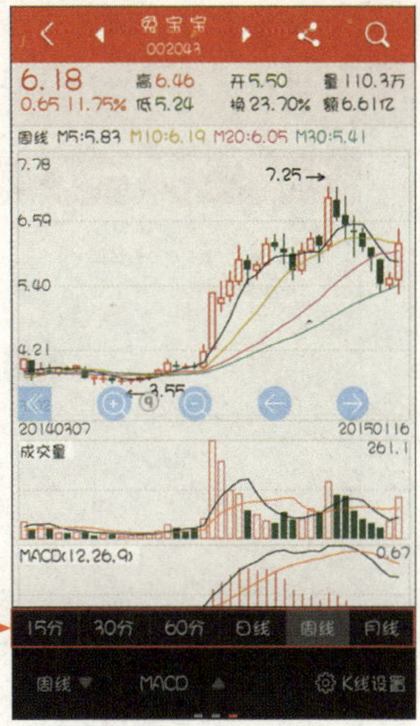

图 5-34　设置 K 线周期

步骤 7 点击“K 线设置”按钮，即可设置 K 线指标。如图 5-35 所示。

步骤 8 点击相应的指标右侧设置图标，可以设置指标参数。如图 5-36 所示。

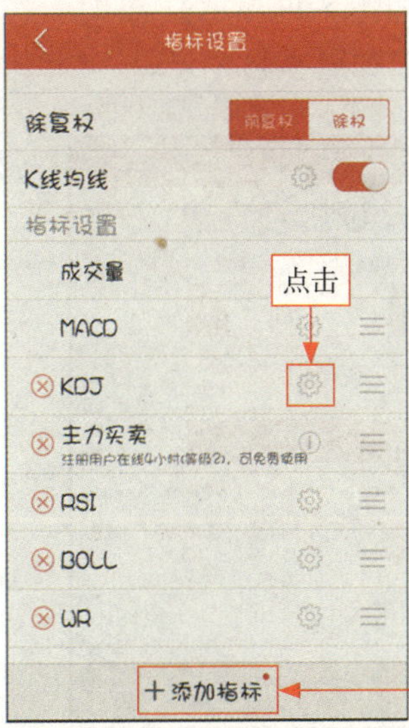

点击该按钮可以添加 ASI、ARBR、DPO、TRIX、神奇电波、MACP 云参数、KDJ 云参数等指标

图 5-35　设置 K 线指标

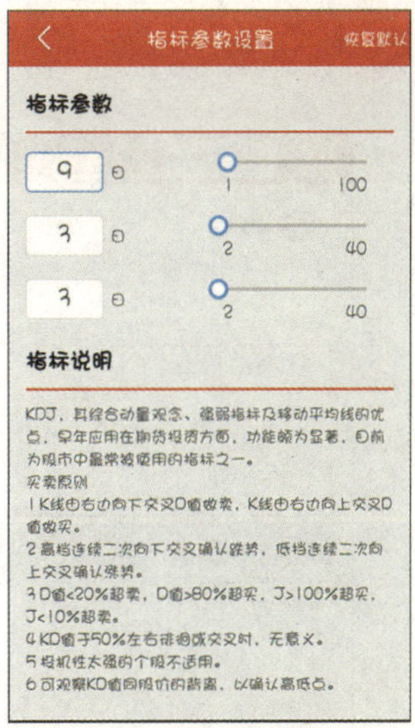

图 5-36　设置指标参数

5.3.4 一键下单

投资者可以通过各种手机炒股软件直接进行委托交易，快速下单。

步骤 1 在个股分时页面点击“下单”→“买入”命令。如图 5-37 所示。

步骤 2 进入“添加开户券商”界面，选择相应开户券商。如图 5-38 所示。

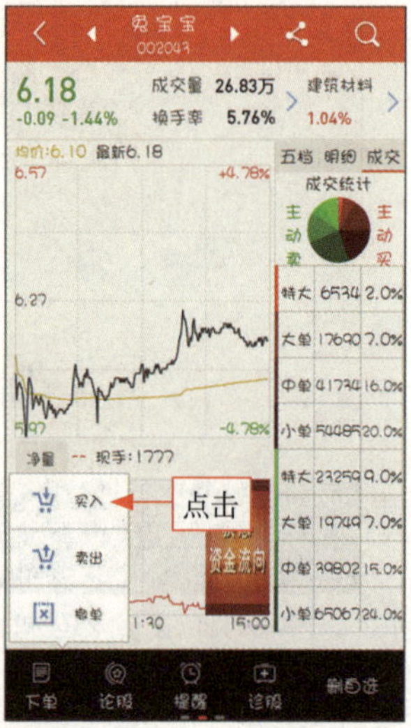

图 5-37 点击“买入”命令

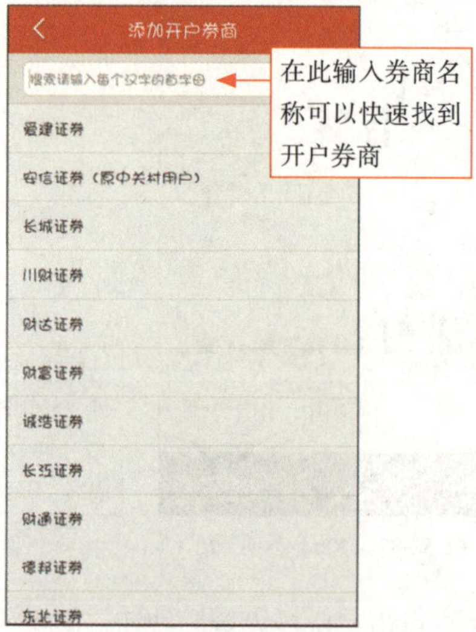

图 5-38 选择相应开户券商

步骤 3 输入交易账号和密码，点击“登录”按钮。如图 5-39 所示。

步骤 4 设置买入数量后点击“买入”按钮即可下单。如图 5-40 所示。

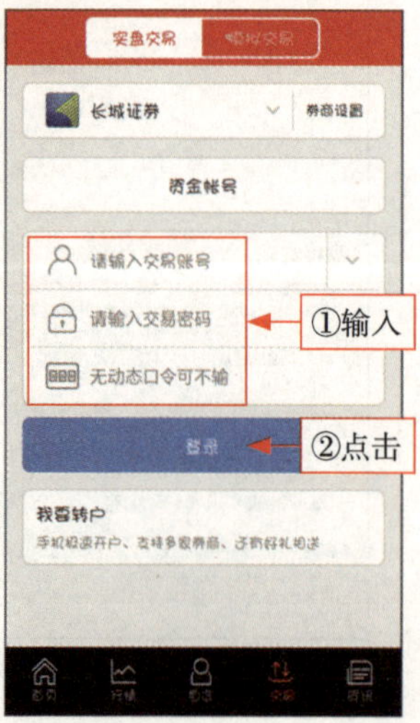

图 5-39 点击“登录”按钮

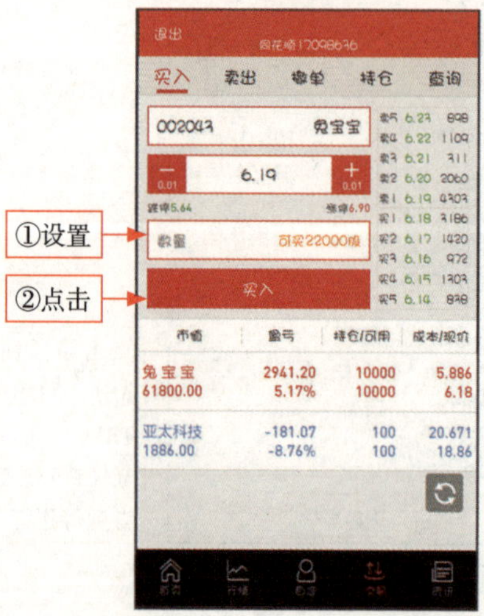

图 5-40 点击“买入”按钮

5.3.5 资讯分析

同花顺是一款免费的、功能强大的股票行情软件，除了能方便地看大盘和个股的行情外，还提供非常多的功能，利用同花顺可以很方便地进行股票情报收集、处理分析工作，提前帮助投资者布局。

投资者可以通过同花顺手机炒股软件收集、整合一手情报资讯，整理最新的财经信息以及最为及时、最为全面和最有参考价值的资讯内容，对板块、个股的潜在机会的挖掘比较深入、提前。

步骤 1 在软件主界面下方，可以看到“投资参考”栏目。如图 5-41 所示。

步骤 2 点击相应的标题，即可查看资讯详情。如图 5-42 所示。

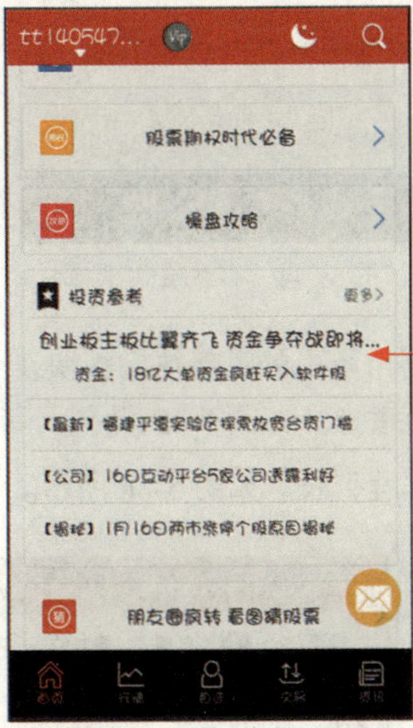

图 5-41 “投资参考”栏目

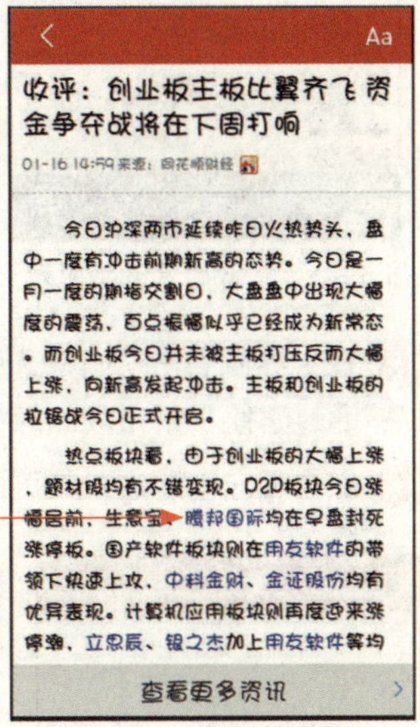

图 5-42 查看资讯详情

专家提醒

手机炒股软件除了券商自主研发设计的还有第三方提供的，在市面上流行的手机炒股软件也有很多种，如最早和证券商合作同花顺手机炒股软件。那么在选择手机炒股软件的时候，投资者需要注意以下 3 个方面。

- 方便：操作方便，上手快，是投资者选择手机炒股软件不可忽视的一个因素。
- 速度：反应速度快，及时了解大盘的走势。
- 安全：安全问题往往是交易者使用交易平台时的一个关注点。

步骤 ③ 点击“查看资讯详情”按钮，显示资讯要闻列表。如图 5-43 所示。

步骤 ④ 点击“机会”标签进入其页面，重点突出对板块、个股的潜在机会的深度挖掘。如图 5-44 所示。

图 5-43　丰富的资讯要闻列表

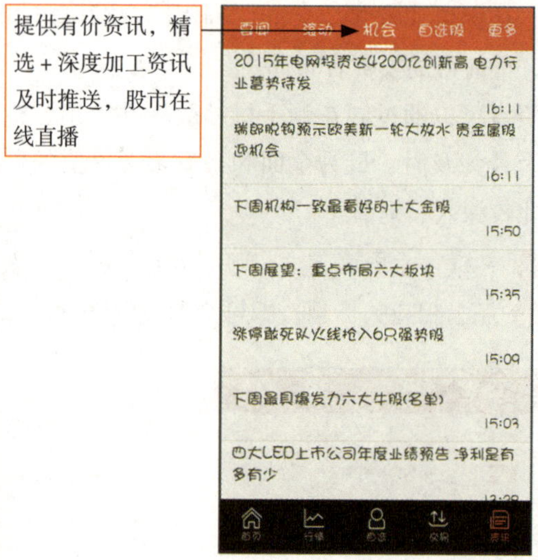

图 5-44　“机会”页面

步骤 ⑤ 在主界面点击“问财选股”按钮，即可看到市场上的最新热门板块及个股，通过它能了解市场热门板块中哪些个股最有潜力。如图 5-45 所示。

步骤 ⑥ 点击相应主题进入其页面，即可查看个股推荐列表。如图 5-46 所示。

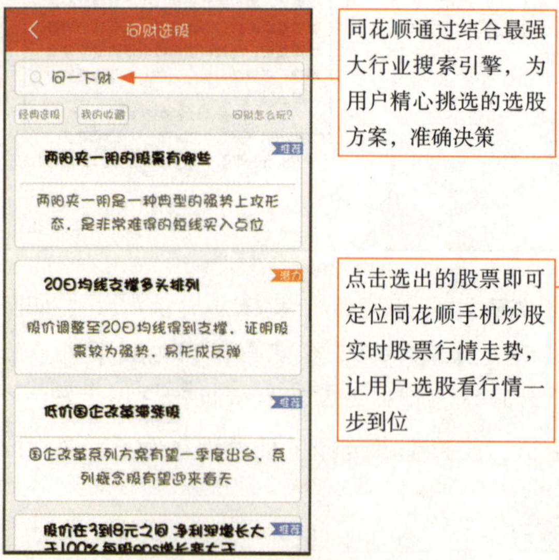

图 5-45　“问财选股”页面

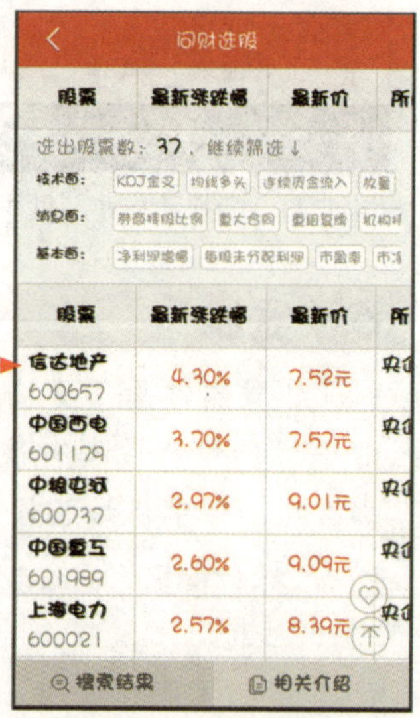

图 5-46　个股推荐列表

CHAPTER 6

第6章 基本分析 通晓股票涨跌

学前提示

从“面”看盘主要是指从股票投资的基本面分析行情的走势，包括宏观经济重大突发事件以及行业形势等，这些基本面与股票价格的涨跌有非常密切的联系，本章将分别对其进行介绍。

要点展示

- 基本面分析方法概述
- 分析 1：利用宏观经济信息
- 分析 2：利用行业信息
- 分析 3：利用公司信息

6.1　基本面分析方法概述

基本面分析又称基本分析，是以证券的内在价值为依据，着重于对影响证券价格及其走势的各项因素的分析，以此决定投资购买何种证券及何时购买。基本面分析的主要内容如图 6–1 所示。

宏观 ⇨ 通过研究一个国家的财政政策、货币政策等形势，并利用科学的分析方法，找出市场的内在价值，并与市场实际价值作比较，从而挑选出最具投资价值的股票

微观 ⇨ 通过研究上市公司的一系列经济行为和相应的经济变量，为买卖股票提供参考依据

图 6–1　基本面分析的主要内容

基本分析的假设前提是：证券的价格是由其内在价值决定的，价格受政治、经济、心理等诸多因素的影响而频繁变动，很难与价值完全一致，但总是围绕着价值上下波动。理性的投资者应根据证券价格与价值的关系进行投资决策。

股票市场基础分析主要侧重于从股票的基本面因素，如宏观经济、行业背景、企业经营能力、财务状况等对公司进行研究与分析，试图从公司角度找出股票的“内在价值”，从而与股票市场价值进行比较，挑选出最具投资价值的股票。

专家提醒

价值投资与基本面分析的关系是如此的水乳交融，可以说没有基本面分析就无所谓什么价值投资，它是构成价值投资最基本的基石，或者说价值投资绝大多数的工作就是在做基本面分析。

6.2　分析 1：利用宏观经济信息

经济形势的重大变动，会对股市产生直接的影响，股市的反应也更为明显。例如，在不同的经济阶段，国家会颁布不同的相关税收政策、产业政策和货币政策等。

6.2.1　GDP 对股市的影响

GDP（Gross Domestic Product，国内生产总值）是指经济社会（即一个国家或地区）

在一定时期内运用生产要素所生产的全部最终产品（物品和劳务）的市场价值，也就是国内生产总值。它是对一国（地区）经济在核算期内所有常住单位生产的最终产品总量的度量，常常被看成显示一个国家（地区）经济状况的一个重要指标。

GDP 的衰退或增长可体现为大盘指数的涨跌，从而影响所有个股的走势，GDP 大幅增长，反映出该地经济发展蓬勃。

GDP 与股价的关系为：在经济繁荣时期，企业经营良好，盈利多，股价上涨；经济不景气时，企业利润下降，股价疲软下跌。即 GDP 或相关产业增加值呈上升趋势时，是选择股票的好时机。

步骤 1 如图 6-2 所示，为 2013 年 1 季度至 2014 年 2 季度的 GDP 对比数据。

步骤 2 如图 6-3 所示，为 2013 年 1 季度至 2014 年 2 季度的上证指数 K 线图。

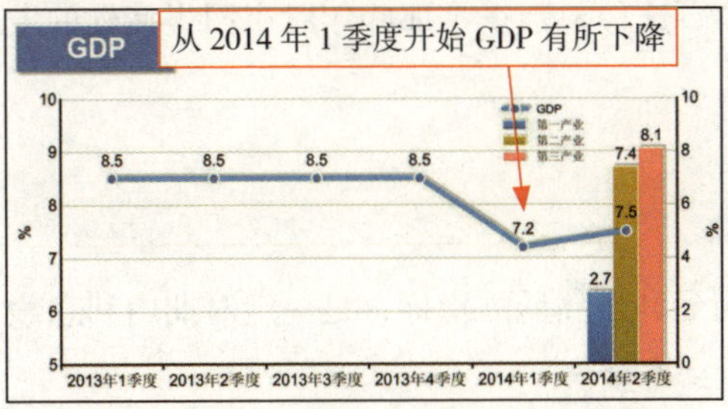

图 6-2 GDP 对比数据

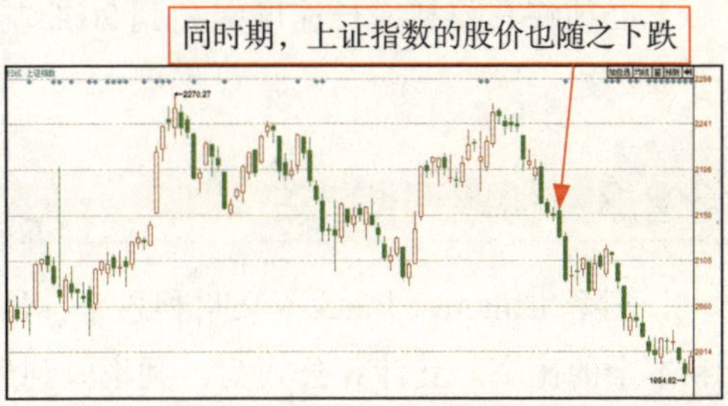

图 6-3 上证指数 K 线图

步骤 3 如图 6-4 所示，由于受大盘整体下跌的趋势影响，许多个股在 2014 年 1 季度这段时间中，个股行情变化也呈现出整体下跌的变化趋势。

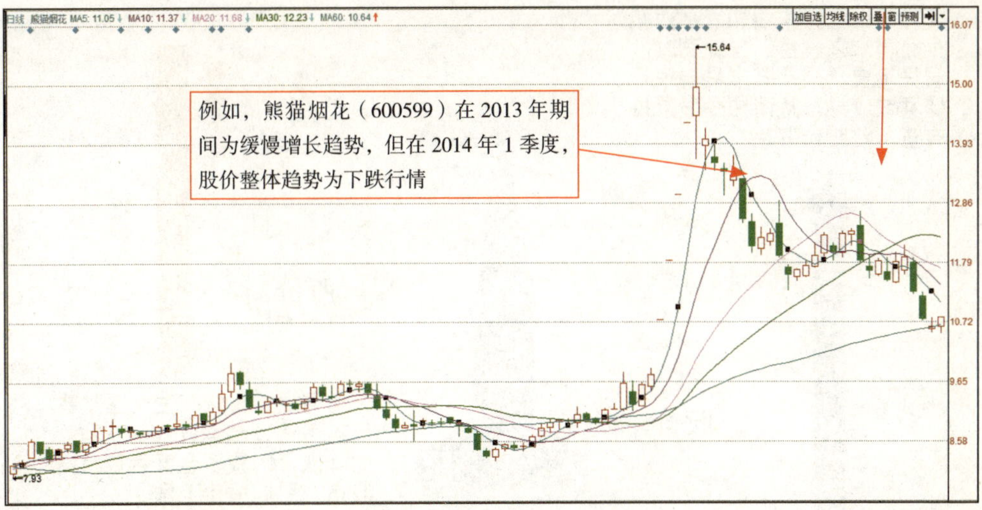

图 6-4 熊猫烟花 K 线图

6.2.2 通货膨胀对股市的影响

通货膨胀风险（Inflation Risk）又叫“购买力风险”，是指由于通货膨胀因素使银行成本增加或实际收益减少的可能性。

当发生通货膨胀时，由于公司产品价格的上涨，股份公司的名义收益会增加，特别是当公司产品价格的上涨幅度大于生产费用的涨幅时，公司净盈利增加，此时股息会增加，股票价格也会随之提高，普通股股东可得到较高收益，可部分减轻通货膨胀带来的损失。但需要指出的是，通货膨胀风险对不同股票的影响是不同的。

例如，在20世纪70年代中期到80年代，美国企业设法使其每股收益的增长速度达到与通胀率大致相当的水平（10%左右）。然而，为了保护股东价值，这些企业实际上必须将其盈利增长速度提高到20%左右。这种差距正是那些年股市回报疲软的主要原因之一。

6.2.3 利率对股市的影响

利率（Interest Rates）又叫利息率，是衡量利息高低的指标，是一定时期内利息额和本金的比率。其计算公式为：利率＝利息 ÷ 本金。

利率是影响市场的重要经济指标，在经济萧条时期，降低利率可刺激经济发展，而在膨胀时期，提高利率可抑制经济恶性发展。通常，利率的升降与股价的变化呈反比。如图6-5所示。

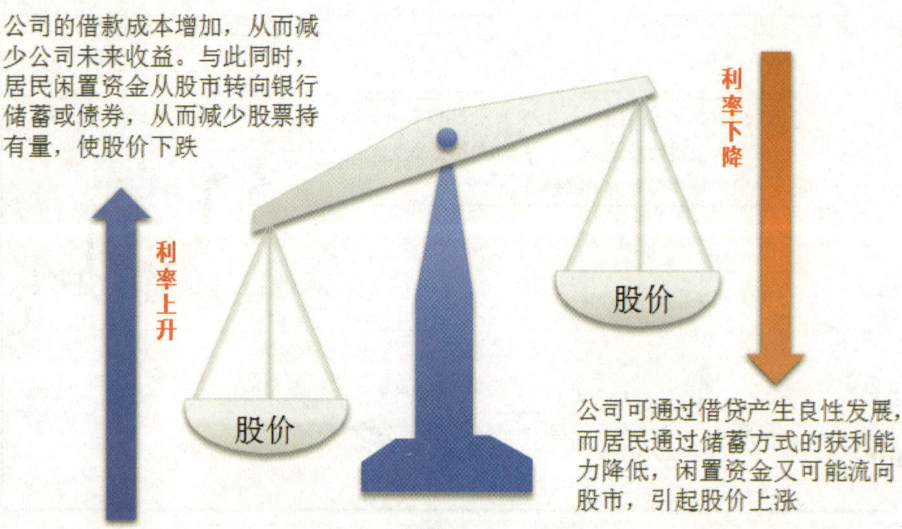

图6-5 利率对股市的影响

专家提醒

需要注意的是，利率与股价变化并非绝对成反比，在某些特殊情况下，当行情暴涨时，利率的调整对股价的控制作用不大。同样，当行情暴跌时，即使出现利率下降的调整政策，也可能会使股价回升乏力。

6.2.4 经济周期对股市的影响

经济周期（Business cycle）也称商业周期、商业循环、景气循环，它是指经济运行中周期性出现的经济扩张与经济紧缩交替更迭、循环往复的一种现象，是国民总产出、总收入和总就业的波动。

经济周期可以分为繁荣、衰退、萧条和复苏4个阶段。如图6-6所示。对不同类型的行业，其受经济周期的影响程度也不同。

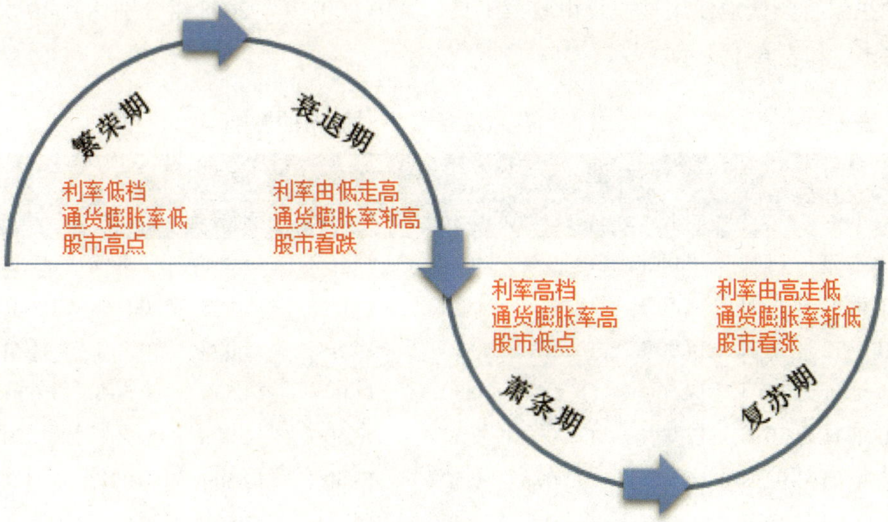

图6-6 经济周期对股市的影响

专家提醒

在现代宏观经济学中，经济周期发生在实际GDP相对于潜在GDP上升（扩张）或下降（收缩或衰退）的时候。每一个经济周期都可以分为上升和下降两个阶段。上升阶段也称为繁荣，最高点称为顶峰。经济从一个顶峰到另一个顶峰，或者从一个谷底到另一个谷底，就是一个完整的经济周期。

6.2.5 存款准备金率对股市的影响

存款准备金，也称为法定存款准备金或存储准备金（Deposit reserve），是指金融机构为保证客户提取存款和资金清算需要而准备的在中央银行的存款。中央银行要求的存款准备金占其存款总额的比例就是存款准备金率（deposit-reserve ratio），这个指标常常被央行用来调节宏观经济的运行。

存款准备金率的高低会影响利率的高低，而利率的高低影响着证券价格的高低。一般而言，存款准备金率上升，利率会有上升压力，这是实行紧缩的货币政策的信号。存款准备金率是针对银行等金融机构的，对最终客户的影响是间接的；利率是针对最终客户的，比如你存款的利息，影响是直接的。

法定存款准备金率的调整对经济的冲击比较大，容易产生不良后果，因此当今西方国家已经逐渐淡化了它的作用，设置极低甚至为零的法定存款准备金率。然而，我国中央银行频繁地使用这一货币政策工具，其中 2007 年、2008 年分别达到 10 次、9 次之多。如表 6-1 所示。

表 6-1　　存款准备金率对股市的影响

公布日	大型金融机构			中小金融机构			股市
	调整前	调整后	幅度	调整前	调整后	幅度	沪指
2011 年 02 月 18 日	19.00%	19.50%	0.50%	15.50%	16.00%	0.50%	1.12%
2011 年 01 月 14 日	18.50%	19.00%	0.50%	15.00%	15.50%	0.50%	-3.03%
2010 年 12 月 20 日	18.00%	18.50%	0.50%	14.50%	15.00%	0.50%	1.41%
2010 年 11 月 19 日	17.50%	18.00%	0.50%	14.00%	14.50%	0.50%	0.81%
2010 年 11 月 10 日	17.00%	17.50%	0.50%	13.50%	14.00%	0.50%	1.04%
2010 年 05 月 02 日	16.50%	17.00%	0.50%	13.50%	13.50%	0.00%	-1.23%
2010 年 02 月 12 日	16.00%	16.50%	0.50%	13.50%	13.50%	0.00%	-0.49%
2010 年 01 月 12 日	15.50%	16.00%	0.50%	13.50%	13.50%	0.00%	-3.09%
2008 年 12 月 22 日	16.00%	15.50%	-0.50%	14.00%	13.50%	-0.50%	-4.55%
2008 年 11 月 26 日	17.00%	16.00%	-1.00%	16.00%	14.00%	-2.00%	-2.44%
2008 年 10 月 08 日	17.50%	17.00%	-0.50%	16.50%	16.00%	-0.50%	-0.84%
2008 年 09 月 15 日	17.50%	17.50%	0.00%	17.50%	16.50%	-1.00%	-4.47%
2008 年 06 月 07 日	16.50%	17.50%	1.00%	16.50%	17.50%	1.00%	-7.73%
2008 年 05 月 12 日	16.00%	16.50%	0.50%	16.00%	16.50%	0.50%	-1.84%
2008 年 04 月 16 日	15.50%	16.00%	0.50%	15.50%	16.00%	0.50%	-2.09%

续表

公布日	大型金融机构			中小金融机构			股市
	调整前	调整后	幅度	调整前	调整后	幅度	沪指
2008年03月18日	15.00%	15.50%	0.50%	15.00%	15.50%	0.50%	2.53%
2008年01月16日	14.50%	15.00%	0.50%	14.50%	15.00%	0.50%	-2.63%
2007年12月08日	13.50%	14.50%	1.00%	13.50%	14.50%	1.00%	1.38%
2007年11月10日	13.00%	13.50%	0.50%	13.00%	13.50%	0.50%	-2.40%
2007年10月13日	12.50%	13.00%	0.50%	12.50%	13.00%	0.50%	2.15%
2007年09月06日	12.00%	12.50%	0.50%	12.00%	12.50%	0.50%	-2.16%
2007年07月30日	11.50%	12.00%	0.50%	11.50%	12.00%	0.50%	0.68%
2007年05月18日	11.00%	11.50%	0.50%	11.00%	11.50%	0.50%	1.04%
2007年04月29日	10.50%	11.00%	0.50%	10.50%	11.00%	0.50%	2.16%
2007年04月05日	10.00%	10.50%	0.50%	10.00%	10.50%	0.50%	0.13%
2007年02月16日	9.50%	10.00%	0.50%	9.50%	10.00%	0.50%	1.41%
2007年01月05日	9.00%	9.50%	0.50%	9.00%	9.50%	0.50%	2.49%

6.2.6 汇率对股市的影响

汇率亦称“外汇行市或汇价”，是指一国货币兑换另一国货币的比率，是以一种货币表示另一种货币的价格。由于世界各国货币的名称不同，币值不一，所以一国货币对其他国家的货币要规定一个兑换率，即汇率。

汇率是国际贸易中重要的调节杠杆。因为一个国家生产的商品都是按本国货币来计算成本的，要拿到国际市场上竞争，其商品成本一定会与汇率相关。汇率的高低也就直接影响该商品在国际市场上的成本和价格，直接影响商品的国际竞争力。

通常情况下，股市的涨跌是供求关系的表现，而影响供求关系的因素又是多方面的。单就汇率问题，一般而言，一国对外币的汇率上升将导致更多的外币兑换本币，促进本币的需求。

专家提醒

货币政策是政府调控宏观经济的基本手段之一。由于社会总供给和总需求的平衡与货币供给总量与货币需求总量的平衡相辅相成，因而宏观经济调控之重点必然立足于货币供给量。货币政策主要针对货币供给量的调节和控制展开，进而实现诸如稳定货币、增加就业、平衡国际收支、发展经济等宏观经济目标。

对于一个开放的市场来说，用外币换取的本币将有可能进入股票市场，进而增大股市资金来源，促使股票升值。而另一方面，在无央行外升货币时，本币的大量流失将导致股市资金流向汇市，致使股市下跌；反之亦然。汇率变动对于股市的影响如图 6-7 所示。

影响上市公司的进出口和收益水平	汇率变动将会影响与进出口贸易有关的上市公司的业绩，使公司的利润发生变化，从而使公司的股票价格发生波动
影响证券市场的决策行为与资本流动	汇率波动会导致投资者对手中的股票进行重新组合，改变手中本国股票的持有量，这种对股票的转换会影响股票的价格
公开市场和外汇市场等领域的操作	政府为了稳定本币汇率水平，可动用国际储备影响证券价格，还可以运用债市和股市的联动关系进行操作，抑制本币趋势

图 6-7　汇率对股市的影响

6.2.7　物价变动对股市的影响

通常所说的物价其实就是生产价格，而生产价格是由部门平均生产成本加上社会平均利润构成的价格，生产价格就是价值的转化形态。物价变动对股票市场有重要影响。如图 6-8 所示。

1. **商品价格缓慢上涨，且物价上涨率大于借贷利率的上涨率时，股价会上升**
2. **商品价格涨幅过大，股价不升反降**
3. **物价上涨，商品市场的交易呈现繁荣兴旺时，股价或涨或跌**
4. **物价持续上涨，引起股票投资者保值意识的作用增加，股价会下跌**

图 6-8　物价变动对股市的影响

6.2.8　政治因素对股市的影响

政治与经济是紧密联系的，如果发生具有较大影响的国际政治活动，通常就会对国际经济形势产生较大影响，从而股票价格也会产生波动。而从国内来看，如果国家对政治政策进行调整变动，或者是有影响广泛的经济政策以及相关法律法规出台，对股票价格也会产生明显的影响。如图 6–9 所示。

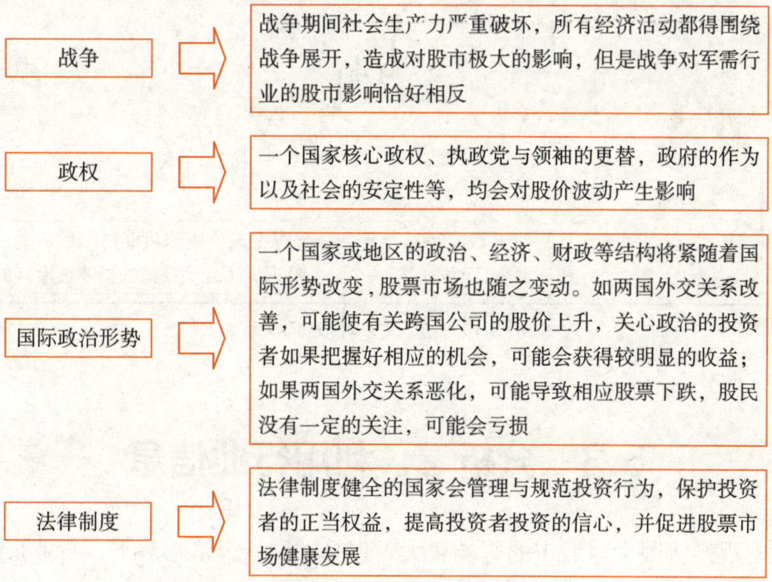

图 6–9 政治因素对股市的影响

国际重大政治事件的发生会直接导致股价出现明显的波动，投资者可以根据不同的政治形势来判断相关公司的股票股价走势，从而采取相对应的投资策略。

6.2.9 自然因素对股市的影响

自然灾害对股价影响产生于灾害对实物资产的损害。灾害发生时，影响了生产，股价随之下跌，但是另一方面，灾后的重建刺激生产的扩张，相关行业的股价会有一定程度的上升。

例如，2002 ~ 2003 年期间，非典疫情所导致的直接损失虽然并不大，但却严重影响了人们的正常生产和生活，部分行业损失严重。国家做出“一手抓防治非典不放松、一手抓经济建设中心不动摇”的重大战略决策，加大了对农业和农村经济、中小企业、服务业等受非典影响较大行业的支持。在有效的宏观政策调控下，股市受到的非典负面影响被有效控制。如图 6–10 所示。2003 年 2 季度增长速度暂时下降到 6.7% 之后，3 季度很快恢复到 9.1% 的水平。

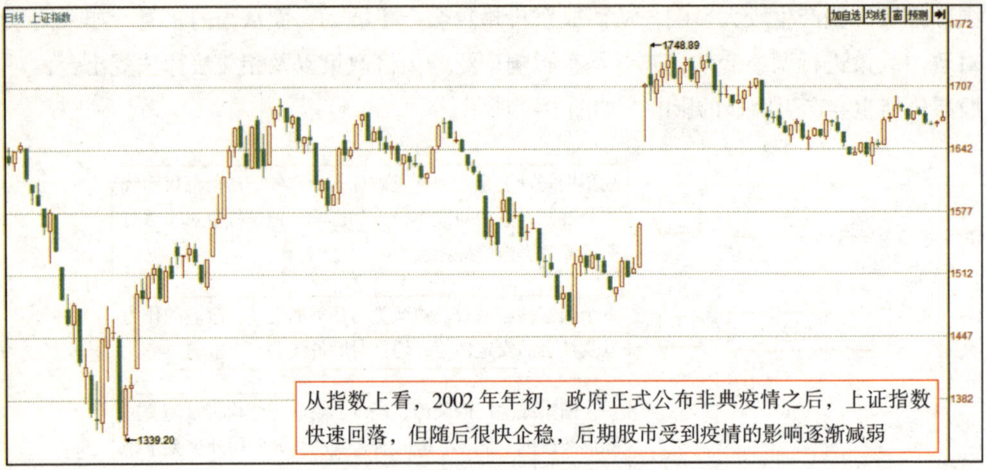

图 6-10　自然因素对股市的影响

6.3　分析 2：利用行业信息

虽然宏观经济因素对股市的影响很大，但是在同一经济形势下，行业形势的分析对看盘也是十分重要的。

6.3.1　行业的分类

行业在国民经济中地位的变更，行业的发展前景和发展潜力，新兴行业引来的冲击以及上市公司在行业中所处的位置、经营业绩、经营状况、资金组合的改变及领导层人事变动等，都会影响相关股票的价格。

我们研究的课题是对股票影响的因素有哪些，因为股票是行业的融资平台，它可以使行业有更大的发展，所以，行业的不同对股票的影响也不同。股票市场中行业的分类有 A 农、林、牧、渔业；B 采矿业；C 制造业；D 电力、燃气及水的生产和供应业；E 建筑业；F 交通运输、仓储和邮政业；G 信息传输、计算机服务和软件业；H 批发和零售业；I 住宿和餐饮业；J 金融业；K 房地产业；L 租赁和商务服务业；M 科学研究、技术服务和地质勘查业；N 水利、环境和公共设施管理业；O 居民服务和其他服务业；P 教育；Q 卫生、社会保障和社会福利业；R 文化、体育和娱乐业；S 公共管理与社会组织；T 国际组织。

6.3.2 行业的性质

行业性质，是从理论上对社会上的大多数行业划分，跟据行业中从事的业务、对社会的贡献程度等，划分不同行业所属的类别，如制造业、服务业、农业等。如图 6-11 所示。

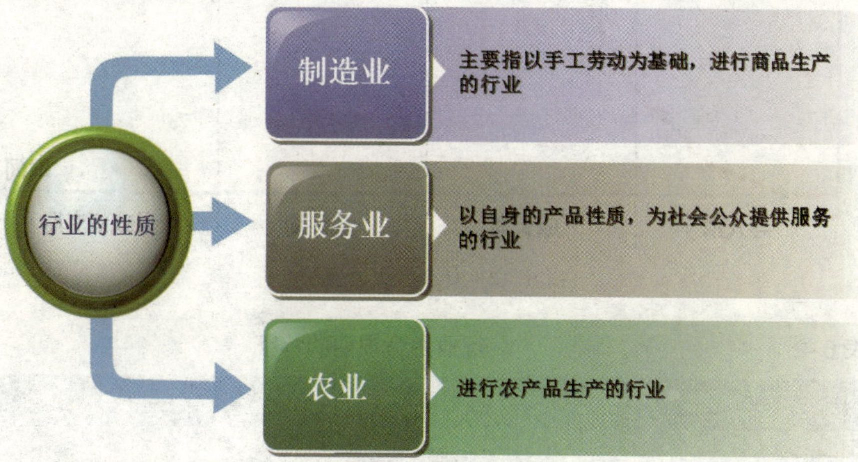

图 6-11 行业的性质

6.3.3 行业的生命周期

行业生命周期（Industry life cycle）的曲线形状和产品生命周期的曲线形状大致相同，都呈现 S 型，都经过导入期、成长期、成熟期和衰退期（或蜕变期）四个阶段。如图 6-12 所示。行业生命周期的每个阶段没有明显的界限，敏锐地判断行业新阶段的到来，并且提前做好相应的战略准备，才能在竞争中处于优势地位。

处于不同行业生命周期的企业行为存在着显著的差异，如企业战略、企业能力、组织结构、投资与风险、企业重组与并购、竞争行为等。可见，投资不同阶段的企业股票，应该制定不同的战略。行业生命周期各阶段特征如表 6-2 所示。

专家提醒

同时处于不同生命周期阶段的行业，其所属股票价格通常也会呈现相同的特性，所以根据以上对某个行业内的企业进行生命周期分析后，投资者就可以分析股票的涨跌与未来价值，进而更准确地进行投资。

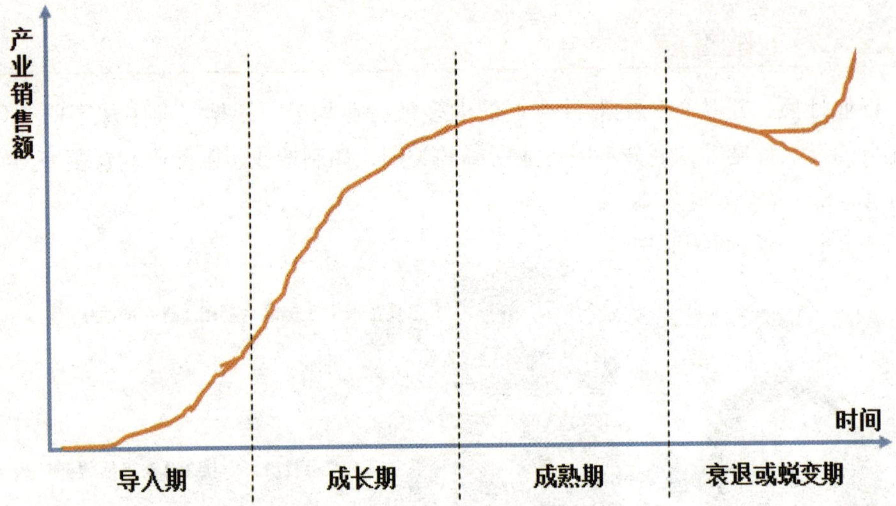

图 6-12　行业的生命周期

表 6-2　　　　　　　　　　行业生命周期的特征

特征	起步期	成长期	成熟期	衰退期
消费者数量	少	增加	大众	减少
产量	低	增加	稳定	减少
市场增长率	较高	很高	不高，趋于稳定	降低，负值
利润	较低，甚至为负	增加	最高	降低
竞争	对手数量少，不激烈	对手数量增加，开始激烈	对手数量最多，竞争最激烈	对手数量减少，竞争激烈程度降低
企业规模	较小	扩大	最大	降低或增加
产品品种	单一	增加品种	较多	减少
技术	不稳定	趋于稳定	稳定	落后
行业进入壁垒	低	提高	最高	企业退出该行业

6.3.4　行业分析的方法

投资者在进行基本面分析时，首先要考虑大的经济环境，然后考察这个行业的现状，最后才是公司。行业是联系宏观经济与经济的桥梁，炒股经常讲的板块轮动，就可以从行业状况中推测一二，如产业振兴规划或者行业拐点的确立等，行业的重大政策或者明显复苏会造成板块的活跃，从而帮助投资者抓住热门板块。

一般情况下，投资者可以从网络和生活两个方面获得各类行业信息。

（1）网络：大型的财经类网站，这种网站会定期提供一些行业的最新信息，行业研究分析报告。如图 6–13 所示为和讯财经网。

图 6–13　和讯财经网

（2）生活：在日常生活中，投资者也需要多关注身边的行业。例如，买菜时可关注农业，超市购物时可关注零售业，银行存取款时可关注金融业，看到周围楼房的建设时可关注房地产业。投资者还可以关注自己上班所在的行业，知道一些大型网站定期发布的行业数据，判断行业的发展，这些经验是需要日积月累的。

专家提醒

行业的市场分析牵扯到公司的核心竞争力，也就是公司的“安全壁垒”。有些公司掌握核心技术，有些公司是垄断企业，这样就会持续产生巨额的利润，而且不会被不断的复制重复而导致产能过剩，但是这不是说这样的公司就一定值得投资了，还要看这个公司的价位。

6.4　分析 3：利用公司信息

把上市公司的经营信息与盘面信息结合起来分析并在实战中加以利用，是职业机构套利的常用技术。普通投资者应重视上市公司信息的公布，同时建立起自己的股票信息收集分析方法。

6.4.1 计算上市公司的净资产

净资产就是所有者权益，是指所有者在企业资产中享有的经济利益，其金额为资产减去负债后的余额。所有者权益包括实收资本（或者股本）、资本公积、盈余公积和未分配利润等。

其计算公式为：净资产 = 所有者权益（包括实收资本或者股本、资本公积、盈余公积和未分配利润等）= 资产总额 – 负债总额

每股净资产值反映了每股股票代表的公司净资产价值，是支撑股票市场价格的重要基础。每股净资产值越大，表明公司每股股票代表的财富越雄厚，通常创造利润的能力和抵御外来因素影响的能力越强。净资产收益率是公司税后利润除以净资产得到的百分比率，用以衡量公司运用自有资本的效率。

6.4.2 利用报表分析上市公司

投资者应从多层面看待上市公司季报所反映的信息，以便在风险与收益权衡中取得理想的投资回报。下面介绍通过同花顺软件分析上市公司财务报表的操作方法。

步骤 1 进入公司个股资料界面后，切换至“财务状况”页面。如图 6-14 所示。

运用财务指标，我们一般考虑几个方面：净资产收益率高，利润总额不低，产品毛利率稳定而且高，预收账款多，应收账款少。运用以上财务指标便可选得一些优质的股票

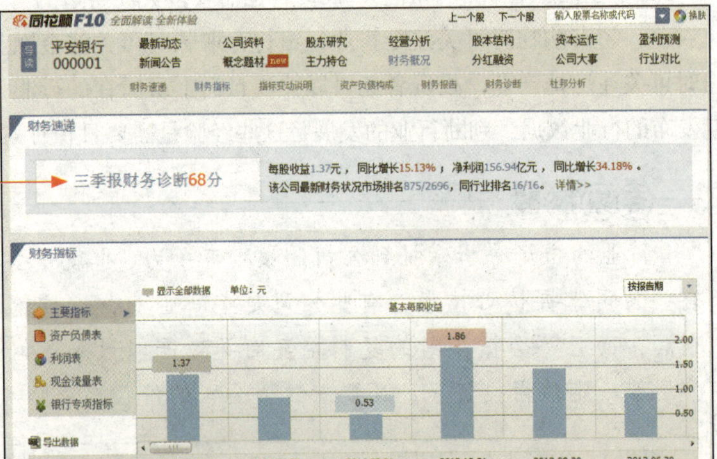

科目\年度	2014-09-30	2014-06-30	2014-03-31	2013-12-31	2013-09-30	2013-06-30
基本每股收益(元)	1.37	0.88	0.53	1.86	1.43	0.92
净利润(万元)	1,569,400.00	1,007,200.00	505,400.00	1,523,100.00	1,169,600.00	753,100.00
净利润同比增长率(%)	34.18	33.74	40.82	13.64	14.25	11.39

图 6-14 “财务状况”页面

步骤 2 在“财务速递”选项区中，点击“详情”超链接，即可查看公司的盈利能力、成长能力、营运能力、偿债能力以及现金流等数据报表。如图 6-15 所示。

价值型投资理念在中国证券市场逐渐确立其地位，而公司盈利能力则是反映公司价值的一个重要方面。盈利能力是指企业获取利润的能力，企业的盈利能力越强，则其给予股东的回报越高，企业价值越大

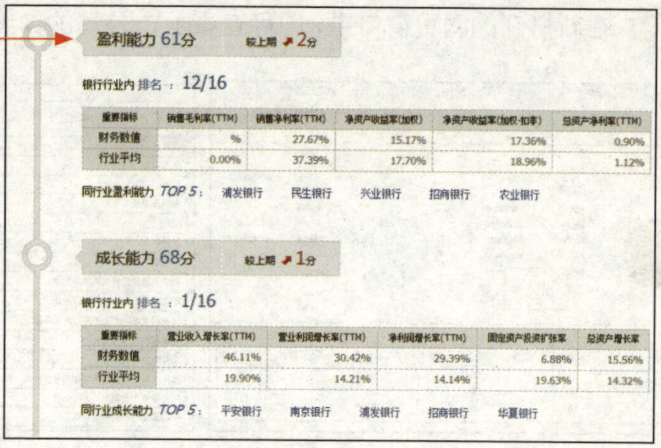

盈利能力 61分 较上期 2分

银行行业内 排名：12/16

重要指标	销售毛利率(TTM)	销售净利率(TTM)	净资产收益率(加权)	净资产收益率(加权-扣非)	总资产净利率(TTM)
财务数值	%	27.67%	15.17%	17.36%	0.90%
行业平均	0.00%	37.39%	17.70%	18.96%	1.12%

同行业盈利能力 TOP 5：浦发银行 民生银行 兴业银行 招商银行 农业银行

成长能力 68分 较上期 1分

银行行业内 排名：1/16

重要指标	营业收入增长率(TTM)	营业利润增长率(TTM)	净利润增长率(TTM)	固定资产投资扩张率	总资产增长率
财务数值	46.11%	30.42%	29.39%	6.88%	15.56%
行业平均	19.90%	14.21%	14.14%	19.63%	14.32%

同行业成长能力 TOP 5：平安银行 南京银行 浦发银行 招商银行 华夏银行

图 6-15 公司财务状况评比

步骤 3 在导航栏中单击“指标变动说明”超链接，即可查看公司近期的指标变动情况及其对股价的影响。如图 6-16 所示。

财务指标分析是指总结和评价企业财务状况与经营成果的分析指标，包括偿债能力指标、运营能力指标、盈利能力指标和发展能力指标。对于上市公司来说，最重要的财务指标是每股收益、每股净资产和净资产收益率

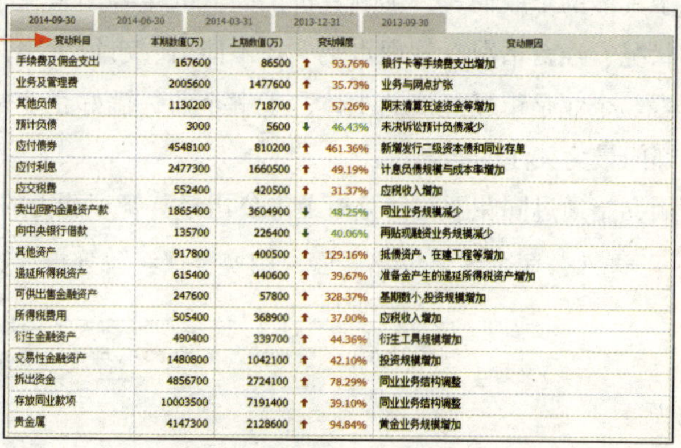

2014-09-30 2014-06-30 2014-03-31 2013-12-31 2013-09-30

变动科目	本期数值(万)	上期数值(万)	变动幅度	变动原因
手续费及佣金支出	167600	86500	↑ 93.76%	银行卡等手续费支出增加
业务及管理费	2005600	1477600	↑ 35.73%	业务与网点扩张
其他负债	1130200	718700	↑ 57.26%	期末清算在途资金等增加
预计负债	3000	5600	↓ 46.43%	未决诉讼预计负债减少
应付债券	4548100	810200	↑ 461.36%	新增发行二级资本债和同业存单
应付利息	2477300	1660500	↑ 49.19%	计息负债规模与成本率增加
应交税费	552400	420500	↑ 31.37%	应税收入增加
卖出回购金融资产款	1865400	3604900	↓ 48.25%	同业业务规模减少
向中央银行借款	135700	226400	↓ 40.06%	再贴现融资业务规模减少
其他资产	917800	400500	↑ 129.16%	抵债资产、在建工程等增加
递延所得税资产	615400	440600	↑ 39.67%	准备金产生的递延所得税资产增加
可供出售金融资产	247600	57800	↑ 328.37%	基期数小,投资规模增加
所得税费用	505400	368900	↑ 37.00%	应税收入增加
衍生金融资产	490400	339700	↑ 44.36%	衍生工具规模增加
交易性金融资产	1480800	1042100	↑ 42.10%	投资规模增加
拆出资金	4856700	2724100	↑ 78.29%	同业业务结构调整
存放同业款项	10003500	7191400	↑ 39.10%	同业业务结构调整
贵金属	4147300	2128600	↑ 94.84%	黄金业务规模增加

图 6-16 公司财务状况评比

专家提醒

财务报表（Financial statements）是指在日常会计核算资料的基础上，按照规定的格式、内容和方法定期编制的，综合反映企业某一特定日期的财务状况和某一特定时期的经营成果、现金流状况的书面文件。财务报表的内容大致可以分为 4 大部分：资产负债表、损益表、股东权益变动表、现金流量表。通过这些报表，投资者就可以简单地了解一个公司究竟赚不赚钱？值不值得投资？

步骤 4 在导航栏中单击“财务报告”超链接，切换至“财务报表查看”页面，用户可以根据时间选择要查看的报表。如图 6-17 所示。

步骤 5 在新打开的网页窗口中，即可查看上市公司的详细财务报表。如图 6-18 所示。

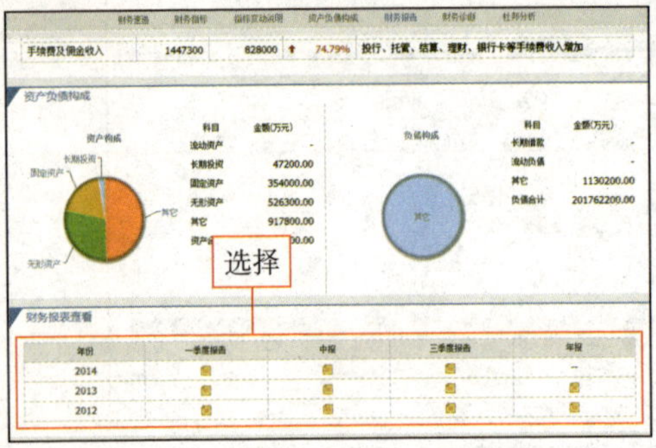

图 6-17　“财务报表查看”页面

（货币单位：人民币百万元）

项 目	2014 年 9 月 30 日		2013 年 12 月 31 日	期末比上年末增减
总资产	2,144,358		1,891,741	13.35%
股东权益	126,736		112,081	13.08%
股本	11,425		9,521	20.00%
每股净资产（元）	11.09		9.81	13.05%
项 目	2014 年 7-9 月	同比增减	2014 年 1-9 月	同比增减
营业收入	19,918	43.10%	54,651	46.34%
净利润	5,622	34.98%	15,694	34.18%
扣除非经常性损益后的净利润	5,626	36.72%	15,711	35.01%
经营活动产生的现金流量净额	不适用	不适用	(5,109)	(105.07%)
每股经营活动产生的现金流量净额（元）	不适用	不适用	(0.45)	(104.39%)
基本每股收益（元）	0.49	16.67%	1.37	15.13%
稀释每股收益（元）	0.49	16.67%	1.37	15.13%
扣除非经常性损益后的基本每股收益（元）	0.49	15.84%	1.38	16.65%
平均总资产利润率（未年化）	0.26%	+0.03 个百分点	0.78%	+0.10 个百分点
平均总资产利润率（年化）	1.05%	+0.15 个百分点	1.04%	+0.14 个百分点

图 6-18　查看上市公司的详细财务报表

6.4.3 公司经营管理能力分析

对于具体的个股而言，影响其价位高低的主要因素在于企业本身的内在素质，包括财务状况、经营情况、管理水平、技术能力、市场大小、行业特点、发展潜力等一系列因素。企业是市场经济的主体，了解企业、搞好企业是投资者、贷款者、经营者和管理部门最为关注的问题。

下面介绍通过同花顺软件分析上市公司经营管理能力的操作方法。

步骤 1 进入公司个股资料界面后，切换至“经营分析”页面。如图 6-19 所示。

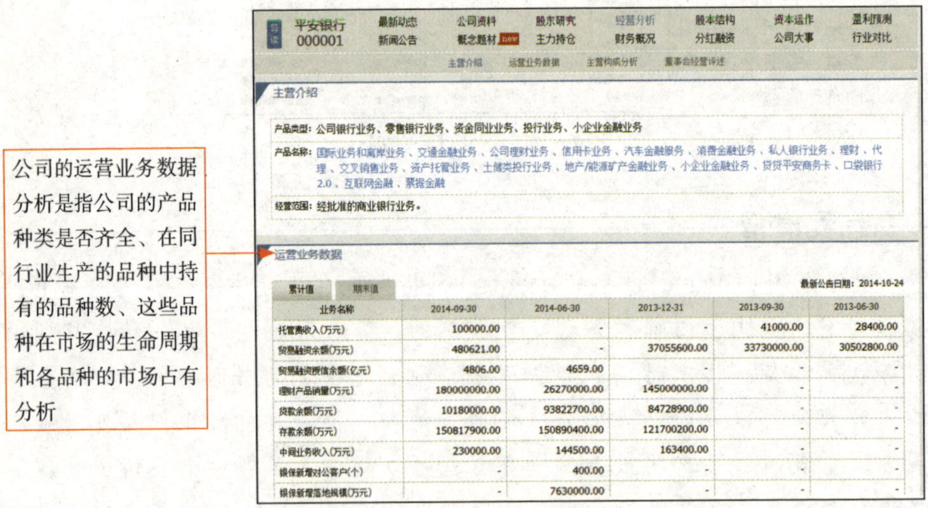

图 6-19　“经营分析”页面

步骤 2 在导航栏中单击“主营构成分析”超链接，用户可以查看上市公司的营业收入、营业成本、利润比例等数据。如图 6-20 所示。

营业收入是指企业在从事销售商品、提供劳务和让渡资产使用权等日常经营业务过程中所形成的经济利益的总流入。营业收入对公司价值的影响最为明显，相比净利率、资产收益率等指标也更易达成，更具可扩展性

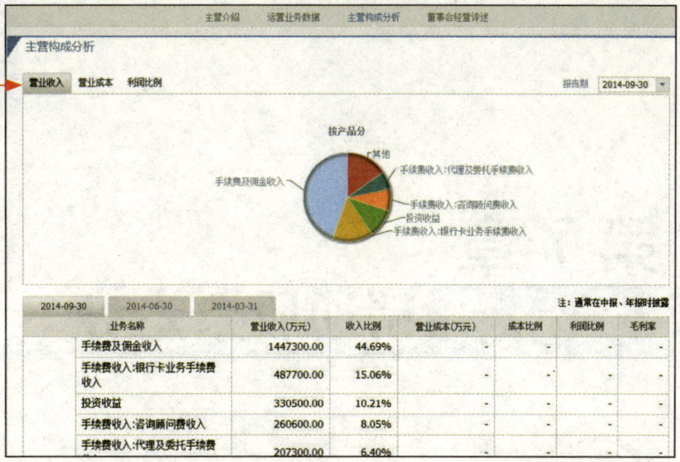

图 6-20　主营构成分析

上市公司的经营管理会对经营业绩产生间接影响，公司的成长性是影响公司股价波动的内生因素与重要指标，是对股价形成机制与影响因素的本质考量。因此，投资者要学会研究公司经营管理能力，发现与挖掘上市公司股票的内在价值。

专家提醒

在影响股价波动的微观经济因素中，上市公司是决定自身股价的主要因素。

（1）公司业绩。公司业绩集中表现在公司的各种财务指标上，影响股价的公司业绩方面的因素主要有公司净资产、盈利水平、公司的派息、股票拆细和股本扩张、增资和减资以及营业额等。总体来说就是公司的收益性、公司的获利能力以及公司的利润情况是决定公司股票价格的根本因素。

（2）公司成长性。公司的成长性也就是公司的扩展经营能力，对公司的成长性进行分析就是对公司的发展前景的判断，关注的不是短时间内的股价波动，而是对公司股票投资的长期效益。

（3）资产重组与收购。这是上市公司为了实现规模效益或扭亏为盈，采取兼并重组方式，对公司进行的重大组织变动。我国的许多亏损或微利的国有大中型上市公司通过资产重组，实现了产业结构的调整和转型。目前，资产重组的模式主要有资产置换、优质资产注入和不良资产剥离。上市公司的收购是股市最具有活力的现象，举牌收购往往伴随着股价的急升。

CHAPTER 7

第7章 技术分析 精通股票走势

学前提示

证券市场的价格是复杂变化的，投资者在这个市场上进行投资时都要有一套方法来制定或选择投资策略进行投资。股票技术分析是以预测市场价格变化的未来趋势为目的，通过分析历史图表对市场价格的运动进行分析的一种方法，也是证券投资市场中非常普遍应用的一种分析方法。

要点展示

- 炒股技术分析方法概述
- 分析1：利用K线技术分析
- 分析2：利用趋势线技术分析
- 分析3：利用形态技术分析
- 分析4：利用指标技术分析

7.1 炒股技术分析方法概述

技术分析是指以市场行为为研究对象，以判断市场趋势并跟随趋势的周期性变化来进行股票及一切金融衍生物交易决策的方法的总和。技术分析认为市场行为包容消化一切。

股票投资的分析方法主要有3种，即基本分析、技术分析、演化分析。其中，基本分析主要应用于投资标的物的选择上，技术分析和演化分析则主要应用于具体投资操作的时间和空间判断上，作为提高投资分析有效性和可靠性的重要手段。如图7–1所示。

基本分析	主要是研究上市公司的价值，对决定公司内在价值和影响股票价格的宏观经济形势、行业发展前景、企业经营状况等进行详尽分析，预测上市公司的长期投资价值和安全边际，作为其股票投资建议
技术分析	技术分析认为市场行为包容消化一切，股价波动可以定量分析和预测。主要是研究上市公司的股票价格，从股价变化的历史图表入手，对股票市场波动的规律进行分析，以预测股价波动趋势
演化分析	演化分析是以演化证券学理论为基础，将股市波动的生命运动特性作为主要研究对象，对股价波动方向与空间进行动态跟踪研究，为股票交易决策提供机会与风险评估的方法总和

图7–1 股票投资的分析方法

整体看来，技术分析的基本观点是：所有股票的实际供需量及其背后起引导作用的种种因素，包括股票市场上每个人对未来的希望、担心、恐惧等，都集中反映在股票的价格和交易量上。

专家提醒

股票技术分析的理论基础是“空中楼阁”理论。“空中楼阁”理论的倡导者是约翰·梅纳德·凯恩斯，他认为股票价值虽然在理论上取决于其未来收益，但由于进行长期预期相当困难和不准确，故投资者应把长期预期划分为一连串的短期预期。而一般投资者在预测未来时都遵守一条成规：除非有特殊理由预测未来会有改变，否则即假定现状将无定期继续下去。约翰·梅纳德·凯恩斯认为：“股票价格乃代表股票市场的平均预期，循此成规所得的股票价格，只是一群无知无识群众心理之产物，当群意骤变时，股价自然就会剧烈波动。”

7.2 分析 1：利用 K 线技术分析

K 线据说起源于 18 世纪日本的米市，当时日本的米商用来表示米价的变动情况，后被引用到证券市场，成为股票技术分析的一种理论。

7.2.1 K 线的基本形态

K 线图是表示单位时间段内价格变化情况的技术分析图，就是将各种股票每日、每周、每月的开盘价、收盘价、最高价、最低价等涨跌变化状况，用图形的方式表现出来。因为其绘制出来的图标形状类似于一根根的蜡烛，加上这些蜡烛有黑白之分，因此也称阴阳线图表。

首先找到该日或某一周期的最高和最低价，垂直地连成一条直线，然后再找出当日或某一周期的开市和收市价，把这两个价位连接成一条狭长的长方柱体。图 7-2 所示为 K 线的基本形态。

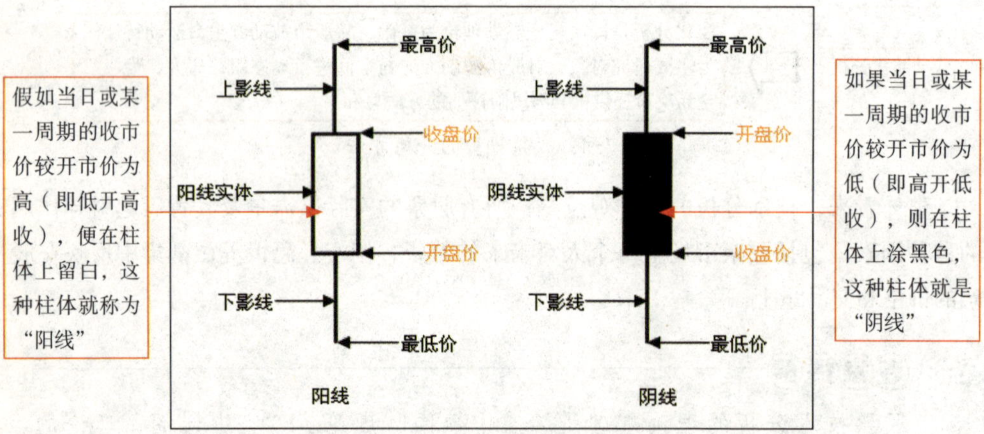

图 7-2　K 线的基本形态

7.2.2 各种图像影线的意义

K 线图是股票分析的基础手段，能够让我们全面透彻地观察到市场的真正变化，从 K 线图中，既可以看到行情整体的趋势，也可以了解每日股市的波动情形。

根据 K 线图上下影线和中间柱体的长短不同，阳线不同的形态有各自不同的含义。在 K 线图中，空实心的柱形、影线的长度都直接反映出价格的变动，影线与柱形的组合也是投资者必须要了解的，具体如表 7-1 所示。

表 7-1　各种图像影线的意义

图形	意　　义
	名称：光脚阳线 特征：没有下影线，上影线长 分析：表示股价上涨时遇到强劲反压力道，这种 K 线若出现在高价区，则后市看跌
	名称：上吊阳线 特征：没有上影线，下影线长， 分析：表示买方力道强劲，在价格下跌时，低价位上可以得到买方的支撑
	名称：假阳线 特征：上下影线短，实体柱长 分析：表示涨势强劲，股票价格坚挺
	名称：上影阳线 特征：上影线长，下影线短 分析：表示多空交战，多方更强势，经常表示反转信号。需要注意的是，出现大涨后，常代表后市可能下跌；而出现大跌后，则可能触底反弹
	名称：下影阳线 特征：上影线短，下影线长 分析：表示上涨力道强劲，下跌后能够收回
	名称：大阳线，也称为“太阳线” 特征：没有上下影线，长实体柱 分析：表示一路上涨，买方的力量总体大于卖方
	名称：小阳线 特征：上下影线长，实体柱短 分析：表示多空交战，力道均衡，行情不明

专家提醒

值得注意的是：收出阳线并不代表当日股价肯定是上涨的，这关键取决于当日开盘价的高低，如果是低开高走，涨幅为负，其收盘 K 线事实上仍为阳线。同理，收出阴线并不代表当日股价肯定是下跌的，也取决于当日开盘价的高低，如果是高开低走，最终涨幅虽然为正，但其收盘时 K 线仍为阴线。

7.2.3 掌握 K 线组合的规律

一些典型的 K 线或 K 线组合，会不断地重复出现，如果投资者掌握了这些规律，将在很大程度上提高投资者的胜算。如图 7–3 所示。

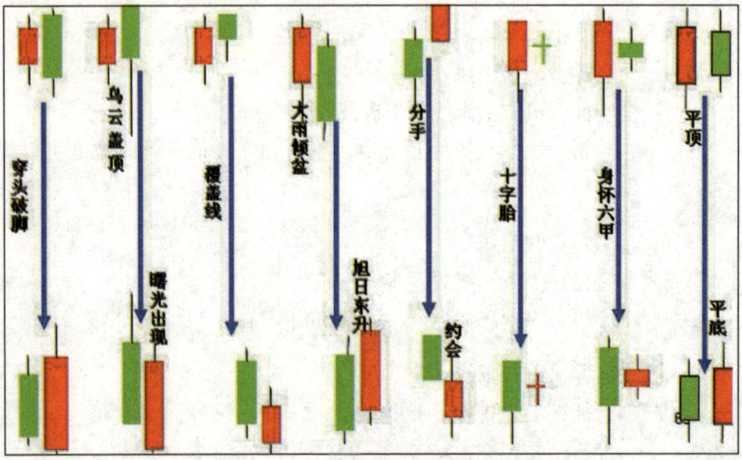

图 7–3　常见的 K 线组合

- 穿头破脚：是中阳（阴）线和包线两根 K 线的组合，显示震荡幅度加大，进入变盘敏感区域。
- 乌云盖顶：相反线的一种，是中阳线和切入阴线两根 K 线的组合，显示上涨遇到顽强抵抗，空头重新积聚力量。
- 曙光出现：相反线的一种，是中阴线和切入阳线两根 K 线的组合，显示下跌遇到顽强抵抗，多头重新积聚力量。
- 覆盖线：股价连续数天扬升之后，隔日以高盘开出，随后买盘不愿追高，大势持续滑落，收盘价跌到前一日阳线之内。这是超买之后所形成的卖压涌现，获利了结后股票大量释出之故，股价将下跌。
- 大雨倾盆：见顶信号，后市看跌。阴线实体低于阳线实体部分越多，转势信号越强。
- 旭日东升：形态之前股价必须要经过一轮明显的下跌趋势，次日大幅高开阳线的收盘价必须超越前一日阴线的开盘价（即实体之上）。
- 分手：由两根具有相同开盘价，但是颜色相反的 K 线组成，这种形态代表了市场的继续信号，与约会线的形态刚好相反。
- 约会：当两根颜色相反的 K 线具有相同的收市价时，就形成了一个“反击线形态”，也称“约会线形态”。

- 十字胎：是中阳（阴）线和孕十字星两根K线的组合，显示原运动趋势出现整理信号，后市酝酿变盘。
- 身怀六甲：又称孕线，是中阳（阴）线和孕线两根K线的组合，怪异的走势显示该股将有大动作。
- 平顶：连续两日遇某高点回落，显示该高点有一定阻力。
- 平底：连续两日遇某低点回升，显示该低点有一定支撑。

7.2.4 K线分析要注意的事项

K线图是最能表现市场行为的图表之一，但是，一些常见的K线组合形态并没有严格的科学逻辑，因此，在应用K线的时候需要注意图7-4所示的问题。

K线分析错误率比较高	市场变动是复杂的，而实际的市场情况可能与判断有一定的差距，从经验统计的结果中可以证明，用K线组合来判断后市的成功率并不高
必须与其他方法相结合	用其他分析方法已经做出了该买或该卖的决定之后，再用K线组合选择具体的采取行动的时间和价格
修改调整组合形态	组合形态只是经验总结的产物，实际市场中，完全满足我们所介绍的K线组合形态的情况并不多见，如果直接应用组合形态，有可能长时间都找不到合适的机会，要根据情况适当地改变组合形态

图7-4 K线分析要注意的事项

专家提醒

为了更深刻地了解K线组合形态，应该了解每种组合形态的内在和外在原理。因为它不是一种完美的技术，这一点同其他技术分析方法是一样的。K线分析是靠人类的主观印象而建立的，并且是基于对历史的形态组合进行表达的分析方法之一。

7.3 分析2：利用趋势线技术分析

趋势线是趋势分析的一种方法，趋势线分析方法简单好用，在判断股价趋势时有很好的效果。使用趋势线可以简单明确地把握股价走势，从而做到因势利导、顺势而为。

7.3.1 趋势线

实战投资者最重要的投资原则，就是顺势而为，即顺从股价沿最小阻力运行的趋势方向而展开操作，与股价波动趋势达到“天人合一”。

趋势的概念主要是指股价运行的方向，它是股价波动有序性特征的体现，也是股价随机波动中偏向性特征的主要表现。趋势根据时间的长短，可以划分为长期趋势、中期趋势和短期趋势。一个长期趋势一般由若干个中期趋势组成，而一个中期趋势由若干个短期趋势组成。如图 7-5 所示。

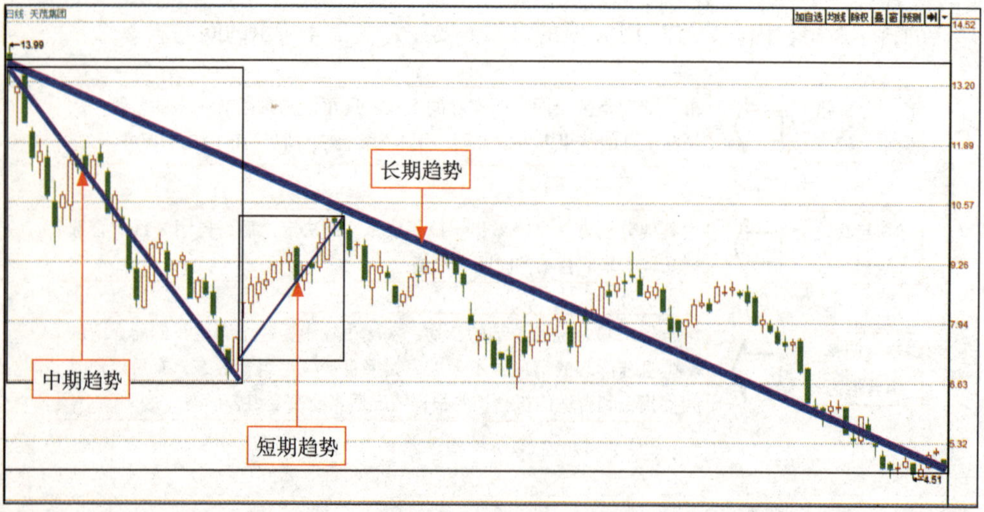

图 7-5　认识趋势线

所谓“一把尺子走天下”，其实指的就是趋势线的运用。投资者要时刻记住：趋势是你的朋友，永远顺着趋势展开操作，不可逆势而为。学会使用趋势线来确定趋势的方向，对于投资者来说，这是必不可少的基本功之一。

专家提醒

在一个价格运动当中，如果其包含的波峰和波谷都相应地高于前一个波峰和波谷，那么就称为上涨趋势；相反，如果其包含的波峰和波谷都低于前一个波峰和波谷，那么就称为下跌趋势；如果后面的波峰与波谷都基本与前面的波峰和波谷持平的话，那么称为振荡趋势，或者横盘趋势，或者无趋势。

7.3.2 管道线

管道线又称通道线或轨道线，是在趋势线的基础上演化而来的一种进一步描述趋势、判断出入点的方法，管道线同样可以分为上升通道和下降通道两种，管道线实际上就是上升和下降趋势线的平行线。如图 7–6 所示。

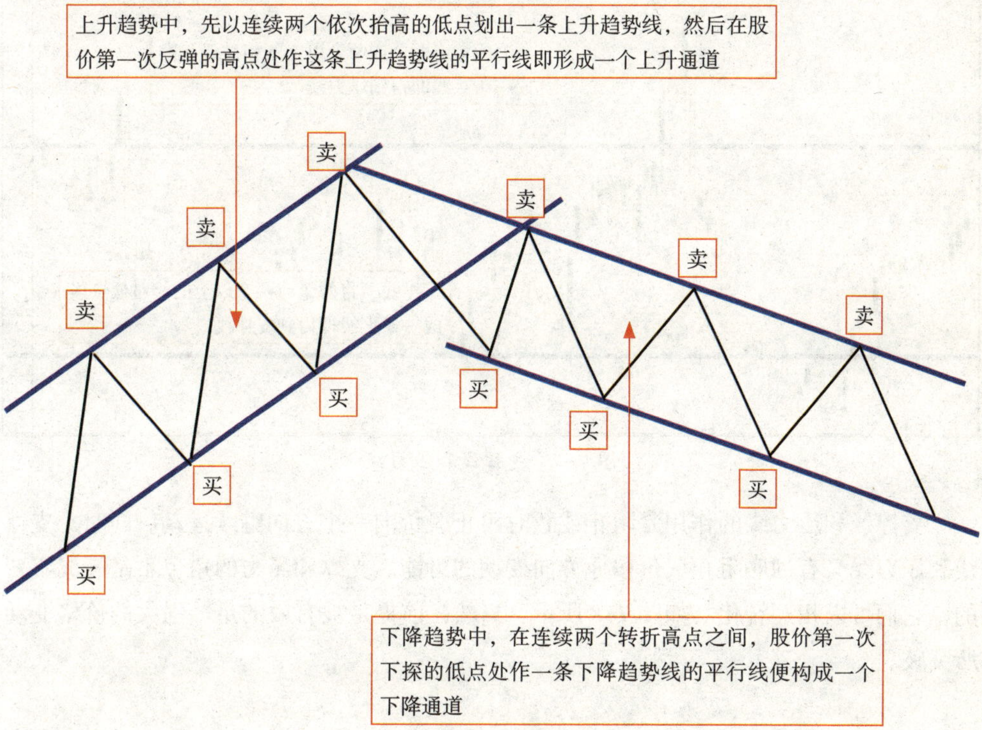

图 7–6 管道线

由于管道线是由上下两根线构成的，在买卖点上，比单根趋势线要更具体，而且所有趋势线的判断原则同样适用于管道线。除此之外，管道线的优点还表现为买卖点清晰、交易次数少、成功率高。

7.3.3 支撑线和压力线

支撑压力线是股票技术分析中常用的参考指标，当价格突破支撑压力线时，市场行情有可能发生反转。如图 7–7 所示。支撑线和压力线是可以相互转化的，突破压力线后压力线就转化为支撑线；同样，突破支撑线后支撑线就转化为压力线，这符合物极必反的原则。

当股价跌到某个价位附近时，股价停止下跌，甚至有可能还有回升，这个起着阻止股价继续下跌或暂时阻止股价继续下跌的价格就是支撑线所在的位置；当股价上涨到某价位附近时，股价会停止上涨，甚至回落，这个起着阻止或暂时阻止股价继续上升的价位就是压力线所在的位置。

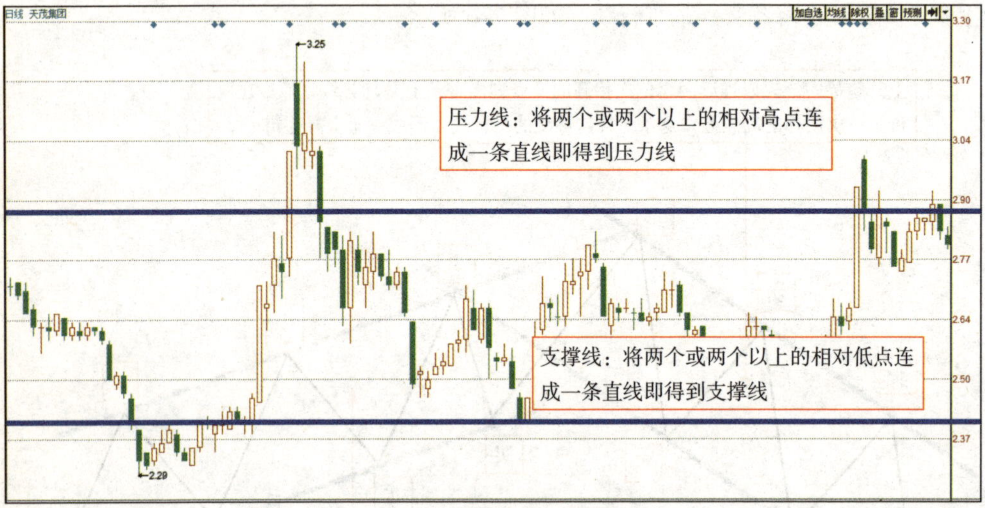

图 7-7 支撑线和压力线

支撑线和压力线的作用是阻止或暂时阻止股价向一个方向继续运动。同时，支撑线和压力线又有彻底阻止股价按原方向变动的可能。支撑和压力的角色不是一成不变的，它们可以相互转化。如图 7-8 所示。当然，前提是被有效的足够强大的价格变动所突破。

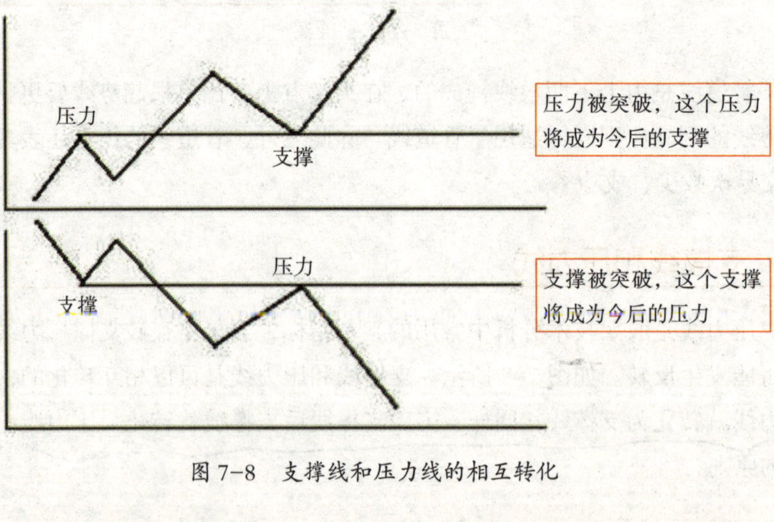

图 7-8 支撑线和压力线的相互转化

7.4 分析3：利用形态技术分析

形态分析是技术分析领域中比较简明实用的分析方法，把股价走势中若干典型的形态作出归纳，并进行命名，其被分为反转形态和持续形态两大类。

7.4.1 反转形态

反转形态的图形表示股价的原有走势将要逆转，也就是将要改变原先的股价走势方向。例如，原来的上升趋势将变成下降趋势，或原来的下降趋势将变成上升趋势。反转形态的典型图形有双顶形、头肩形、直线形和V形等。下面主要介绍几种常见的反转形态。

1. V形与倒V形

V形与倒V形反转形态都是实战中比较常见的、力度极强的反转形态，往往出现在市场剧烈波动之时，在价格底部或者顶部区域只出现一次低点或高点，随后就改变原来的运行趋势，股价呈现出相反方向的剧烈变动。如图7-9所示。

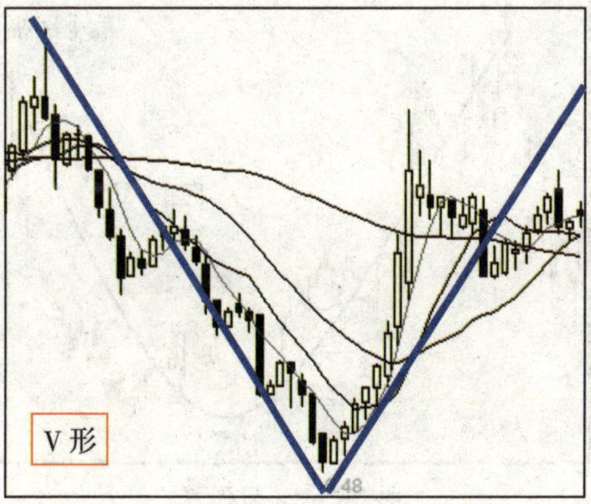

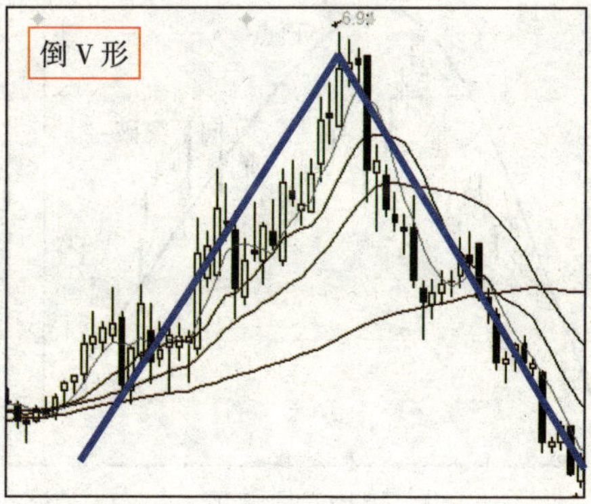

图7-9 V形与倒V形

V形反转形态是指股价先一路下跌，随后一路攀升，底部为尖底，在图形上就像英文字母V一样；倒V形是指股价先一路上涨，随后一路下跌，头部为尖顶。

V形与倒V形没有明确的买卖点。V形最佳买点是低位放量跌不下去回升初期，或是放量大阳的转势时；倒V形卖点是高位放量涨不动回落初期，或是高位放量大阴转势时。

2. 圆弧顶与圆弧底形

圆弧顶与圆弧底是两种常见的反转形态，投资者及市场分析人士均相当重视对其研判，在头肩形反转形态中，股价起伏波动较大，反映多空双方争斗激烈；在突破颈线后，形态成立。而圆弧顶及圆弧底形态是渐进的过程，市场多空双方势均力敌，交替获胜，使股价维持一段较长时间的盘局，最终才会出现向上或向下的反转行情。

（1）圆弧顶： 圆弧顶是指股价或股指呈现圆顶走势，当股价到达高点之后，涨势趋缓，随后逐渐下滑，是见顶图形，这预示后市即将下跌。整个形态完成耗时较长，常与其他形态复合出现，市场在经过初期买方力量略强于卖方力量的进二退一式的波段涨升后，买力减弱，而卖方力量却不断加强；中期时，多空双方力量均衡，此时股价波幅很小，而后期卖方力量超过买方，股价回落，当向下突破颈线时，就将出现快速下跌。如图 7–10 所示。

（2）圆弧底： 圆弧底是指呈圆弧状的一种底部反转上攻形态，也称碗形，股价多处于低位区域。与潜伏底相似之处在于，交投清淡，耗时几个月甚至更久，体现弱势行情典型特征，是在跌市中，投资者信心极度匮乏在技术走势上的体现。这时空方的能量也基本释放完毕，但由于前期下跌杀伤力强，短时间内买方也难以汇集买气，无法快速脱离底部上涨，只有长期停留在底部休整，以时间换空间，慢慢恢复元气，价格陷入胶着，振幅很小，此时便会形成圆弧底形态。如图 7–11 所示。

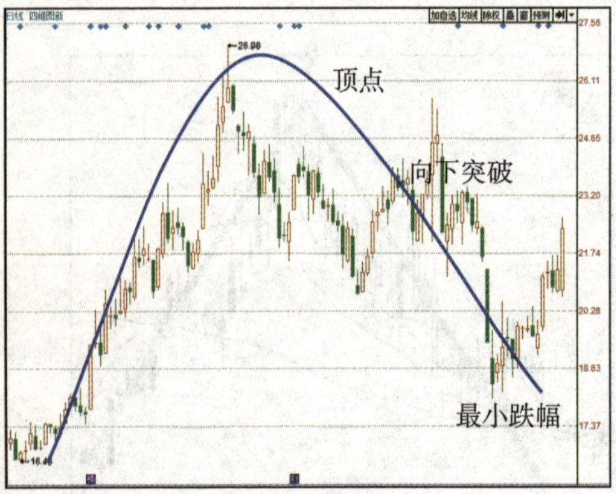

图 7–10　圆弧顶

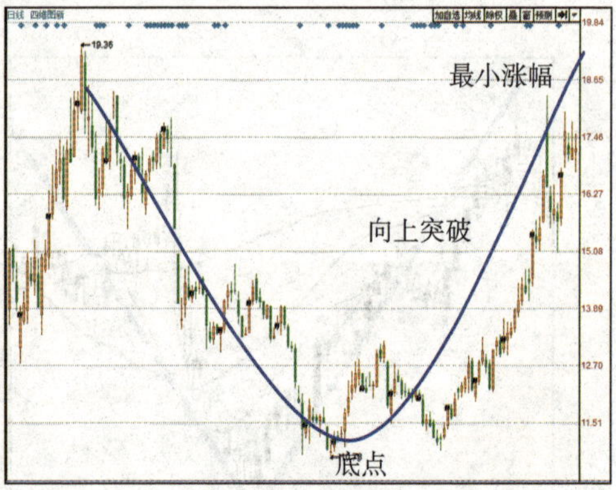

图 7–11　圆弧底

3. 双重顶与双重底形

K 线组合中有两个特殊的反转形态，即双重顶（M 头或双头，如图 7–12 所示）和双重底（W 底或双底，如图 7–13 所示）。它们在我国的股市中出现的次数较多，影响较大。其中 M 头提示后市有见顶可能，是股价即将下跌的信号。而 W 底正好相反，是一种预示股价即将涨升的形态。

无论 M 头或 W 底最终都以突破颈线作为有效的标志。熊眼看市处处是顶，怎么看都是一个个 M 头，任何一次反弹都是出货的良机；而牛眼看市则处处是底，怎么看都是 W 底，任何时候回调都是买入的时机。正确识别双顶和双底形态极为关键。

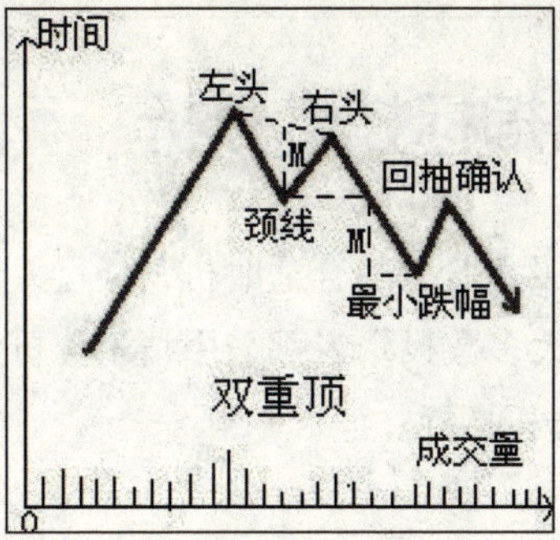

图 7-12 双重顶

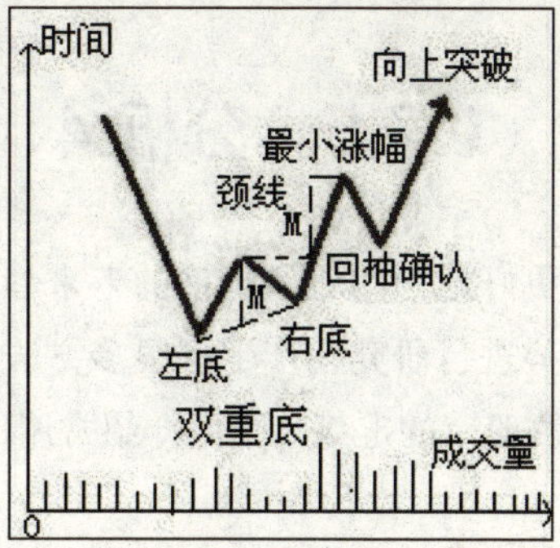

图 7-13 双重底

7.4.2 持续形态

持续形态指的是单边趋势（下跌或者上涨）在运行过程中出现暂时性的休整。股价经过阶段性的蓄势休整之后，又重新回归到原有的趋势。如图 7-14 所示。

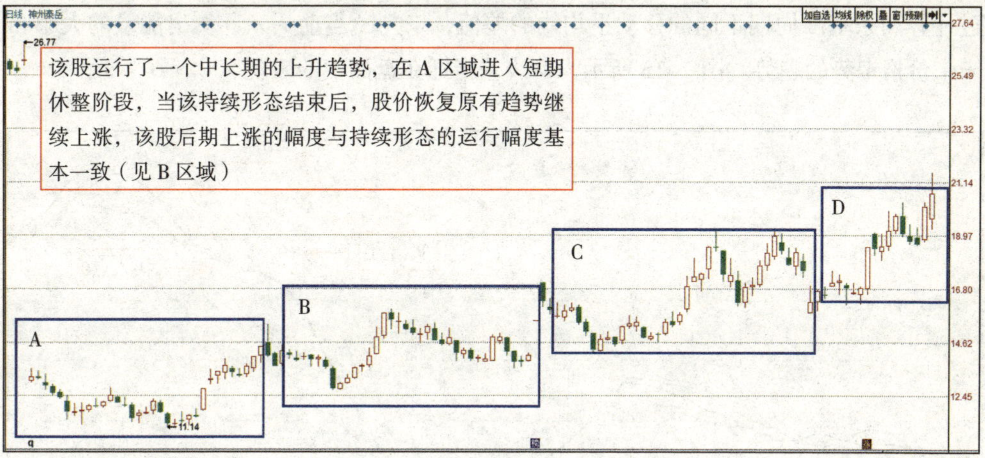

图 7-14 持续形态

持续形态主要分为以下 6 种：三角形形态、矩形形态、旗形形态、楔形形态、头肩底形态、不规则形态等。不论是什么类型的持续形态，只要了解它的特征、量价关系、价格测量空间等，就可以对其进行适当的操作，笔者就不做一一的阐述。

持续形态是操作中最有把握产生交易机会的，因为持续形态本身体现的是顺势操作的精髓，同时通过中继形态的自身风险控制功能，投资者可以很轻松地将交易风险控制在有限的范围内，同时也能通过中继形态产生合理的最小目标预测，如果再配合均线、趋势线等技术手段的辅助，交易成功率可以达到很高的境地。

7.5 分析 4：利用指标技术分析

为了更好地预测股票价格的未来趋势以及买卖股票的合适时机，经过人们不断地对股价走势进行研究，产生了很多方法。现在大多数投资者都采用技术分析和基本分析法来预测股市的走势。下面介绍常用的技术分析指标。

7.5.1 均线

均线全称为移动平均线（MA），它是以道 · 琼斯的“平均成本概念”为理论基础，采用统计学中“移动平均”的原理，将一段时期内的股票价格平均值连成曲线，用来显示股价的历史波动情况，进而反映股价指数未来发展趋势的技术分析方法。

均线差指标（DMA）属于趋向类指标，也是一种趋势分析指标。DMA 是依据快慢两条移动平均线的差值情况来分析价格趋势的一种技术分析指标。均线差指标主要通过计算两条基准周期不同的移动平均线的差值，来判断当前买入、卖出能量的大小和未来价格走势的趋势。图 7-15 所示为均线差指标在盘面中的表现。

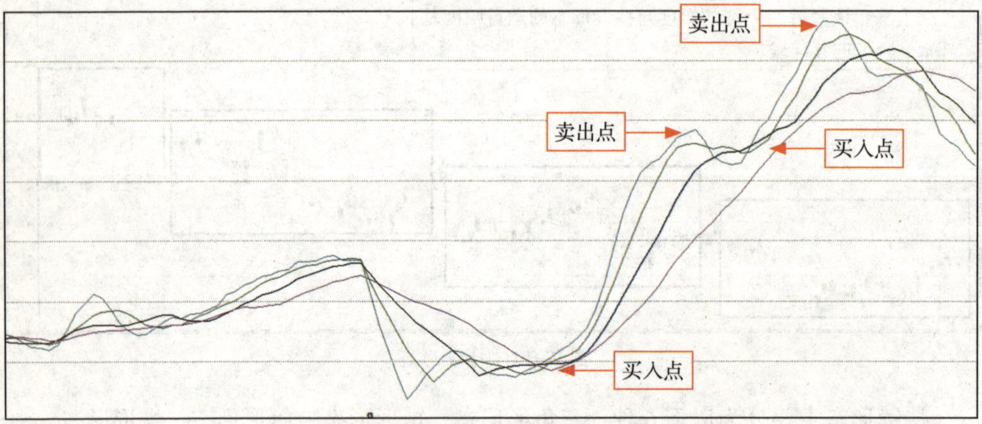

图 7-15　均线差指标（DMA）

均线差指标的计算公式为：DMA = 短期平均值 - 长期平均值，AMA = 短期平均值。以求 5 日、10 日为基准周期的 DMA 指标为例，其计算过程为：DMA（5）= 5 日平均值 -10 日平均值，AMA（10）=5 日平均值。

均线差指标的原则是当实线向上交叉虚线时为买进点，当实线向下交叉虚线时为卖出点。针对这个规律，投资者可以得到当实线从高位两次向下交叉虚线时，则股价下跌幅度可能会比较深；当实线从低位两次向上交叉虚线时，则股价上涨幅度可能比较大。

7.5.2 KDJ 指标

随机指标（KDJ）是由乔治·莱恩（George·Lane）首创的，它是通过当日或最近几日最高价、最低价及收盘价等价格波动的波幅反映价格趋势的强弱。

KDJ 指标有 3 条曲线，分别是 K 线、D 线和 J 线。如图 7–16 所示。其中，K、D 和 J 值的取值范围都是 0 ~ 100。当 K、D、J 的值在 20 线以下为超卖区，视为买入信号；当 K、D、J 的值在 80 线以上为超买区，视为卖出信号；当 K、D、J 的值在 20 ~ 80 线之间为徘徊区，投资者应观望。

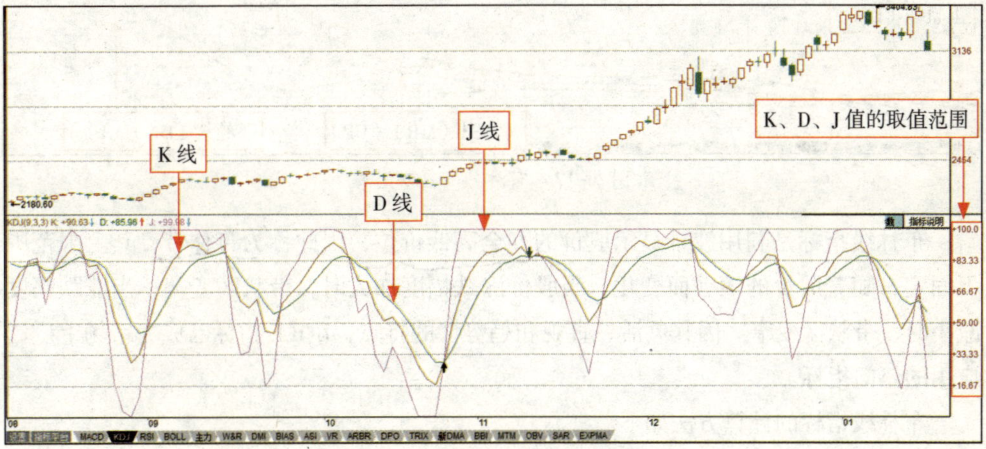

图 7–16 随机指标（KDJ）

随机指标 KDJ 是以最高价、最低价及收盘价为基本数据进行计算的，得出的 K 值、D 值和 J 值分别在指标的坐标上形成一个点，连接无数个这样的点位，就形成一个完整的、能反映价格波动趋势的 KDJ 指标。

随机指标的计算公式和理论是在先前产生的未成熟的随机值 RSV 基础上得来的。n 日的 RSV =（Ct – Ln）÷（Hn–Ln）×100，其中，公式中的 Ct 是指当天的收盘价，Hn 和 Ln 是指最近 n 日内出现的最高价和最低价，包括当天。

将 RSV 数值进行指数平滑处理，就可以得到 K 值：今日 K 值 = 2/3× 昨日 K 值 + 1/3 今日 RSV 值，其中，公式中的 1/3 是平滑因子，是可以人为选择的。对 K 值进行指数平滑，得到 D 值。

7.5.3 BOLL 指标

布林线（BOLL）由约翰·布林（John·Bollingcr）创造，是利用统计学原理，求出股价的标准差及其信赖区间，从而确定股价的波动范围以及未来走势。图 7–17 所示为布林线在盘面中的表现。

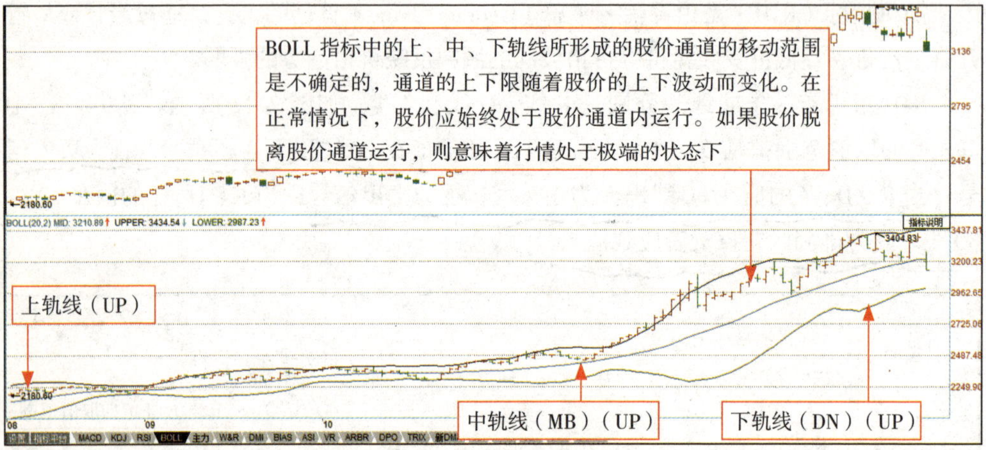

图 7–17　布林线（BOLL）

布林线指标是利用波带显示股价的安全高低价位，因此称为布林带，其上限范围不固定，随着股价的滚动而变化。当股价涨跌幅度加大时，带状区变宽；当涨跌幅度减小时，带状区变窄。因其灵活、直观和趋势性的特点，BOLL 指标已成为市场上广泛应用的热门指标。

布林线指标的计算方法如下。

- 中轨线 = n 日的移动平均线 = MA（n）
- 上轨线 = 中轨线 + 两倍的标准差
- 下轨线 = 中轨线 – 两倍的标准差
- MA（n） = n 日内的收盘价之和 /n
- 标准差（MD） = 平方根 n 日的（C – MA）的两次方之和除以 n

在 BOLL 指标中，股价通道的上下轨是显示股价安全运行的最高价位和最低价位。上轨线、中轨线和下轨线都可以对股价的运行起到支撑作用，而上轨线和中轨线有时则会对股价的运行起到压力作用。当布林线的上、中、下轨线几乎同时处于水平方向横向运行时，则要看股价目前的走势处于什么样的情况来判断。

7.5.4　MACD 指标

平滑异同移动平均线（MACD）是从双移动平均线得来的，由快的移动平均线减去慢的移动平均线计算而来。MACD 比单纯分析双移动平均线的差阅读起来方便快捷。图 7–18 所示为平滑异同移动平均数在盘面中的表现形式。

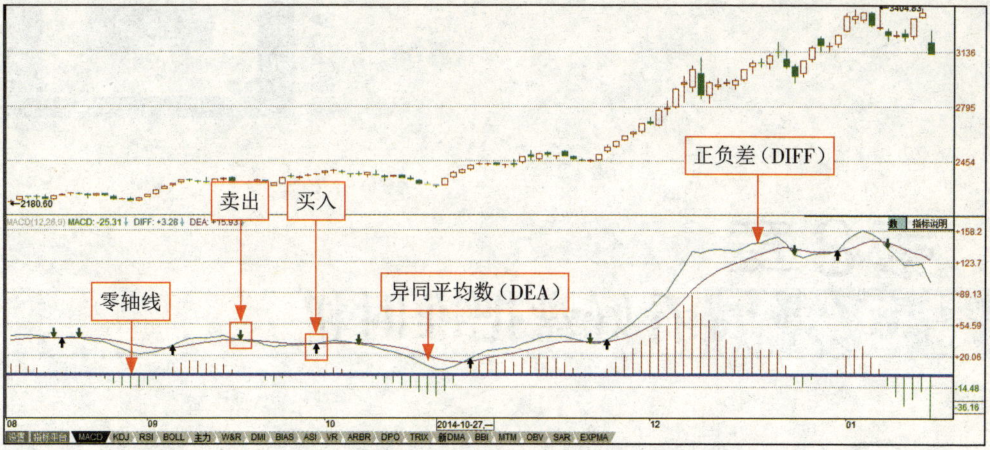

图 7-18　平滑异同移动平均线 (MACD)

MACD 由正负差（DIFF）和异同平均数（DEA）两部分组成。

（1）正负差（DIFF）。DIFF 是快速平滑移动平均线与慢速平滑移动平均线的差，快速和慢速的区别是进行指数平滑时采用的参数的大小不同，短期的移动平均线是快速的，长期的移动平均线是慢速的。

（2）异同平均数（DEA）。DEA 作为辅助是 DIFF 的移动平均，也就是连续的 DIFF 的算术平均。

- 当 DIFF 向上突破 DEA 时是买入信号。
- DIFF 向下跌破 DEA 时只能认为是回档，作获利了结。
- DIFF 和 DEA 均为正值时，属于多头市场。
- DIFF 和 DEA 均为负值时，为空头市场。
- DIFF 向下突破 DEA 时是卖出信号。
- DIFF 向上突破 DEA 时只能认为是反弹。

专家提醒

在绘制的图形上，DIFF 与 DEA 形成了两条快慢移动平均线，买进卖出信号也就决定于这两条线的交叉点。很明显，周 K 线 MACD 指标对中长线转折的判断的准确性较高，可以作为中长线投资者的首选参考指标。

CHAPTER

第8章 盘口分析 看好盘把准时机

学前提示

对于每一位长期涉足股市投资的股民来说，学会如何看盘、掌握看盘的基本方法和各种看盘技巧是一门极其重要的必修课。正确地看盘可以提高股价行情趋势预测的准确性，从而直接影响投资者投资成功或失败。

要点展示

- 新手看盘入门
- 分析 1：盘口内容分析
- 分析 2：重要时间段分析
- 分析 3：特殊现象分析
- 分析 4：剖析各种分时盘面

8.1 新手看盘入门

俗话说："不要用分析的角度操盘，而要以操盘的角度分析。"由此，投资者在掌握了相应的技术分析知识后，可以把这些知识应用到盘面中进行操作分析，即通过股票分析软件来查看大盘各种数据，从而进行股票交易。

8.1.1 学会看证券营业部的大盘

大多数证券公司都在其营业大厅的墙上挂有大型彩色显示屏幕，即我们平常所说的大盘。大部分营业部的显示屏，都用不同的颜色来表示股票的价格和前一天的收盘价相比是涨还是跌。如图 8-1 所示。

图 8-1 证券公司营业部的大盘

大盘一般指综合指数，也称大盘指数。大盘指数包括沪市的"上证综合指数"和深圳的"深证成分股指数"。通常情况下，股民把整个股市总的行情称为大盘。影响股市行情的所有因素最终都会在盘面上得到体现，所以盘面是股市行情变化最真实的反映。

8.1.2 大盘开盘走势分析

俗话说："一日之计在于晨。"在股市中，开盘后的股价走势对全天的影响也非常重要。所谓开盘指的并不是一个点，而是一段时间的走势。由于开盘价是由集合竞价产生的，所以其受到各种意外因素的影响比较大。集合竞价具有重要的定性作用，它从总体上反映了多空双方或做多或做空或不做的倾向，由此可以了解多空的基本意愿。在具体操作中，主要是与昨日集合竞价和收盘价相比，看开盘高低和量能变化。

因此，在开盘后一段时间内，股价会对不均衡的开盘价进行一段时间的修正，从而进入一个均衡时期。这一段时间大概就是上午 9：30 ~ 10：00 这半小时内的走势，而观察开盘的重点也集中在这半小时内。

大盘指数即时分时图由买盘比率、卖盘比率、加权指标和不加权指标共 4 个部分组成。如图 8-2 所示，正是 2015 年 1 月 19 日上证指数的大盘分时图。

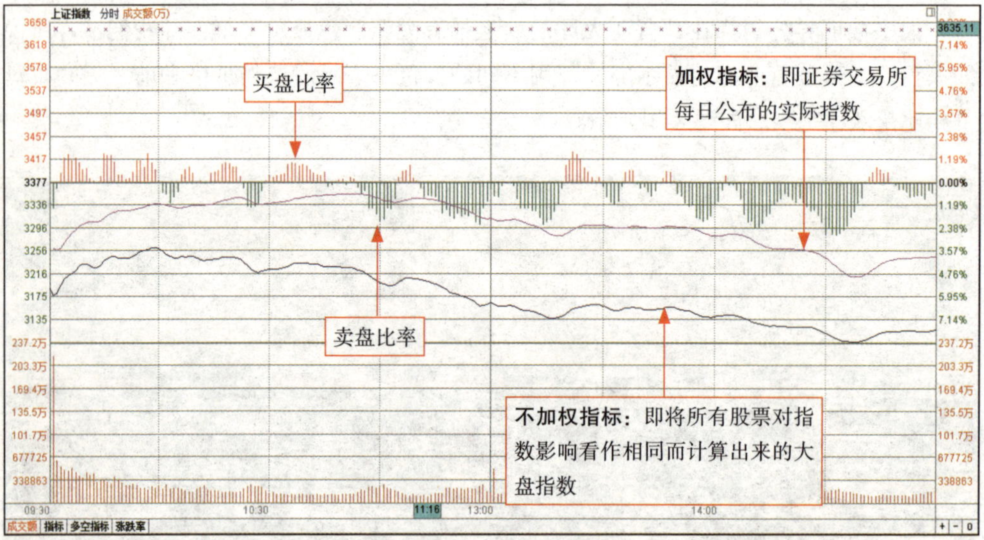

图 8-2 上证指数的大盘分时图

专家提醒

红绿柱线是股票买盘和卖盘的比率：红线柱增长，表示买盘大于卖盘，指数将逐渐上涨；红线柱缩短，表示卖盘大于买盘，指数将逐渐下跌。绿线柱增长，指数下跌量增加；绿线柱缩短，指数下跌量减少。

大盘的盘面反映出来的信息非常多，但投资者不必紧盯着价格变动，看盘不是看“价”，而是看“势”。价格只是一个表面现象，投资者需要从各种表面现象中找到股票的走势，从中阅读对自己有价值的信息。

8.1.3 内盘外盘的含义

股票软件一般都有外盘和内盘信息。打开个股实时走势图，在窗口的右边就会显示个股的外盘和内盘情况，如图 8-3 所示。投资者可以通过对比外盘和内盘的数量大小及比例，从中发现当前行情是主动性的买盘多还是主动性的卖盘多，这是一个较有效的短线指标。

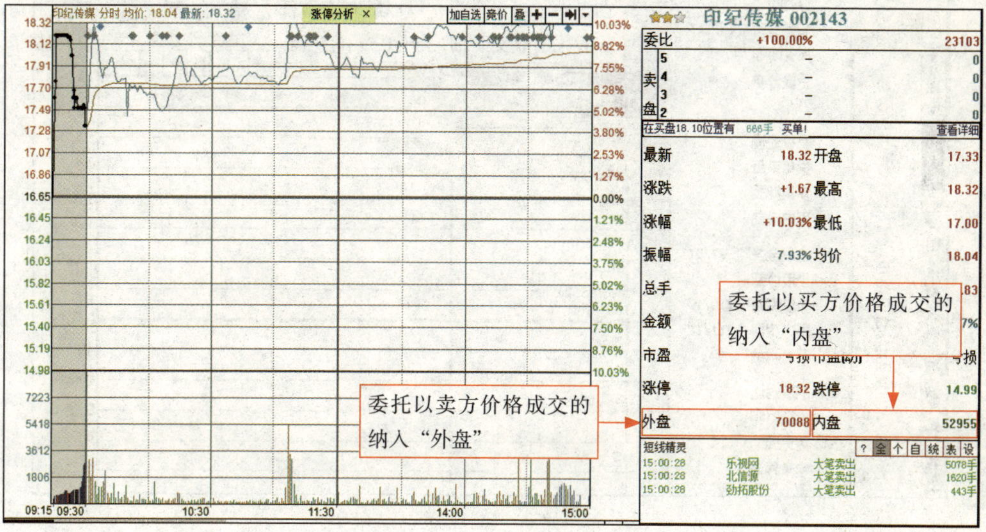

图 8-3 内盘外盘的含义

“外盘”和“内盘”相加即为成交量，分析时由于卖方成交的委托纳入“外盘”，如“外盘”很大意味着多数卖的价位都有人来接，显示买势强劲；而以买方成交的纳入“内盘”，如“内盘”过大，则意味着大多数的买入价都有人愿意卖，显示卖方力量较大；如内外盘大体相当，则买卖方力量相当。

专家提醒

投资者在使用外盘和内盘时，要注意结合股价在低位、中位和高位的成交情况及该股的总成交量情况进行观察。因为外盘、内盘的数量并不是在所有时间都有效，许多时候外盘大，股价并不一定上涨；内盘大，股价也并不一定下跌。

8.1.4 超级盘口使用方法

超级盘口，对于分析盘中买卖盘，有极其重要的作用，同时有利于每次的复盘。如果平时看盘时没有关注某个股，但是收盘后，发现该股不错，进而想对该股当天的盘口做一个分析，即可使用“超级盘口”功能完美地展示当天该股每一秒的成交情况。

步骤 1 打开同花顺炒股软件，单击菜单栏中的“分析”→“超级盘口”命令。如图 8-4 所示。

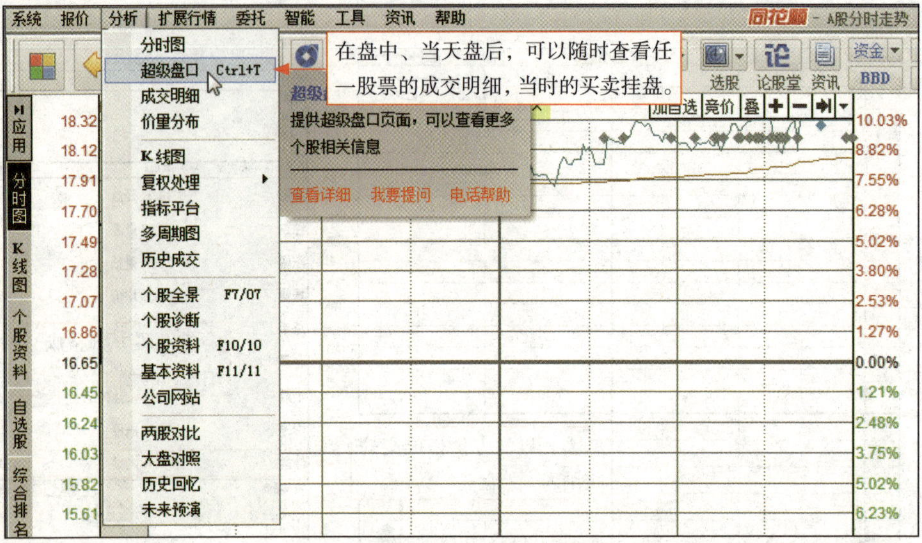

图 8-4 单击“超级盘口”命令

步骤 2 使用“超级盘口”后，客户端光标显示“蓝色”，此时可以通过移动鼠标，来查看当天任何时点的交易情况。如图 8-5 所示。

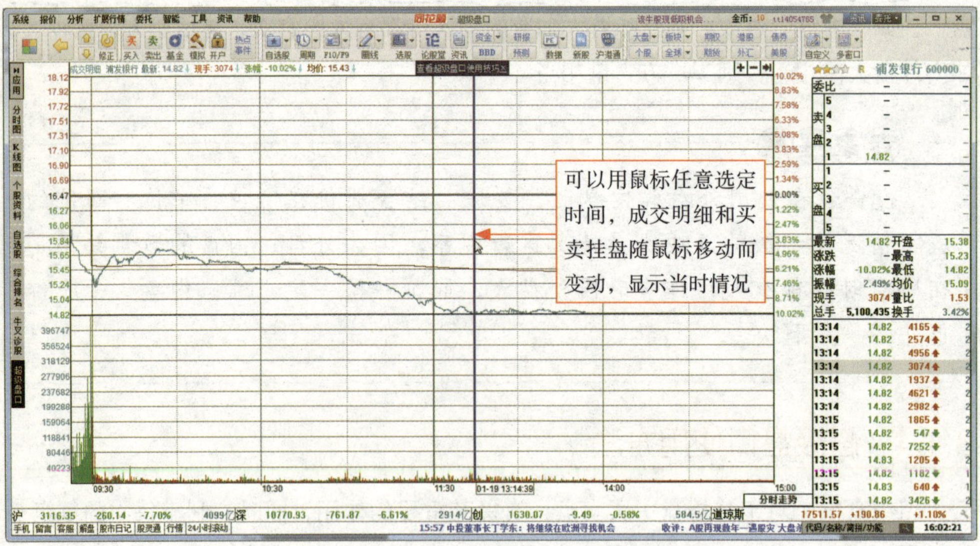

图 8-5 使用“超级盘口”功能

步骤 3 用户还可以将此功能与“智能”菜单里面的“历史回忆”功能结合起来使用，通过选择日期来全面重现历史上任意一天的盘中走势。

8.2 分析1：盘口内容分析

“盘口”是在股市交易过程中，看盘观察交易动向的俗称。学习盘口知识很重要，学会盘口分析，判断主力意图，有利于在股市中持续地盈利。

8.2.1 买盘和卖盘

实时盯盘的核心是观察买盘和卖盘，掌握买盘或者买盘的性质，就能先发制人。股市中的主力经常在此挂出巨量的买单或卖单，然后引导股价朝某一方向走，并时常利用盘口挂单技巧，引诱投资人作出错误的买卖决定。如图8-6所示。因此，注重盘口观察是实时盯盘的关键，而买卖队列功能可以更有效地帮助投资者发现主力的一举一动，从而更好地把握买卖时机。

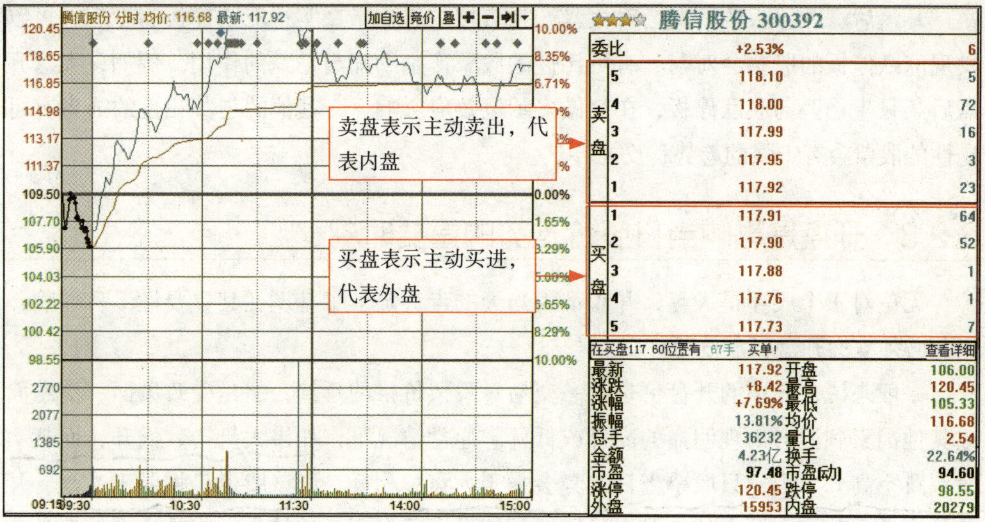

图8-6 买盘和卖盘

主动性买盘成交的为外盘，主动性卖盘成交的为内盘。其实内外盘并不能反映真正的买卖盘力量，成交的买盘量和成交的卖盘量一定是相等的，内外盘之和等于总的成交量。

8.2.2 关注开盘后股票涨跌停板情况

证券市场中交易当天股价的最高限度称为涨停板，涨停板时的股价叫涨停板价。投资者在看盘时，一定要关注开盘后股票涨跌停板情况。如图8-7所示。

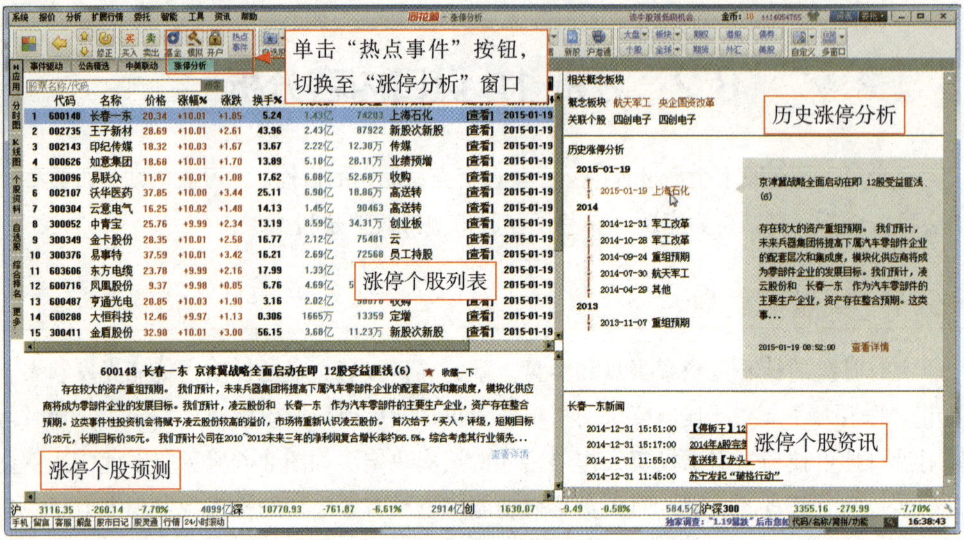

图 8-7　股票涨跌停板情况

开盘后涨跌停板的情况会对大盘产生直接的影响。在实行涨跌停板制度后，可以发现涨跌停板的股票会对与其有可比性的股票产生助涨与助跌的作用。例如，大盘开盘后某只生物医药股涨停板，在其做多示范效应影响下，其他的与其相近的或者有可比性的股票会有走强的趋势；反之亦然。

8.2.3　开盘是影响当日股价走势的重要时刻

无论对于个股还是大盘，开盘都为当天的走势定下了基调，其重要性不言而喻，因此必须掌握开盘看盘技巧。

一般来说，股票的开盘价是上一交易日股票价格的延续，但是受政策面、消息面或其他因素刺激会出现明显的高开或低开。通常情况下，如果大盘指数低开，而某一股票跳空高开，则这只股票当日走势会强于大盘；相反，则该股走势将弱于大盘。开盘价高低反映多空两方的气势力量，但是如果个股有资金的炒作，或是主力的控盘，也可能会为影响投资者的心理制造出与实际相反的假象。

例如，沪市的 9：15 ~ 9：30 为集合竞价时间，一些投资者常常忽视集合竞价对于大盘走势的影响力。事实上，集合竞价的意义在于按供求关系校正股价，可初步反映出价、量情况及大户进出动态。在无新股上市的情况下，集合竞价往往反映出市场对当天走向的看法。因此，投资者最好应将当天集合竞价的成交量记载下来，从集合竞价中发现大盘变化的趋势。如图 8-8 所示。

平开 ⇨ 表示市场与上一交易日收盘结果一致，暂时认同上一交易日的收盘价，多方和空方处在平衡状态中，没有明显的上攻和下跌的方向，主力机构的真实意图只有在盘中交易时才能表露出来

低开 ⇨ 表示当日大盘开盘指数低于前一天收盘指数，后面的走势要根据具体情况去分析，看是主力机构出货还是多方有意打压股价建仓或洗盘（制造股价疲软假象令意志不坚者放弃持股）。如果股价在底部（某一时段内相对低位）跳空低开，表示市场转暖，低开很可能是主力机构在建仓和洗盘，此时往往反而是抄底吸筹的良机

高开 ⇨ 表示当日开盘价高于前一交易日收盘价，说明人气旺盛，至于是否决定买入，还要看股价在中长期趋势的位置。如果股价处于底部，突然跳空高开，且幅度较大，表示有人抢筹码，这时应该果断地按照计划做多；如果股价高开过多，使前日买入者获利丰厚，则容易造成过重的获利回吐压力，此时就应谨慎行事

图 8-8 从集合竞价中发现大盘变化的趋势

8.3 分析 2：重要时间段分析

每个交易日交易时间有 4 个小时，可以将其分为开盘、中盘、尾盘 3 个阶段，并且每个阶段都有其相应的操作技巧。

8.3.1 开盘看盘技巧

开盘后半小时，即 9：30 ~ 10：00 为开盘时间。如表 8-1 所示。开盘价通常有高开、平开和低开 3 种情况，在大市上升途中或下降途中的高开或低开，一般有维持原趋势的意味，即上升时高开看好，下跌时低开看空。

表 8-1　　开盘后 30 分钟的走势

开盘时间	盘口特征	走势分析
9：30 ~ 9：40	此时是多空双方极为关注的时段，当然也是投资者最应留心的时段。这 10 分钟之所以重要，是因为此时参与交易的股民人数不多，盘中买卖量都不是很大，因此用不大的资金量即可达到目的，花钱少，效益大	开盘第一个 10 分钟的市场表现有助于正确地判断市场走势的强弱。 （1）**强势市场**：多方为了充分吸筹，开盘后会迫不及待地买进；而空方为了完成派发，也会故意拉高，于是造成开盘后的急速冲高。 （2）**弱势市场**：多方为了吃到便宜货，会在开盘时即向下打压，而空头也会不顾一切地抛售，造成开盘后的急速下跌

续表

开盘时间	盘口特征	走势分析
9：40 ~ 9：50	经过第一个 10 分钟的搏杀，开盘后第二个 10 分钟多空双方会进入休整阶段	这段时间是买入或卖出的一个转折点，一般会对原有趋势进行修正。 （1）如空方逼得太猛，多方会组织反击，抄底盘会大举介入。 （2）如果多方攻得太猛，空方也会予以反击，获利盘会积极回吐
9：50 ~ 10：00	随着交易者逐渐增多，多空双方经过前面的较量，互相摸底，第三个 10 分钟的买卖盘变得较实在，因此可信度较大	这段时间的走势基本上可成为全天走向的基础。投资者应充分关注这段时间量价的变化，为自己的决策做好准备

8.3.2 中盘看盘技巧

中盘时间是指上午 10：00 ~ 11：30 与下午 13：00 ~ 14：30，总计 3 个小时。经过开盘对前一天收盘及消息面的反映和调整后，股市进入中盘阶段，此时的看盘技巧如表 8-2 所示。

表 8-2　　中盘走势分析

大盘阶段	具体分析
多空搏斗阶段	开盘并进入中盘第一阶段时，多空双方已结束初步试探动作，要进行第一波争斗，这时投资者需要谨慎判断，不要轻易出手
多空决胜阶段	多空双方在经过了激烈的搏斗之后，胜负已逐渐明朗，如果多方获胜，就会把股价不断抬高，反之如果空方占优，那么股价将会持续走低
多空强化阶段	获胜一方将会乘胜追击，扩大战果，稳固胜利果实，盘中局面将出现一边倒

在中盘过程中，临近休盘和午后复盘承前启后，是应重点关注的时间段。上午休市前的走势一般具有指导意义，如大市处于升势，上午收于高点，表明人气旺盛，行情向好；反之如大市处于跌势，上午收于低点，表明人气低迷，行情向淡。

在下午复盘后的关注重点就在于，如果有投机性的投资者买盘进场，那么大盘走势可能会急剧冲高，即使出现回落也有向好趋势，可以借此机会买入。如果指数几乎不动，或者轻微上涨，幅度不大，那么可能是主力故意拉高以掩护出货。这时看盘，有一个问题十分重要，就是要把休盘前和复盘后的走势作为研判下午走势的一个整体，相互印证。

总之，中盘就是多空双方进行博弈的一个战场，所以要密切注意观察，根据实际情况，合理选择最好的时机，进行短线盈利。

8.3.3 尾盘看盘技巧

尾盘不仅对当日多空双方交战起到总结作用，而且还决定次日的开盘，所以，股票市场波动最大时间段是在临收市半小时左右，此时股价常常异动，是主力取巧操作的典型手法。

尾盘的重要性，在于它是一种承前启后的特殊位置，既能回顾前市，又可预测后市，可见其在操作中的地位重要性非同小可，因此尾盘效应需要投资者格外重视。尾盘比较常见且具有较高分析研判价值的走势主要有两种，即“尾盘拉高”和“尾盘跳水”。如图8-9所示。

- 尾盘拉高
  - **特征**：股价在临近收市前的较短时间内，突然出现一波放量的极速拉升，在K线图上画出一根放量上涨的大阳线或使得该股在当日出现上涨
  - **分析**：如果个股处于历史高位附近，投资者应谨慎对待，随时准备卖出；如果个股处于历史低位，且涨幅不大，投资者则可以实施追涨操作
- 尾盘跳水
  - **特征**：股价全天走势比较平稳，但在临近收市前的30分钟或45分钟内，突然出现大幅下跌行情，股指在快速下跌中，成交量也有所放大，显示市场带有一定的恐慌性抛售成分
  - **分析**：投资者需要研判行情是否属于空头陷阱，可以从消息面、资金面、宏观基本面和市场人气等方面进行分析和研判

图8-9 尾盘看盘技巧

投资者需要注意的是，尾盘只是全天股市走势的一部分，仅仅根据尾市看盘作出决策是有局限性的：一方面，盘面的变化是否有消息影响无法确定，跟风出错难免造成亏损；另外，过于看重尾市炒作技巧容易使人目光短浅，常常为蝇头小利而搏杀。因此，从尾盘走势得到的信息要和全天开盘、中盘得到的信息进行结合，并和大盘中长期走势结合起来，才能获得预期收益。

专家提醒

特殊尾盘的处理方法如下。

- 如果尾盘多方大力上攻，攻势太猛的状况下修正反弹，但临时又被空头故意打压，使大盘收于最低点，次日以平开或低开方式开盘，就意味着仍是一个下跌走势。
- 如果尾盘形成明显趋势，而且最后10分钟放量上涨，说明短线资金入市，次日应以高开方式开盘后，空方的卖盘便将于趋势之中打压。

8.4 分析 3：特殊现象分析

要追求大资金大赚，就要发现趋势并引导趋势；要稳健地赚，就要控制对手，并击败对手盘，也就是操盘。因此，学会观察盘口特殊动向是股民应掌握的技巧。

8.4.1 通过上压板和下托板看主力意图

大量的委卖盘挂单俗称上压板，大量的委买盘挂单俗称下托板。无论上压还是下托，其目的都是为了操纵股价，诱人跟风，且股票处于不同价区时，其作用是不同的。如图 8-10 所示。

上压板 ⇨

- ✧ 当股价处于刚启动不久的中低价区时，主动性买盘较多，盘中出现了下托板，往往预示着主力做多意图，可考虑介入跟着主力追势。
- ✧ 若出现了上压板而股价却不跌反涨，则主力压盘吸货的可能性偏大，往往是大幅涨升的先兆

下托板 ⇨

- ✧ 当股价升幅已大且处于高价区时，盘中出现了下托板，但走势却是价滞量增，此时要留神主力诱多出货
- ✧ 若此时上压板较多，且上涨无量时，则往往预示顶部即将出现，股价下跌

图 8-10 通过上压板和下托板看主力意图

很多时候，大资金时常利用盘口挂单技巧，引诱投资人作出错误的买卖决定，委买卖盘常失去原有意义。例如有时刻意挂出大的卖盘动摇持股者的信心，但股价反而上涨，充分显示主力刻意示弱、欲盖弥彰的意图。因此，注重盘口是关键，这将使投资者有效地发现主力的一举一动，从而更好地把握买卖时机。

8.4.2 连续出现的单向大买卖单

在研判与识别主力的动向时，通常都会关注成交量、换手率这两个重要概念，并且这一点已日益为越来越多的投资者所掌握。如果盘口出现连续的单向大买单，这肯定是主力的行为，中小投资者是做不到的，而大户也大多不会如此轻易买卖股票而滥用自己的钱。这些操作可能会诱导投资者作出错误的买卖活动，达成主力建仓或者出货的目的。大买单出现，主力可能会有两种意图。如图 8-11 所示。

出现大买单	✧ 在下降行情的末期，主力大买单吸筹建仓 ✧ 在上涨一段时间后出现，主力拉升股价，吸引股民买入股票，达到主力出货的目的，这种大买卖单并不一定能够成交
出现大卖单	✧ 如果在上涨途中出现大卖单，这很可能是主力的洗盘行为，将跟风的股民洗出局，然后快速拉升股价 ✧ 如果是在行情末期出现大卖单，这是主力在打压式出货，这种出货方式凶狠并且快速

图 8-11　连续出现的单向大买卖单的分析

大买单数量以整数居多，但也可能是零数，但不管怎样都说明有大资金在活动。大单相对挂单较小且并不因此成交量有大幅改变，一般多为主力对敲所致。成交稀少的较为明显，此时应是处于吸货末期，进行最后打压吸货之时。大单相对挂单较大且成交量有大幅改变，是主力积极活动的征兆。如果涨跌相对温和，一般多为主力逐步增减仓所致。

8.4.3　扫盘与隐性买卖盘

在涨势中常有大单从天而降，将卖盘挂单连续悉数吞噬，即称扫盘。在股价刚刚形成多头排列且涨势初起之际，若发现有大单一下子连续地横扫了多笔卖盘时，则预示主力正大举进场建仓，此时是投资人跟进的绝好时机。

在 L2 行情（上海证券交易所发布的高速行情）中，委卖额用蓝线表示，委买额用红线表示。广义的扫盘在委托额图表里表现为蓝线的迅速下降。它的市场涵义是在上方的委卖额被资金在短时间内迅速“吃掉”。

在买卖成交中，有的价位并未在委买卖挂单中出现，却在成交一栏里出现了，这就是隐性买卖盘，其中经常蕴涵主力的踪迹。单向整数连续隐性买单的出现，而挂盘并无明显变化，一般多为主力拉升初期的试盘动作或派发初期激活追涨跟风盘的启动盘口。

专家提醒

一般来说，上有压板，而出现大量隐性主动性买盘（特别是大手笔），股价不跌，则是大幅上涨的先兆。下有托板，而出现大量隐性主动性卖盘，则往往是主力出货的迹象。

8.4.4　无征兆的大单

一般无征兆的大单多为主力对股价运行状态实施干预所致，如果是连续大单个股，现行运作状态有可能被改变。如不连续，也不排除是资金大的个人大户或小机构所为，其实际判断意义不大。

能不能抓住这种机会关键取决于两个方面，如图 8-12 所示。其实，股市里的操作方法很多，并不是只有简单基本面分析和技术分析，操作手段有时更加重要。

投资者有没有赚钱的能力 ⇨ 股市是一种高智商的熟练工游戏，很多方面与棋类运动员非常相近，如果没有一定的天赋和不断的实践，很难在非强势市场获得较高收益

投资者有没有赚钱的欲望 ⇨ 普通人在一生中发挥的能量只是其潜能的一小部分，主要是因为大多数人缺乏开拓能量的动力和欲望

图 8-12 抓住投资机会的关键

专家提醒

当股价处于低位，买单盘口中出现层层大买单，而卖单盘口只有零星小单，但突然盘中不时出现大单炸掉下方买单，然后又快速扫光上方抛单，此时可理解为“吸货震仓”。“吸货震仓”阶段是主力吸货＋出货阶段。通常，出货的目的有两个：洗盘拿筹码、摊低成本。此阶段的交易策略应灵活掌握，如是短暂洗盘，投资者可持股不动，如发现主力进行高位旗形整理洗盘，则洗盘过程一般要持续 11 ~ 14 个交易日，则最好先逢高出货，洗盘快结束时，再逢低进场不迟。

8.5 分析 4：剖析各种分时盘面

分时走势图不仅可以分析股票的买卖点，也可以预测股价短期内的走势，下面就来对几种经典的分时走势盘面进行分析。

8.5.1 低开分时走势盘面

低开分时走势盘面包括两种情况，分别是低开低走盘和低开高走盘。

1. 低开低走盘

低开低走是股市用语，是 K 线走势的一种形态。简单说就是：开盘价低于昨日收盘价，然后开始往下落，且在整个交易日中股价持续下跌，收盘时收盘价也低于昨日收盘价。在分时图中表现为左高右低的形态。如图 8-13 所示。

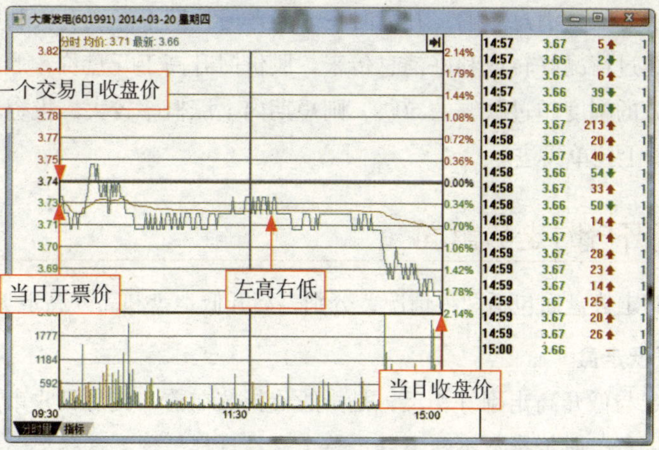

图 8-13 低开低走盘

根据低开低走分时出现的位置不同，可以将其分为两种情况，一种是低位低开低走分时图；另一种是高位低开低走分时图。

（1）低位低开低走：主力在洗盘或者试盘时期，股价阶段性的低位出现低开低走分时图，此时投资者可以继续观望。

（2）高位低开低走：股价阶段性的在高位出现低开低走形态，这种情况有可能是主力要出货了，此时投资者应谨慎操作。在高位股价低开低走通常表明下行力量或形成，持有的投资者可以适当减仓，短期内可能有下行的趋势。

2. 低开高走盘

低开高走简单说就是：开盘价低于上一交易日收盘价，而收盘时收盘价却高于上一交易日收盘价。在分时图上表现为成交价线和平均价线都形成左低右高震荡上升的曲线。如图 8-14 所示。

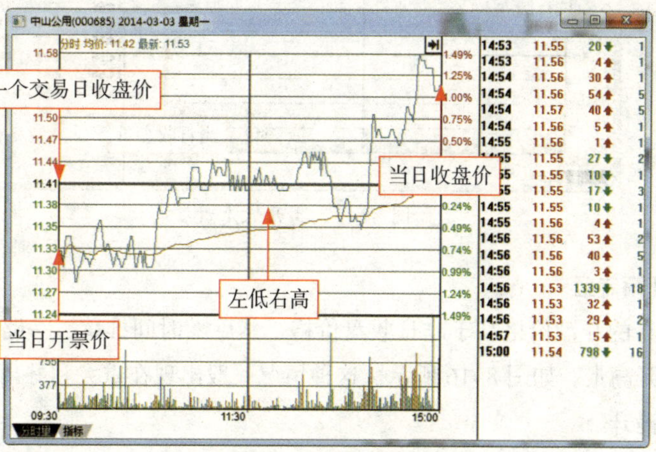

图 8-14 低开高走盘

由于股价容易受消息影响，开盘时在人们普遍预期不好或有大利空消息时开盘容易低开；但经过情况好转或利好消息传来，股价回升高于开盘价，形成低开高走。若个股探底回升的幅度超过跌幅的 50%，则短期内上涨概率较大，投资者可在上一个交易日的收盘价上挂单买进。

8.5.2 高开分时走势盘面

高开分时走势盘面包括两种情况，分别是高开低走盘和高开高走盘。

1. 高开低走盘

高开低走与低开高走刚好相反，是指股价指数在前一交易日收市点位以上开市，随着交易的进行，股价指数不断下跌，整个交易日都呈现下跌趋势，并且跌破上一个交易日的收盘价，在分时图上表现出左高右低震荡向下的曲线。如图 8-15 所示。

根据高开低走分时出现的位置不同，可以将其分为以下两种情况。

（1）低位高开低走：若股价在阶段性低位出现高开低走分时图，则股价继续下跌的空间有限，投资者可在此时采取逢低吸纳的投资策略。

（2）高位高开低走：若股价在阶段性高位出现高开低走分时图，则股价即将见顶，上涨的可能性不大，投资者可考虑在近期内逢高卖出。

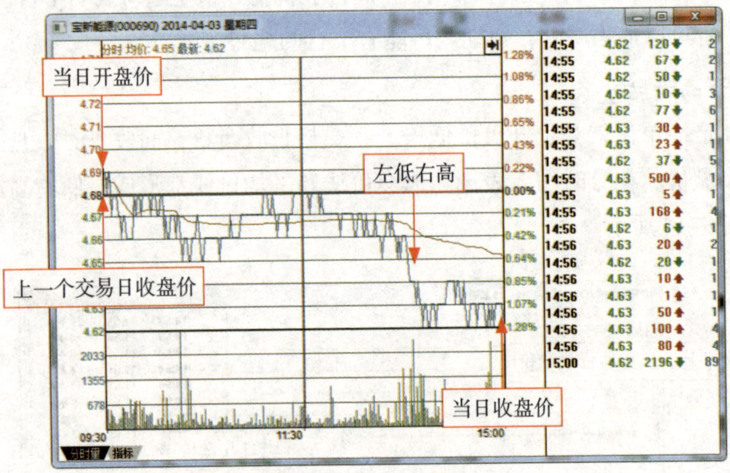

图 8-15　高开低走盘

2. 高开高走盘

当日交易的开盘价格高于昨日收盘价格，然后随时间推移，一路上扬，这种走势通常称为高开高走。如图 8-16 所示。这种情况一般出现在重大利好出台的情况下，市场信心大幅提升。

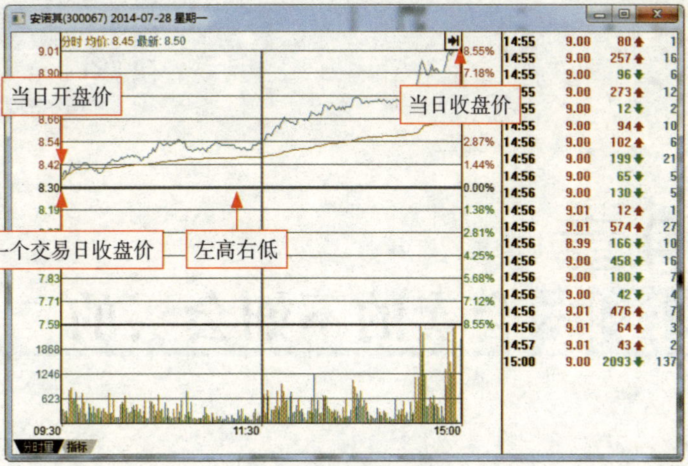

图 8-16　高开高走盘

根据高开高走分时出现的位置不同，可以将其分为以下两种情况。

（1）低位高开高走：如果股价在阶段性低位出现高开高走分时图，则主力诱空的嫌疑比较大，投资者可等待股价出现新低之后再进仓。

（2）高位高开高走：如果股价在阶段性高位出现高开高走分时图，则股价已经见顶，上涨的可能性不大，投资者需及时逢高卖出。

CHAPTER

第9章

识底抄底 会卖的不如会买的

学前提示

股票投资者都希望能在低位低价买入，所谓低位就是一个局部的底，能够找到并在这个底买入就称为抄底。股票抄底是指以某种估值指标衡量股价跌到最低点，尤其是短时间内大幅下跌时买入，预期股价将会很快反弹的操作策略。

要点展示

9.1 初识底部

根据股价底部的重要程度、跨越的时间长短，底部可分成短期底部、中期底部与长期底部，本节将分别进行介绍。

9.1.1 短期底部及特征

长期底部虽然最“肥”最“厚”，但出现的次数有限，往往数年难以遇到一次，中期底部出现的次数较多，但一般一年也能遇到一次。因此，投资者在日常操作中最常见的是短期底部，包括大盘的短期底部与个股的短期底部。短期底部具有两个显著特征。如图 9-1 所示。

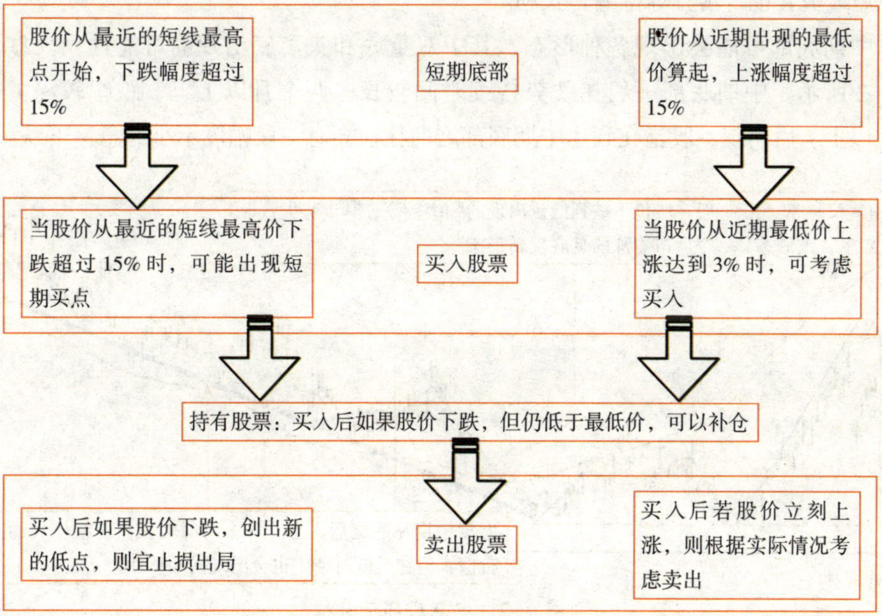

图 9-1 短期底部炒股技巧

投资者只要把握这种规律，便可长期跟踪部分股票，滚动操作，来回赚钱。由于个股的波动不会与大盘完全一致，即使大盘处在高位区，也会出现个股的短期底部，因此，把握短期底部的特征，并适时介入，有利于投资者享用“股市快餐”。

专家提醒

短期底部的炒股方法特别适合以下股票。

- 刚刚上市的新股。
- 刚刚被特殊处理的 ST 股。
- 因利空消息快速下跌的个股。
- 强势股上升途中的快速洗盘。

9.1.2 中期底部及特征

中期底部是由于股指经过长期下跌之后由于利好消息产生的时间较长、升幅较大的上升行情的转折点。中期底部是进场良机，底部一旦确立，中期将呈现稳步上扬态势，中线黑马往往借势展开主升浪行情，短线机会也将纷纷涌现，此时买股赢多输少，即使短线被套也可耐心等待解套获利。

中期底部可能会出现各种形态，其中双重底和头肩底出现的可能性稍大些。如图 9-2 所示。中期底部一般在跌势持续时间较长（两个月以上）、跌幅较深（下跌 25% 以上）后出现，股指在到达中期底部之前往往会有一段幅度不小的急速下跌。

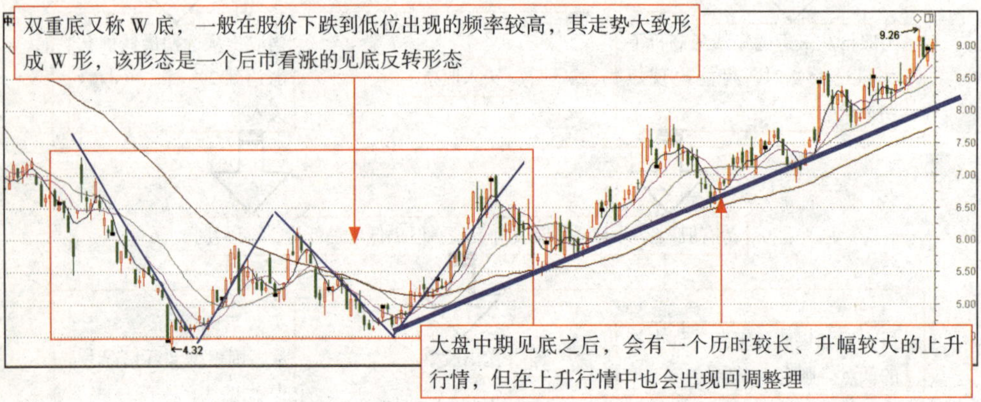

图 9-2 中期底部及特征

从市场见底的过程来看，往往是先突破“心理底”、再去寻找“估值底”、接着出现“政策底”，最后才会诞生“市场底”。大盘中期见底之后的上升过程中，市场人士会把这一行情当作一轮多头市场的开始，而这种想法往往能使中级行情演变为一场大行情。

9.1.3 长期底部及特征

大多数个股的长期底部和大盘的走势是一致的，如果大市不好，个股也难有作为。

当然也有不少逆市而动的个股，长线投资者在介入处于底部的个股时也应考虑整个大盘的状况，更好地规避风险。

当股价经过长时间和大幅度的下跌后，空方力量逐渐衰竭，下跌动力明显不足，此时，股价开始在一定幅度的价位区内横向波动，成交量显著萎缩，多空力量在悄悄地发生转化。虽然有些先知先觉的投资者、主力机构不动声色地吸筹建仓，但此时成交并不活跃，股市仍然低迷不振，这是黎明前的黑暗，中长期底部就在眼前。如图9-3所示。

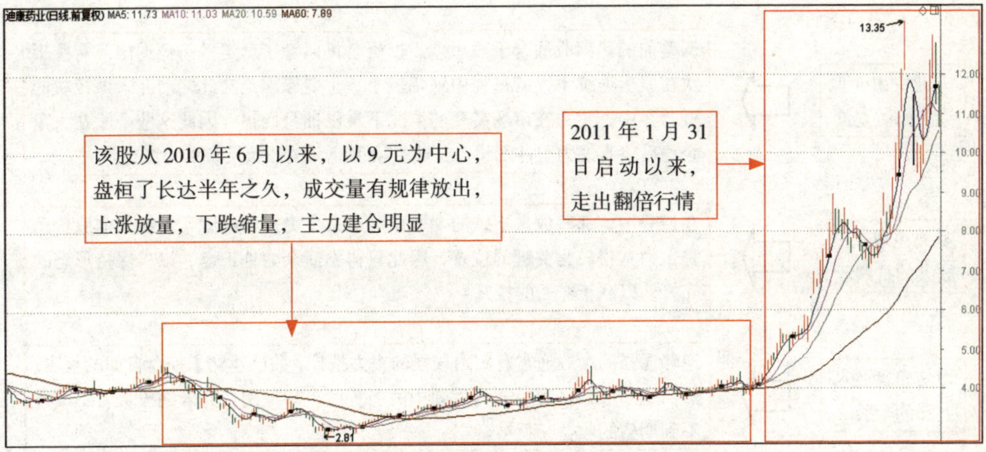

图9-3 长期底部趋势分析

由此可见，中长期底部一般具有以下特征。

（1）前期有明显下跌趋势。中长期底部区总是在股价经过大幅下跌之后形成，亦即形成底部之前必须有明显的下跌趋势，否则就谈不上底部。下跌幅度越深、时间越长，后市上升的空间就越大、持续的时间就越长。

（2）低位横盘时间较长。个股中长期底部横盘持续的时间较长，且成交量极度萎缩。主力为了在低位吸到足够的廉价筹码，往往故意让股指在低位横盘，使构筑底部的时间延长。

（3）投资者被深深牢套。大市处于中期或长期底部往往很少有获利盘，此时，投资者对个股失去了信心，媒体和股评人士一片看空之声，利空传言满天飞，人为制造恐慌气氛，可是股价却跌不下去了。

（4）市场聚集反转的能量。多项技术指标处于严重超卖区域或底背离状态，技术上已经具备了反转的条件。最后下跌的板块往往是绩优股和指标股。此时，做中长线的投资者也不再看好个股而纷纷抛售绩优股，主力机构也打压指标股，致使大盘深幅下跌。至此，从大盘股到中小盘股，从垃圾股到绩优股，该下跌的板块通通都跌到无可再跌了，形成反转趋势。

9.1.4 抄底注意事项

股票价格上涨后赚钱的机会大概分为两类，一类是上市公司逐渐成长起来的，另一类是股价下跌跌出来的。目前，投资者主要获利机会在于“跌出来”，众多股票投资机会都属于后者，即所谓的“抄底”。

但是，投资者要通过抄底在“混水中觅得真金”，不仅需要“火眼金睛”，同时也要注意操作节奏的把握。如图 9-4 所示。

注意事项	说明
快进快出、低买高抛做差价	调整前的热门股适合于做短差，投资者可以赚了就走，迅速退出。有些板块在股指连续下挫的过程中跌幅较小，主要原因是在此之前介入该板块的资金集中，主力在市场突变的情况下难以抽身而出，因此这些个股在大盘企稳后将有发力上冲的机会，越是换手充分的股票反跳的力度也最大
多关注成交量放大的抗跌股	在逆势中，那些放量不跌的个股中明显有主力护盘的因素，在目前股价已是主力觉得较为关键的位置，因此只得不遗余力地护盘，以求保持形态的完好，以利于今后的拉升
切勿贪恋逆势上涨的个股	逆势逞强的个股通常有实力较强的主力把控，并已达到了控盘自如的程度。然而这些股票却容易成为反弹中的弱势股，导致匆忙介入的投资者不仅得不到期望的收益，反被套牢

图 9-4　抄底注意事项

9.2 技巧 1：利用 K 线和均线

技术分析的 4 要素是量、价、时、空。在实际的投资过程中，价格是投资者最看重的，也是股市中最敏感的话题。价格有很多表现形式，最直接的就是通过 K 线分析。而均线，表示的则是股价的运行趋势。长期均线表示长期趋势，中期均线表示中期趋势，同样，短期均线表现短期趋势。本节将介绍利用 K 线和均线抄底的技巧，以帮助投资者明确价格分析的要点和难点。

9.2.1 利用 K 线

K 线形态分为转折形态与中继形态两种。表示转折的形态有头肩底（顶）、W 底、M 头、圆弧底（顶）等。表示中继的形态有三角型、矩型（箱体）、喇叭型等。转折形态在趋势的底部与顶部出现，而中继形态则是在行情运行过程中出现的。因此，想要抄底进入的投资者必须掌握转折形态的 K 线图。

转折形态通常出现在行情的底部和顶部，用于预示股价走势将发生逆转。如图9-5所示，为头肩底转折形态。

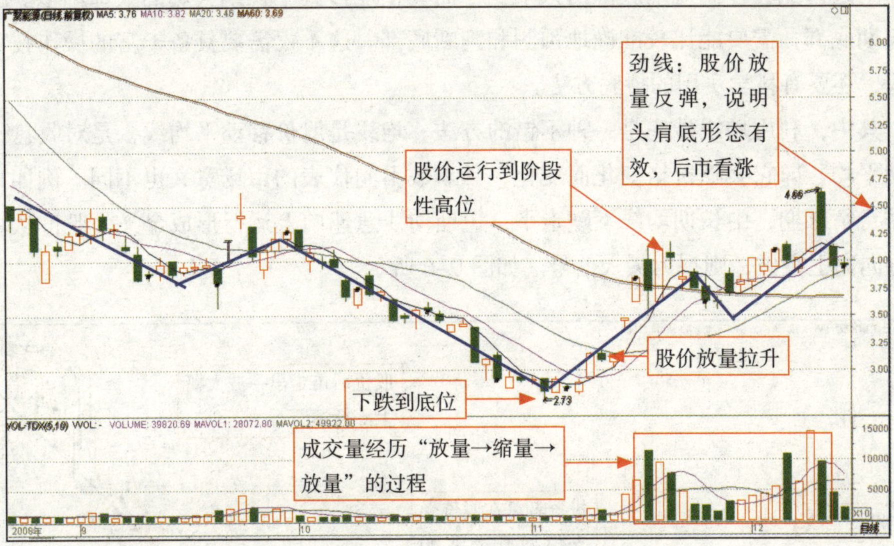

图 9-5 头肩底转折形态

专家提醒

头肩底（head and shoulders bottom）一般出现在股价下跌的低位，股价在下跌到低位后反弹形成左肩，随后股价反弹受阻回落创新低后再次反弹形成头部，当股价上涨到上次反弹高位附近受阻回落并在第一次股价下跌低位附近止跌企稳时，后市股票上涨突破阻力线（颈线）形成头肩底形态。出现该形态后后市股价将回落，可视为行情见底反转信号。

（1）在回抽颈线位时买入，适于稳健型投资者，但如果遇到走势强劲的黑马股，往往突破之后不做回抽，可能会因失去机会而令人失望。

（2）在突破颈线位当天收市前买入，适于进取型投资者，但由于追进价较高，可能要承担回抽时暂时套牢，也可能是无效突破而高位套牢的风险。

（3）更为大胆的投资者为获取更大利润，往往在“头肩低”的右肩形成中即开始建仓，也就是根据一般情况下形态对称的特性，在右肩接近左肩低点时买入。

9.2.2 利用均线

常言道：“底部进场，不赢也难。”道理很简单：当市场、个股处于底部时，价格更便宜，估值更低、更合理，系统性风险也很小，赚头也就更有保证。因而，在底部买入，尤其是抄到市场由熊转牛的大底，或中期阶段性大底，是所有市场投资者都梦寐以求的。

不过，能够抄到短期底部的人不少，而真正能抄到中长期大底的人却不多。抄到中长期底部，需要能比较准确地预测和判断底部。这不仅需要具备丰富的操作技巧和经验，还要有科学实用的抄底方法。

其中，利用均线抄底是一种不错的方法。均线是股价移动平均线，是对收盘价的移动平均，即它会随价格变化而变化，其参数不同代表的市场意义也不同。例如，在下跌行情末期，中长期均线下跌走平，短期均线急速向上运行形成金叉，股价从均线下方向向上突破，则视为买入信号。如图 9-6 所示。

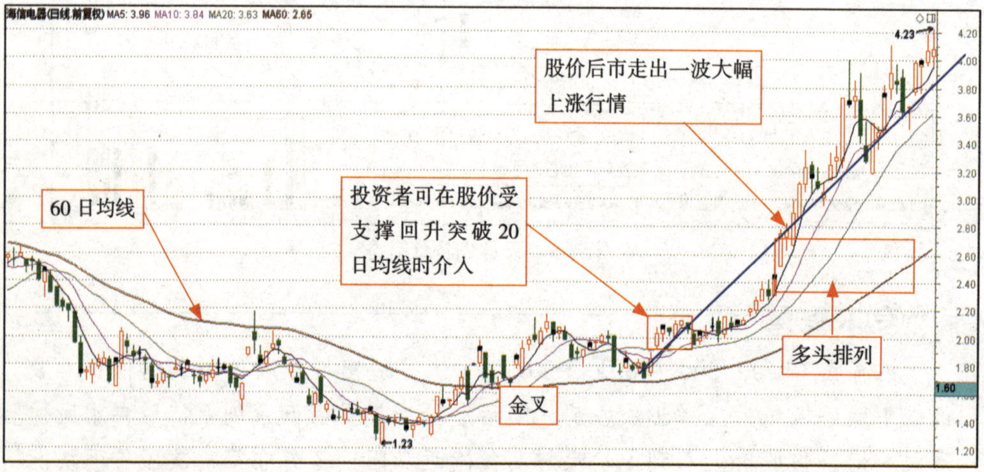

图 9-6 利用均线炒股技巧

专家提醒

金叉是指是由一根时间短的均线在下方向上穿越时间长一点的均线，然后这两根均线方向均朝上，则此均线组合为“均线金叉”，反之为“均线死叉”。一般情况下，金叉为买进信号，死叉为卖出信号，同时要结合这均线系统的组合时间周期来判断是短线买卖还是中线波段买卖，特别需要注意的是均线交叉之后的两根均线的方向，如果不是一致朝上或者朝下的，那就是普通的均线交叉，而不是“金叉”或“死叉”了。

多头排列就是日线在上，以下依次短期线、中期线、长期线，这说明我们过去买进的成本很低，做短线的、中线的、长线的都有赚头，市场一片向上，这便是典型的牛市。其中，多头排列代表多方（买方）力量强大，后市将由多方主导行情，此时是中线进场的机会。

9.3 技巧2：利用成交量

股票的量价关系是预测股市运行趋势量能的重要依据，可以帮助投资者更好地把握买卖时机。成交量是研判股市行情的重要依据，它可以反映股价走势的强弱及主力操盘的痕迹，通过对成交量的分析，在一定程度上能帮助投资者提高判断的准确性。

股价的涨跌需要量的配合才能实现，根据量和价的变化，投资者可以判断出大盘的走势。例如，在上涨行情初期，股价在前期的下跌过程中累积了大量的套牢盘，主力要介入，首先会通过一个横盘整理的阶段，将浮筹清理出局，以减轻后市的操盘难度。当股价有效突破盘整向上运行创新高后，行情见底回升上涨。如图9-7所示。

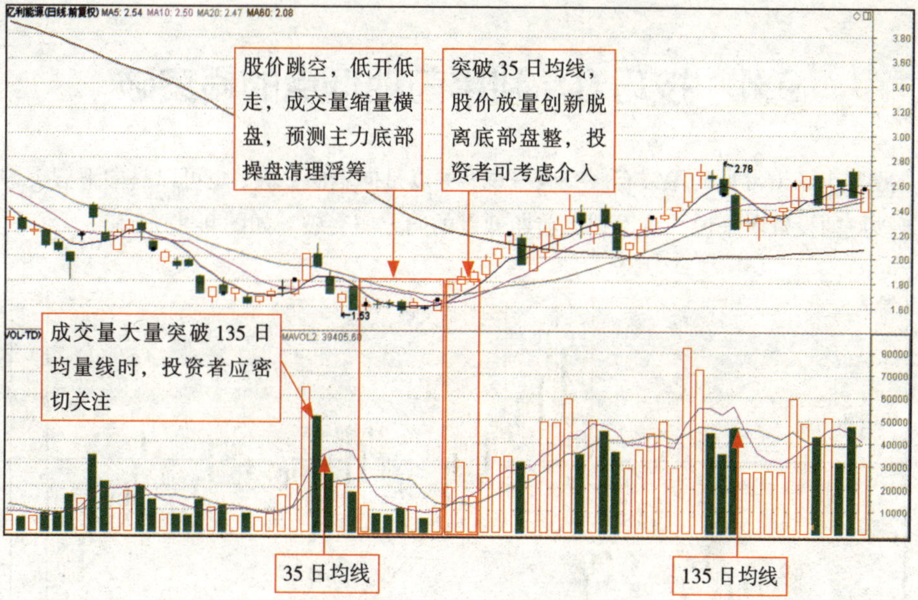

图9-7 利用成交量炒股技巧

因为市场就是各方力量相互作用的结果。虽然说成交量比较容易做假，控盘主力常常利用广大散户对技术分析的一知半解而在各种指标上做文章，但是成交量仍是最客观的要素之一。成交必然是一部分人看空后市，另外一部分人看多后市，造成巨大的分歧，又各取所需，才会成交。因此，成交量形态变化对行情研判也具有非常大的参考价值。

专家提醒

成交量的几种形态如下。

（1）缩量：缩量是指市场成交极为清淡，大部分人对市场后期走势十分认同，意见十分一致。

（2）放量：放量一般发生在市场趋势发生转折的转折点处，市场各方力量对后市分歧逐渐加大，在一部分人坚决看空后市时，另一部分人却对后市坚决看好，一些人纷纷把家底甩出，另一部分人却在大手笔吸纳。

（3）堆量：当主力意欲拉升时，常把成交量做得非常漂亮，成交量在K线图上，形成了一个状似土堆的形态，堆得越漂亮，就越可能产生大行情。

（4）呈量不规则性放大、缩小：这种情况一般是在没有突发利好或大局基本稳定的前提下，某些主力在风平浪静时突然放出历史巨量，随后又没了后音，一般是实力不强的主力在吸引市场关注，以便出货。

9.4 技巧3：利用前期低点的假突破

股票市场最常见的骗线有假突破一说，可以是向上假突破，也可以是向下假突破。对于抄底的投资者来说，可以利用前期低点的向上假突破。如图9-8所示。

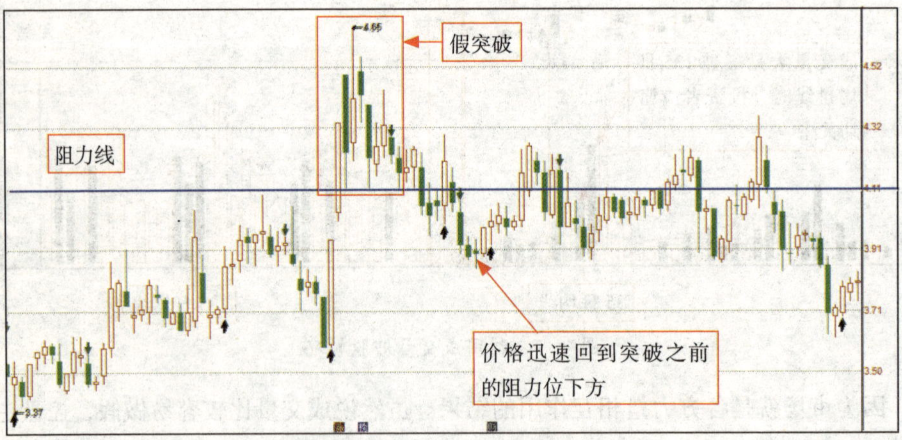

图 9-8　利用前期低点的假突

向上假突破的主要走势为：当价格K线突破前期重要阻力后，短线出现一定程度的拉高；一般情形下，这种形态被认为新的上升空间打开，交易者可以进场做多，或在回踩支撑线时进场；然而，随后的K线回踩过于猛烈，导致价格迅速回到突破之前的阻力位下方，开始大幅反向运动并引发一轮跌势，令短线买入者全部被套。

“突破”往往是股价还有上涨空间的表现，主力就利用这一投资者普遍的认识，在图形上制造整理形态的向上突破，甚至还有价升量增的假象，但这种突破却是假突破，尤其在相对顶部阶段，其目的是吸引投资者跟进。

因此，出现假突破后，一般强势行情并不能持续多久，几日后往往会出现冲高回落的走势，并同时放出巨大的成交量，这就意味着跳水动作的开始。出现这种情况，投资者应判断为假突破，宜及时离场。

9.5　技巧 4：利用价值投资

对于投资来说，企业的价值就是未来创造的现金流，而价值投资即是在未来现金流和现在市场价格之间套利。所以，真正的价值投资（Value Investing），就是寻找既能够稳定持续地创造未来现金流的优秀企业，同时又由于该企业未来现金流估值是模糊的，从而在其中获利。

在价值投资观点中，市场并不总是有效的，在市场无效的时候（即出现连续暴涨、超跌）的时候，才是价值投资者的卖出和买入时机。如图 9-9 所示。

不将市场波动作为买卖依据	⇨	市场（价格）波动是由供求关系或者投资者对企业的态度决定的。通常，价格波动对企业的内在价值并不会产生影响，因此不应该作为价值投资买入、卖出的依据或者理由
忽略价格波动甚至远离市场	⇨	对于技术分析投资来说，价格的波动就是风险。但对于价值投资来说，价格波动本身并不会带来风险，只有价格大幅高于价值才是风险
“牛市赚钱，熊市赚股”	⇨	价值投资者最希望看到的就是股市下跌的行情，因为股市越下跌，他们越能用更低的价格买入优质股票，并且具有了更大的安全边际。如果股市超过了价值，价值投资者就该离场了

图 9-9　价值投资的基本原则

价值投资是一种常见的投资方式，投资者专门寻找价格低估的股票。不同于成长型投资人，价值型投资人偏好本益比、账面价值或其他价值衡量基准偏低的股票。价值投资人认为：股票价格围绕“内在价值”上下波动，而内在价值可以用一定方法测定；股票价格长期来看有向“内在价值”回归的趋势；当股票价格低于内在价值时，就出现了投资机会。打个简单的比方，价值投资就是拿五角钱购买一元钱人民币。

专家提醒

对于一个真正的价值投资者来说，买入股票就成了公司的股东，和高管、基层员工一起扎扎实实办公司、创造财富、造福社会。随着公司越加健康、盈利能力越强，股东自然获得的回报越丰厚。

9.6 技巧 5：利用江恩理论

江恩理论是投资大师威廉·江恩（Willian D.Gann）通过对数学、几何学、宗教、天文学的综合运用建立的独特分析方法和测市理论，结合自己在股票和期货市场上的骄人成绩和宝贵经验提出的，包括江恩时间法则、江恩价格法则和江恩线等。

威廉·江恩认为，对于所有市场，决定其趋势是最为重要的一点，至于如何决定其趋势，学问便在里面。威廉·江恩认为，对于股票而言，其平均综合指数最为重要，以决定大市的趋势。此外，分类指数对于市场的趋势亦有相当启示性。投资者所选择的股票，应以根随大市的趋势者为主。若将上面的规则应用在外汇市场上，则"美元指数"将可反映外汇走势的趋向。

江恩理论的主要买卖守则如下。

- 将资本分为 10 份，每次入市买卖，损失不会超过资本的十分之一。
- 入市时要坚决，犹豫不决时不要入市。买股票切忌只望收息。不要因为不耐烦而入市，也不要因为不耐烦而清仓。做多错多，入市要等待机会，不宜炒卖过密。
- 买卖遭损失时，切忌加码，谋求拉低成本，可能积小错而成大错。设下止损位，减少买卖出错时可能造成的损失。入市时设下的止损位，不宜胡乱取消。
- 揸沽自如，不应只做单边。不可过量买卖，赔多赚少的买卖不要做。不让所持仓位由盈转亏。避免在不适当的时候金字塔式加码。
- 永不对冲。不逆市而为，市场趋势不明显时，宁可在场外观望。只在活跃的市场买卖，买卖清淡时不宜操作。
- 避免限价出入市，要在市场中买卖。如无适当理由，避免胡乱更改所持仓位的买卖策略。不要因为价位过低而吸纳，也不要因为价位过高而看空。
- 在市场中连战皆胜后，可将部分利润提出，以备急时之需。可用止损位保障所得利润。

CHAPTER 10

第10章 识顶逃顶 高处收网落袋为安

学前提示

在股市中，投资者买入的机会非常多，而卖出的机会往往只有一次。这是由于股价通常运行在头部的时间非常短，大大少于在底部的时间，一旦逃顶不坚决，很可能被长期套牢。因此，投资者逃顶时要坚决果断，一旦发现信号，要坚决卖出，决不能手软和抱有幻想。

要点展示

- 技巧1：利用均线识顶和逃顶
- 技巧2：利用成交量识顶和逃顶
- 技巧3：利用MACD指标识顶和逃顶
- 技巧4：利用BOLL指标识顶和逃顶
- 技巧5：利用X线识顶和逃顶

10.1 初识顶部

炒股如同做生意，一有合理的利润，就可以卖出去。有些投资专家，他们买股票准备永远持有，这并没有错，运气好的话，30 年可以翻 20 倍。但其间会有很多的起伏，有时股票会有 50% 的跌幅，这对普通投资者来说是难以承受的。因此，投资者一定要学会判断顶部走势，抓住卖股票的“临界点”。

10.1.1 政策顶特征

中国股市是一个新兴的市场，政策调控将直接影响股市，在历史的走势中，可以看到许多头部是由政策调控造成的。市场见顶的相关政策主要有：银监会、央行对资本市场提出的警惕性文字，或者采取实质措施，或者提高股票交易印花税。

例如，在 2007 年 5 月，刚宣布印花税提高时大规模离场，将可以逃出一个大顶，而每次大扩容，股市都伴随大幅下跌，因此，投资者对扩容消息一定要谨慎对待。如图 10-1 所示，为 2007 年的上证指数日 K 线图。

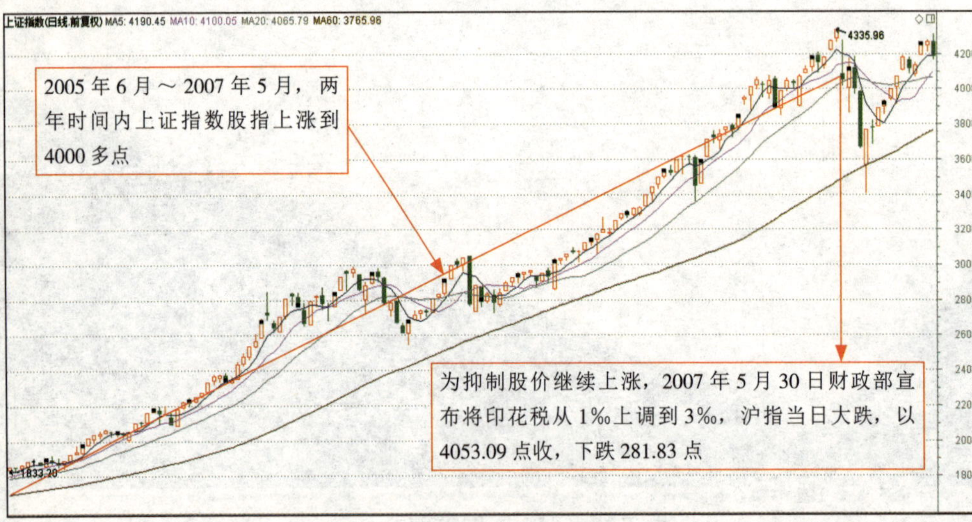

图 10-1　上调印花税导致股价下跌

因此，一个投资者如想成功逃顶，必须把握住政策导向，广泛搜集政策信息。并通过精心分析这些政策信息，通过政策面的微小变化，及时发现管理层的调控意图，这样才可以领先一步。

10.1.2 顶部市场特征

市场的顶部特征可以用“价升量增”4 个字来概括。从市场方面看来，股价与房价的顶部特征非常类似。因为从投资的心理来看，当市场几起几落，到最后疯狂上涨的时候，看空的人会越来越少，这意味着准备投资或者犹豫、徘徊的人已经不再徘徊，会疯狂地冲进市场，甚至于很多当时不具备购买能力的人，也会通过负债的方式进入。当股市顶部形成时，市场也会出现一定的特征。

- 在大型股评报告会上，通常会出现人满为患的景象。
- 散户大厅的人突然变多，周围的人都争相谈论挣了大钱。
- 证券交易所门口停的车极多，散户大厅全都是新股民。
- 证券类报纸、杂志销售得比以往要好。
- “大妈们”都会来买股票，开户资金大幅提高后再次出现提高现象。
- 可能某个股市新手都敢给你推荐股票，并说这是主力股，并表示目标位要拉到多高多高。

以上现象出现时，表示市场已在顶部或是顶部区域，投资者应开始减磅离场。

10.1.3 利好顶部特征

在股市中，由于信息的不对称性，主力有时利用掌握的信息在低位开始悄悄进货，并一路推高。等到消息证实时，反而是主力逢高派发的好时机，这种情况被市场称为“见光死”。投资者可以抓住这些个股，等到股票涨了一段时间后，到了比较高的价位，而你已经获利，同时行情又想要回落时，就可以慢慢在高位卖出；或者股票开始振荡了，就可以逢高点出货。

例如，东北热电（现在已改名为国电电力）在 1998 年 7 月 14 日公布每股收益 0.538 元的优良业绩，并有“十送六”和“十配三”的诱人方案，属于业绩极优、方案极佳的好股，结果此股复牌后，高开低走，主力借机拉高出货，当日收出一根大阴线，形成明显的头部。

因此，当股价已连续上涨非常大的幅度后，出利好消息反而容易形成头部。投资者想学会成功逃顶，就必须了解主力常借利好出货的手法。

10.1.4 顶部技术特征

市场上有“底部百日，顶部三天”的说法，说明逃顶的难度。市场的高手往往也是会逃顶的高手。投资者如想在投机性非常强的股票市场上生存和获利，必须学会一些逃顶的技巧和方法。

当一个顶部出现时，技术分析方法可以给出明确的头部信号或卖点信号。如果投资者学好技术分析，将可以在图形上提前发现顶部。如图 10-2 所示。

1 **形态法：**当K线图在高位出现M头形态、头肩顶形态、圆弧顶形态和倒V字形态时，都是非常明显的顶部形态

2 **均线：**当股价已经过数浪上升，涨幅已大时，如5日移动平均线从上向下穿过10日移动平均线，形成死亡交叉时，表示头部已经形成

3 **K线：**在K线图上，如在高位日K线出现穿头破脚、乌云盖顶、高位垂死十字等都是股价见顶的信号

4 **指标技术：**
- 周KDJ指标在80以上，形成死亡交叉，通常是见中期顶部和大顶的信号
- 10周的RSI指标如运行到80以上，预示着股指和股价进入极度超买状态，头部即将出现
- 宝塔线（TWR指标）经过数浪上涨，在高位两平头、三平头或四平头翻绿时，是见顶信号

图 10-2　顶部技术特征

10.2　技巧 1：利用均线识顶和逃顶

投资者可以利用各种移动平均线来分析和预测股价的走势，该技术被很多长线投资者认为是制胜的法宝。

10.2.1　利用均线识顶

股票操作上首先要研判清大势，如果大势向上，才考虑进场，否则一旦大盘处在顶部，随时可能进入下降趋势中，则最好不要入市，除非你是短线高手，才能够把握每次短线反弹获取利润，但那是“刀口舔血”的行为，对一般人是不适合的。

那么，如何研判大盘趋势呢？最简单的方式就是看均线，下面列举了一些通过均线识顶的方法。如图 10-3 所示。

方法一 → 当收盘价在5日成本均线上比例数和在13日成本均线上比例数同时达到90%以上时，通常短线将可能产生回调和整理走势，如是反弹行情，反弹行情将可能见顶

方法二 → 如果月K线受压于5月线，而且5月、10月和30月线成空头排列，就应该坚决看空、做空。只要5月均线向下，月K线收在5月均线下方就坚决看空，特别是5月、10月和30月线空头排列时要抵制一切诱惑，坚决不入市

方法三 → 当收盘价在5日成本均线上比例数和在13日成本均线上比例数同时达到90%以上时，并且收盘价在34日成本均线上比例数达到70%以上时，通常表示见中级行情顶部

方法四 → 关注大盘5月均量线和10月均量线，一旦死叉就预示着大盘即将见顶。所谓“天量之后有天价”，缩量形成均量线死叉后大盘会惯性冲高，之后密切关注日线，出现见顶信号就考虑抛空

方法五 → 当收盘价在5日成本均线上比例数和在13日成本均线上比例数同时达到90%以上时，并且收盘价在34日成本均线上比例数和在250日成本均线上比例数达到90%以上时，通常见超级大行情顶部

图 10-3 利用均线识顶

专家提醒

投资者操作前首先应该看月线、周线，判断出大势后再利用日线决定买进、卖出的最佳时机。投资者操作前请先多关注趋势线（包括长、短期趋势线），做股票只做处在上升趋势线的股票，同时关注均线排列情况和成交量情况，然后根据K线或者K线组合形态决定买、卖股票。

10.2.2 利用均线逃顶

在股价运行过程中，各种组合的移动平均线会出现在某个方向上持续某种规则的运行，从而形成多头排列和空头排列形态，这两种形态是最具分析意义的排列形态。在横盘整理阶段，多空双方搏击，短期移动平均线和中长期移动平均线很容易与股价黏合形成不规则排列。盘整时间越久，均线发生不规则排列的概率就越大。若多方势力大于空方势力，则行情将上涨；若空方势力大于多方势力，则表示行情见顶，后市将会下跌。

下面以中国联通（600050）为例，介绍利用均线逃顶的技巧。

步骤 1 中国联通依托 5 日均线经历了大幅上涨的行情，并在 2008 年 1 月 21 日运行到高位。如图 10-4 所示。

步骤 2 次日，股价跳空低开低走收大阴线跌破所有短期均线，随后横盘整理，短期均线走势杂乱。如图 10-5 所示。

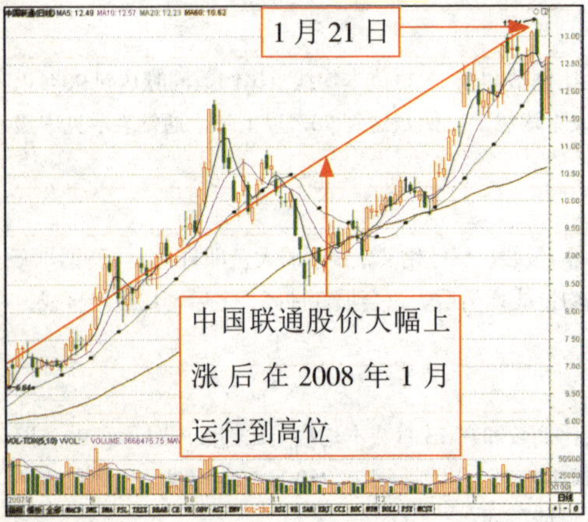

图 10-4 利用均线逃顶（1）

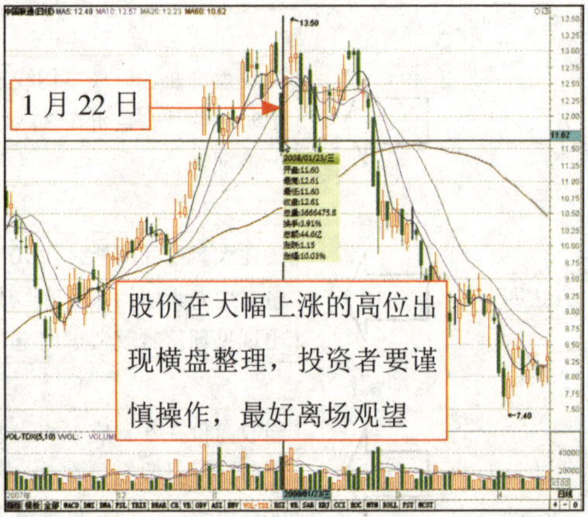

图 10-5 利用均线逃顶（2）

步骤 3 2008 年 2 月 25 日，股价低开放量收大阴线跌破 60 日均线，说明空方势力强于多方势力，后市看跌。如图 10-6 所示。

步骤 4 次日，股价继续走弱，60 日均线拐头向下，说明行情发生逆转，投资者应立即止损逃顶。如图 10-7 所示。

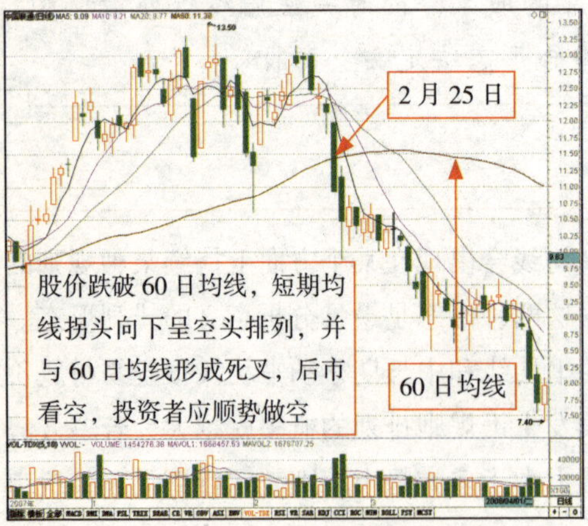

图 10-6 利用均线逃顶（3）

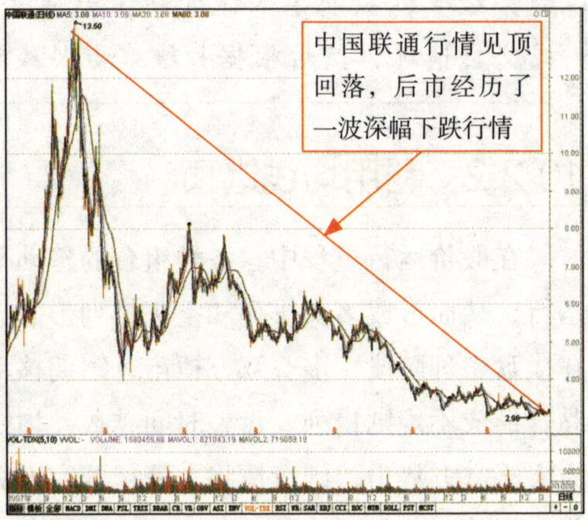

图 10-7 利用均线逃顶（4）

10.3 技巧2：利用成交量识顶和逃顶

股谚云：“股市上什么都能骗人，唯有成交量不能骗人。”K线可以骗人，技术指标可以骗人，但是成交量一般不会骗人，特别是周线和月线级别的成交量，更不会骗人！因此，投资者必须学会利用成交量识顶和逃顶。

10.3.1 利用成交量识顶

成交量在股市里应该算是常识，是最简单的，也是最有效的指标，就因为它太简单了，太容易了，所以被绝大多数投资者忽略了。当顶部来临的时候，充满投资者内心的往往不是风险，而是贪婪，对他们来说，顶部不是套现的机会，而是让他们发大财的机会，他们却没想到那只是一个甜蜜的陷阱。

成交量是一个重要的信号但较难掌握，而有经验的投资者才能辨别。如图10-8所示。

方法一 → 在上涨行情途中，如果5日均量线向上疲软且有拐头现象，或者下穿35日均量线形成死叉，一旦量缩价跌，就是短线见顶信号

方法二 → 当股价大幅上涨运行到高位区后，成交量出现放量形态，说明行情可能见顶逆转，投资者此时就应谨慎操作

方法三 → 在上涨行情途中出现缩量形态，这主要是主力洗盘的一种手法，后市还会上涨，投资者可以在该阶段逢低介入；如果在高位出现缩量，说明上涨动能衰减，后市可能见顶逆转，投资者应卖出

方法四 → 在股价的高价位区出现天量，此时可能是主力在高位放量出货，预示股价见顶，后市可能出现行情逆转，股市中常说的“天量天价”就是指这个阶段的天量。因此，当股价大幅上涨后出现天量，投资者应果断出局，逃离风险

方法五 → 在上涨末期如果出现量增价升现象，则可能是主力高位出局，后市看跌，待主力完全出货后，行情将见顶逆转。投资者不可高位追涨，应果断出局。量增价升是指股价随成交量的不断增大而上市，在不同阶段出现量增价升，其代表的市场意义也不同

图10-8 利用成交量识顶

专家提醒

天量是指在股价运行过程中突然放出一根巨大的量（至少是前一天成交量的两倍以上）；地量是指个股成交量呈现出极度缩小的状态，而且一般还具有一定的持续性。地量通常出现在下跌行情的末期，是行情见底的重要反转信号。

10.3.2 利用成交量逃顶

成交量是股市的元气，股价则不过是它的表面现象而已。成交量通常比股价先行，股市上有“先见量后见价”之说。

下面以天健集团（000090）为例，介绍利用成交量逃顶的技巧。

步骤 1 天健集团在2007年1月11日成交量缩量，股价回落跌破所有均线后，随后继续上涨；在2007年6月20日高位回调，随后成交量急剧缩量至135日均量线下方。如图10-9所示。

步骤 2 2007年7月，股价在60日均线处获得支撑上涨，如图10-10所示，上涨动能衰减，主力可能高位出货，投资者应果断卖出。

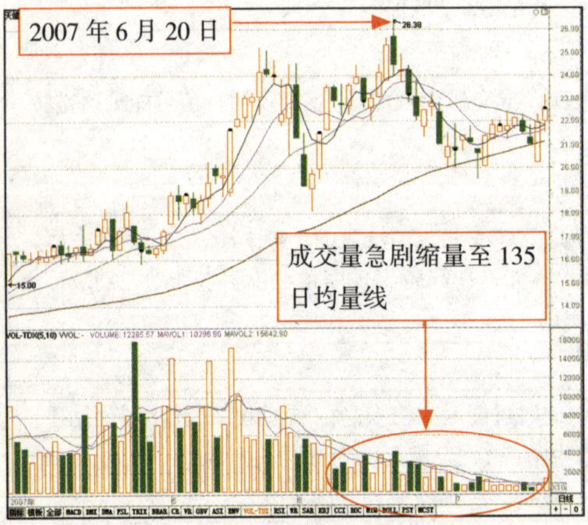

图10-9 利用成交量逃顶（1）

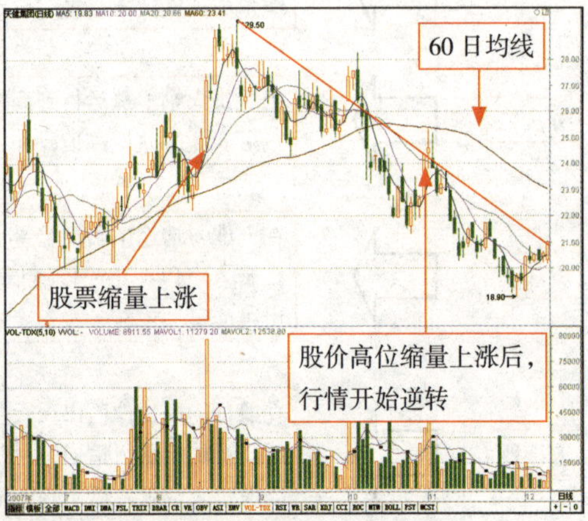

图10-10 利用成交量逃顶（2）

专家提醒

在下跌行情途中，如果成交量出现缩量形态，说明后市还将继续下跌，投资者应果断卖出，离场观望（待股价下跌到一个低位出现放量后再介入不失为一种有效的投资手段）。

步骤 3 2007 年 12 月底左右，股价放量拉升反弹，5 日均量线出现疲软，60 日均线始终向下。如图 10-11 所示。

步骤 4 次日，股价继续走弱，60 日均线拐头向下，说明行情发生逆转，投资者应立即止损逃顶。如图 10-12 所示。

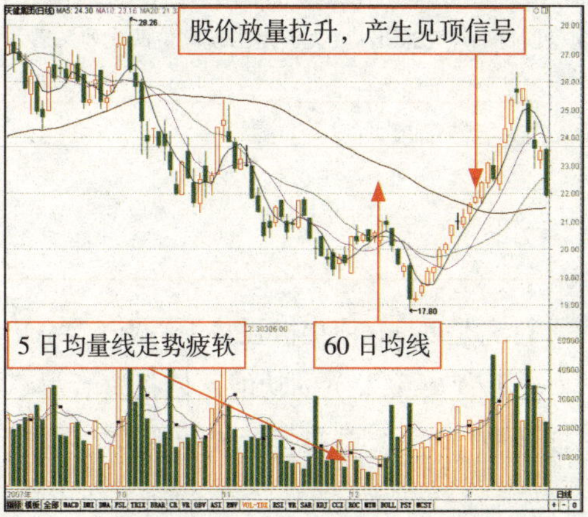

图 10-11 利用成交量逃顶（3）

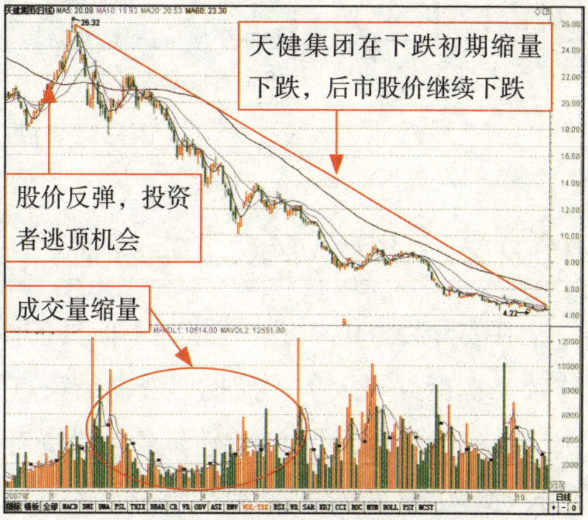

图 10-12 利用成交量逃顶（4）

10.4 技巧 3：利用 MACD 指标识顶和逃顶

由于 MACD 指标具有均线趋势线、稳定性等特点，对买进和卖出时机有重要的指导作用，被很多人认为是较有效的识顶和逃顶技术手段。

10.4.1 利用 MACD 指标识顶

MACD 指标的用法大体上有两种：运用 DIFF 和 DEA 的金叉和死叉；运用 DIFF 的背离。利用 MACD 指标识顶的具体方法如图 10-13 所示。

专家提醒

“金叉和死叉”存在明显的滞后性，且在震荡市中不易操作。并且，金叉买入死叉卖出的成功率，经过统计之后，发现并不是很高。尤其在熊市的短线反弹中，如果使用金叉做买，很容易由于滞后性买到最高点（即顶部），而在牛市中，如果使用死叉做卖，很容易卖到最低点（即底部）。

一般情况下，MACD 的 DIFF 会跟随股价的走势同涨同跌。正常的情况应该是同样能创新高，同样跟随创新低。背离则指的是，如果股价创出新高，但是 DIFF 不创新高，或者股价创出新低，DIFF 不创新低。

方法一 ⇨ 当DIF和DEA在0轴上方短期内（8或13个交易日内）发生两次死叉，此时，当第二个死叉形成时，称为“MACD高位两次死叉”，后市可能见顶逆转，股价可能发生暴跌现象，投资者应果断出局

方法二 ⇨ 当股价在大幅上涨后创出新高，而DIF和DEA却逐步下降走势形成一种背离现象，即称为“顶背离”。此时，说明股价继续上涨的空间有限，行情有望见顶，是一个出货信号，投资者可以在顶背离点考虑出货，尤其是出现高位两次死叉后，投资者应立即止损

图 10-13 利用MACD指标识顶

10.4.2 利用MACD指标逃顶

在实际投资中，MACD指标不但具备抄底（背离是底）、捕捉极强势上涨点（MACD连续二次翻红买入）、捕捉“洗盘结束点”（上下背离买入）的功能，使投资者尽享买后就涨的乐趣，同时，它还具备使投资者捕捉到最佳卖点，帮投资者成功逃顶的功能，使投资者尽享丰收后的感觉。

例如，2010年10月至12月，处于上涨走势的天通股份（600330）的MACD指标形态顶背离走势，预示着股价的上涨走势即将结束，发出见顶看跌信号。如图10-14所示。

图 10-14 天通股份日K线

从上图可以看出，12月中旬，天通股份的MACD指标在0轴线上方出现第二次死叉，表明股价的上涨走势结束，同时在K线走势中出现高位孕线形态。3个看跌信号

得到相互验证后，顶部卖点出现。

在上涨走势中，当股价不断创出阶段新高的同时，MACD 指标的阶段高点不但没有逐步抬高，反而逐级降低，从而形成一种背离走势。这种形态意味着多方的力量在股价持续上涨期间消耗过大，维持股价继续上涨的动能已经很弱，随时可能会出现顶部，此时投资者可以获利了结。

10.5 技巧 4：利用 BOLL 指标识顶和逃顶

BOLL 轨道线是系统内置的一种指标，包括上轨线、中轨线和下轨线。本节将介绍利用 BOLL 指标识顶和逃顶的具体方法。

10.5.1 利用 BOLL 指标识顶

BOLL 轨道线的买卖点分析主要是通过 K 线与上下轨线的突破来确定的。利用 BOLL 指标识顶的方法如图 10-15 所示。

方法一 ⇒ 股价在 BOLL 轨道线长时间窄幅运行后向下跌破下轨线，同时 BOLL 轨道线向下运行，且形态逐渐变大，说明行情将脱离原来的轨道翻转下跌，出现见顶信号，此时投资者可以考虑卖出股票

方法二 ⇒ 当股价上涨至 BOLL 上轨线附近遇阻回落时，表明股价的反弹走势已经结束，此时投资者应该及时清仓离场

方法三 ⇒ 股价大幅拉升运行到高位后上下轨道线逐渐扩张，随后在高位股价随着上轨线急速拐头向下跌破短期均线，而下轨线还在加速上升，预示着空头力量逐渐强大，而多头力量开始衰减，后市看跌

方法四 ⇒ 当股价向上突破了 BOLL 通道上轨线后，如果股价快速回落，并再次跌回通道内部，则有可能为假突破。此时，投资者也应该做出减仓操作，一旦股价继续走弱，投资者就应该清仓离场

图 10-15 利用 BOLL 指标识顶

10.5.2 利用 BOLL 指标逃顶

BOLL 通道的上轨线和中轨线对股价的上涨均具有一定的阻力作用，其中上轨线的阻力作用略大于中轨线的阻力。所以，一般用 BOLL 指标判断股价的反转或反弹走势

时，通常会以股价能否突破 BOLL 通道上轨线的阻力为标准。

如图 10-16 所示，2011 年 1 月下旬，一直沿 BOLL 通道下轨线运行在下跌趋势中的东方海洋（002086）出现止跌回升走势。而到了 2 月下旬时，该股股价上涨至 BOLL 通道上轨线附近时，遇阻回落，这个形态表明股价的反弹走势见顶终结，随后股价将要继续下跌，形成“卖点 1”。

图 10-16　东方海洋日 K 线

东方海洋经过一段时间的震荡下跌后，再次止跌回升，并再次在 BOLL 通道的上轨线附近遇阻回落。这个形态预示着东方海洋的股价还有一定的下跌空间，此时产生“卖点 2”。

专家提醒

在下跌趋势中，一般股价会运行在 BOLL 通道的中轨线下方，当出现止跌回升走势时，如果股价能够顺利突破 BOLL 通道上轨，则股价可能已经反转；如果股价在上轨线处遇阻回落，则意味着股价的反弹走势结束，随后将继续下跌走势。有时候，股价向上突破上轨线后，通常股价会沿着上轨线快速上涨，但并不一定总运行在上轨线的上方，所以此时因股价对于上轨线跌破看跌信号较弱，投资者可以根据其他技术指标进行卖点的选择。

10.6 技巧5：利用X线识顶和逃顶

X线又称交叉线，也是用于分析和预测行情运行趋势的一种工具。与趋势线、轨道线不同的是，X线是顶部和底部的连接线，至少需要间隔一个顶部和底部。本节将介绍利用X线识顶和逃顶的方法。

10.6.1 利用X线识顶

X线实际上是趋势线的延伸使用，即当前的趋势线被突破以后与价格曲线相交。这被突破的趋势线仍然有效，只是支撑和阻力的作用方向相反。利用X线识顶的方法如图10-17所示。

方法一	股价上涨碰到上升X线当天或次日回落，若后市看好，投资者可考虑在今后的几天中买入；若股价连续多次碰到上升X线且都是下跌情况，则说明行情即将见顶，投资者可以考虑卖出
方法二	股价下跌碰到下降X线当天或次日反弹，投资者可考虑持股几日后卖出或继续做空；股价下跌碰到上升X线，说明股价反弹受阻，后市下跌的可能性大，投资者应果断抛售离场
方法三	若AB>BC，则C产生的支撑或压力作用效果最差，暗示行情很快会逆转，投资者可以选择离场观望的操作策略，尤其是在大幅上涨末期，更要谨慎操作
方法四	如果支撑点的股价曲线太复杂，例如，X线穿过一段股价的盘整区，其产生的力矩作用就会被抵消，从而可能发生行情逆转

图10-17 利用X线识顶的方法

专家提醒

X线理论也可以被形象地称为剪刀原理，其理论基础是力矩原理，它有3个点，分别是施力点A（X线的起点）、支撑点B（X线的焦点）和受力点C（X线的终点）。X线是向着行情走势右方无限延伸的，因此其产生的作用持续存在。尤其是支撑点和焦点都是X线看盘的特殊情况，具有很重要的分析意义。

10.6.2 利用X线逃顶

X线在使用上效果非常好，由于股价是在围绕一个趋势不断波动的，既然有了波动也就有了利润的空间，那么X线就为投资者提供了一个很好的支撑点。依照这个支撑点，投资者可以准确把握股票的调整空间以及区间压力位。

如图10–18所示，2009年3月～2010年1月，东方电子（000682）在这段时间的上升行情中，间隔一个或多个顶部后将底部连接到顶部形成上升X线。该X线可以用于寻找股价阶段性高位回落时受到的压力位，形成多个顶部卖点。

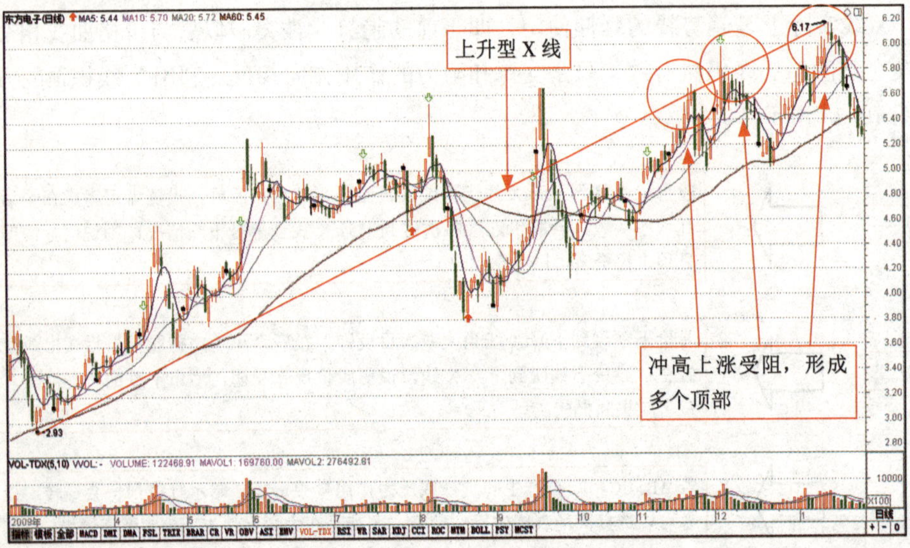

图10–18 东方电子日K线

专家提醒

X线的连接点不一定必须是明显的顶部或底部，任意转折的高点或低点连接起来的X线都具有一定的效果，但是如果选择的连接点是重要的顶部或底部，则其所连接起来的X线肯定会比一般转折点连接成的X线更可靠。

（1）**B型上升X线：**在下降行情中，间隔一个或多个顶部后将底部连接到顶部形成B型上升X线，该X线用于寻找股价反弹上涨时受到的压力位。

（2）**下降X线：**在下降行情中，间隔一个或多个顶部后将顶部连接到底部形成下降X线，该X线用于寻找股价下跌反弹时获得的支撑位。

（3）**B型下降X线：**在上升行情中，间隔一个或多个顶部后将顶部连接到底部形成B型下降X线，该X线用于寻找股价阶段性顶部回落获得的支撑位。

CHAPTER 11

第 11 章 跟着主力 大树底下好乘凉

学前提示

主力是股市发展和变化的领头人，“跟着主力”主要是通过识别主力来分析个股未来的行情变动，正确识别主力股后便可跟着主力操作，从而成为股市上的大赢家。

要点展示

- 怎样识别潜力强庄股
- 分析 1：主力建仓盘面
- 分析 2：主力整理盘面
- 分析 3：主力拉升盘面
- 分析 4：主力出货盘面

11.1 怎样识别潜力强主力股

股市中，倍受青睐的无疑是强主力股。做为一名投资者，如果能够持有一只具备上升潜力的强主力股，未来将会获利丰厚。当然，持有潜力强主力股的前提是首先要学会识别强主力股。

11.1.1 了解主力操盘步骤

由于主力是大户投资者，他为了达到盈利的目的，会通过操盘的手法来控制股价的涨跌。主力操盘惯用的操作手法包括建仓、整理、洗盘、拉升、出货、扫尾。如图11-1所示。

建仓	主要是指专家在经过对某一只股票进行长时间的分析和考察后，选择何时开始买入该只股票，此时标志主力进入该只股票实质性的操作阶段。通常，主力都是选择股价较低时开始吃货
整理	整理是为了构筑底部形态，调整一些主要的技术指标，还有的时候是因为大势的状态，需要等待机会得到更多条件的配合
洗盘	在整理完毕后，主力就会清洗浮筹，以减轻日后拉升时的抛压，降低拉升成本。此时，股价经常波动，且涨幅和跌幅都不大
拉升	拉升的过程比较短、速度也比较快，大多数主力都喜欢和愿意借助于大盘的上扬惯性，这样比较轻松和容易，并为下一个出货步骤作好铺垫
出货	主力在股票的高价位区抛售手中的筹码。出货一般要做头部，头部的特点是成交量大、振幅大，除非赶上大盘做头，一般个股的头部时间都在一个月以上
扫尾	扫尾基本上就属于打扫战场的性质了，一方面清理战果，另一方面为下一次运作做准备。有时候，为了适当地调整一下持仓结构，同时为了吸引更多、更新的跟风者介入，以便更多地出货，主力还会在扫尾前进行反弹操作，即主力常常会有低抛高吸的市场行为

图 11-1　主力操盘步骤

11.1.2 了解主力的人员组成

要了解主力操盘的整个流程，就必须先清楚主力的人员组成。股市上的主力主要是指有能耐操控个股涨跌，甚至是大盘走势的一小群人，包括机构、炒家或者上市公司本身。

一般来说，不同类型的主力，如政府背景的主力、基金主力、券商主力或是上市公司主力、私募等，其人员分工差异很大。常见的可以分为以下几个角色：总管、调研人员、公关人员、调资员和操盘手5种。如图11–2所示。

总管	总管可以是券商的老板、上市公司的董事长等，他的主要职责就是制定一个大的方针、决策，包括选择什么样的品种等
调研人员	主要工作是与上市公司进行沟通，拿到第一手的资料和真实信息，善于进行综合研究和分析，并提出一些意见和建议给总管
公关人员	公关人员类似于新闻发言人，是主力派出的脸面，必须要接触形形色色的人。公关人员的主要工作是执行总管的意图，帮助他散布消息
调资员	调资员负责资金调度，他只跟银行打交道，与其他人很少联系。如果是券商、企业或者上市公司在操盘，则一般其财务人员就兼任资金调度人员
操盘手	操盘手可以分为主操盘手和辅助操盘手。主操盘手是指操作股票的决策者，辅助操盘手往往是最终操作股票的直接操盘人

图11–2 主力的人员组成结构

11.1.3 了解主力选股的依据

主力一般都慧眼独具，会看中那些久久地在低位横盘、每日成交量如豆粒状的个股。这样的个股，散户都不太注意，或者视之为鸡肋，但正是这类股票，一旦被炒醒，不用扬鞭自奋蹄，便会势如破竹，价格会快速飙升。

主力用资金这只“看不见的手”决定着某股是否有行情以及行情的大小。因此，散户选股时不能单从个人喜好出发，而应首先看看主力喜欢什么样的股票，买入有实力主力介入的股票。

选择目标股的实质就是对市场信息和自身研发能力的评断。主力会对目标股的基本面及其改观潜力、技术面、题材和概念、操作价值等方面进行全面考察，而最后确定最恰当的介入时间。如图11–3所示。

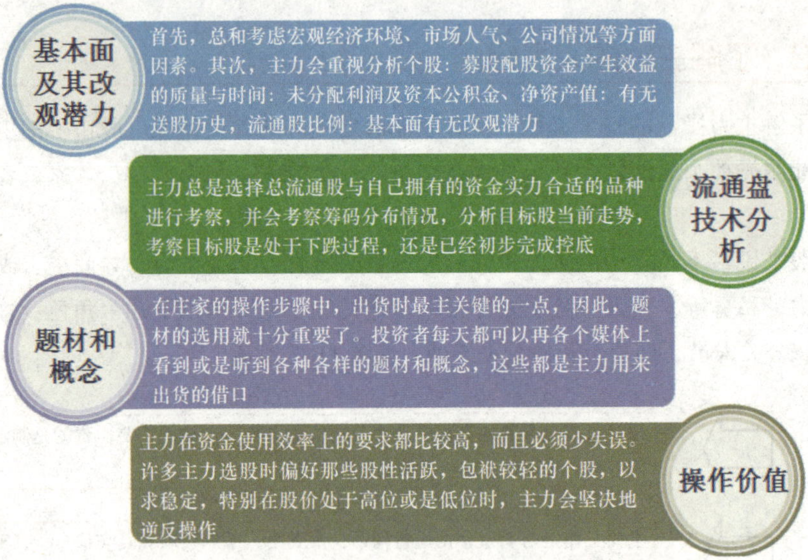

图 11-3　主力选股的依据

专家提醒

主力通常会研究炒作对象，等待最佳时机介入股市。在主力看来，摸准行情配合大盘炒作比控制行情更重要。主力在选择进场时机时，主要考虑以下 3 个因素。

（1）考察国民经济状况。好的经济环境也能够鼓舞市场参与者的信心，吸引更多的投资者介入市场、活跃股市，这有利于主力的操作。

（2）借助中期上涨大势。如果在大行情之前没有动手，主力会在大势中途借助于上涨之中的调整及时介入。

（3）上市公司的利空消息。主力会别有用心地夸大各种消息、题材，渲染效果，让散户们诚惶诚恐，主力就可以达到借助利空打压吸筹和借助利多拉高出货的目的。

11.1.4　用换手率识别主力股

换手率也称周转率，指在一定时间内市场中股票转手买卖的频率，是反映股票流通性强弱的指标之一。一只股票的换手率越高，则说明该股越活跃，主力入驻的可能性就比较大。其具体判断方法可从换手率与股价走势关系以及累计换手率值两个方面进行。

1. 换手率与股价走势关系

挖掘领涨板块首先要做的就是挖掘热门板块，判断是否属于热门股的有效指标之一便是换手率。换手率高，股性趋于活跃。对于换手率与股价走势关系，可以参考如图 11-4 所示的数据。

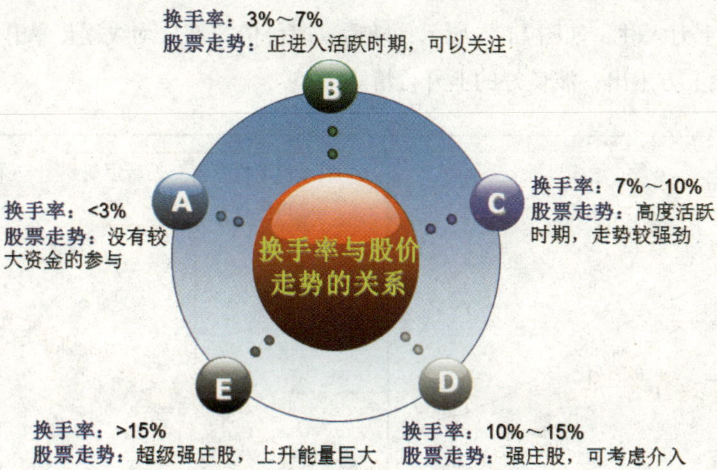

图 11-4 换手率与股价走势关系

投资者在选股的时候可将每天换手率连续成倍放大的个股放进自选或者笔记本中，再根据一些基本面以及其他技术面结合起来精选出其中的最佳品种。

专家提醒

投资者需要注意的是，强主力股在不同的市场环境下，其定义不同。在强势市场环境下，涨幅翻倍的股票属于强主力股；在弱势市场环境下，涨幅超过同期大盘走势的股票属强主力股。因此，在定义强主力股的时候，必须要考虑同期大盘的走势。

2. 累计换手率值

换手率在市场中是很主要的参考数据，应该说它远比技术指标和技术图形更靠得住，假如从造假成本的角度考虑，尽管生意印花税、生意佣金已大幅降低，但成交量越大所缴纳的费用就越高是不争的事实。

假如在 K 线图上的技术指标、图形、成交量三个要素里面选择，主力必定是最没有法子时才会用成交量来骗人。因此，研判成交量甚至换手率对于判定一只股票的未来成长是有很大辅佐作用的。

在 3 ~ 5 个月内，股票的换手率如果累计超过了 200%，近期股票换手率高于前一阶段股票换手率的 80% 以上，且这种换手率呈继续增加的趋势，此时也可以判断该股票可能有主力入驻。

例如，宝利来（000008）股价在 2008 年经过大幅下跌后，在当年 10 月运行到股价底部；10 月 20 日，股价平开高走收阳止跌企稳，此时换手率只有 0.4%，随后股价继续攀升，连续两次跳空后拉高股价；10 月 27 日，换手率达到 3.5%，正式进入活跃期，可能有主力入驻，如图 11–5 所示；随后，股价依托 5 日均线逐步攀升，后市股价在 60 日均线上方走出一波良好的上升行情。

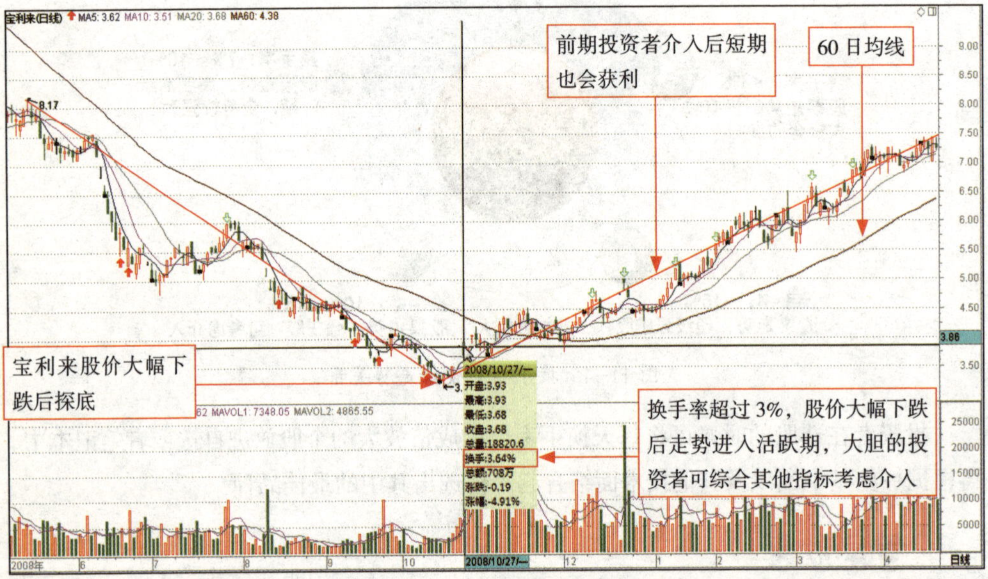

图 11–5　宝利来日 K 线

从上面的案例可以看出，底部放量的股票，其换手率高，表明新资金介入的迹象较为明显，未来的上涨空间相对较大，越是底部换手充分，上行中的抛压越轻。此外，强势股就代表了市场的热点，因而有必要对它们加以重点关注。

专家提醒

换手率高一般意味着股票流通性好，进出市场比较容易，不会出现想买买不到、想卖卖不出的现象，具有较强的变现能力。然而值得注意的是，换手率较高的股票，往往也是短线资金追逐的对象，投机性较强，股价起伏较大，风险也相对较大。

11.1.5 用成交量识别主力股

通常情况下，随着股价上涨，成交量会同步放大，某些主力控盘的个股随着股价上涨，成交反而缩小，股价往往能一涨再涨，对这些个股可重势不重价；主力持有大量筹码的个股，只要在其上涨过程中，只要不放大量，就可一路持有。

例如，2008 年，同济科技（600846）股价在大幅下跌后期，成交量急速萎缩，2014 年 2 月 11 日，股价止跌企稳，在上升过程中，成交量明显增大并突破 135 日均量线，资金发生异动，如图 11-6 所示。之后，股价在 6.50 ~ 7.50 价位区间附近大幅波动，说明该股可能有主力入驻，投资者可做好介入准备。随后，股票放量突破前期盘整高点走高，后市股价在 60 日均线上方大幅拉升。

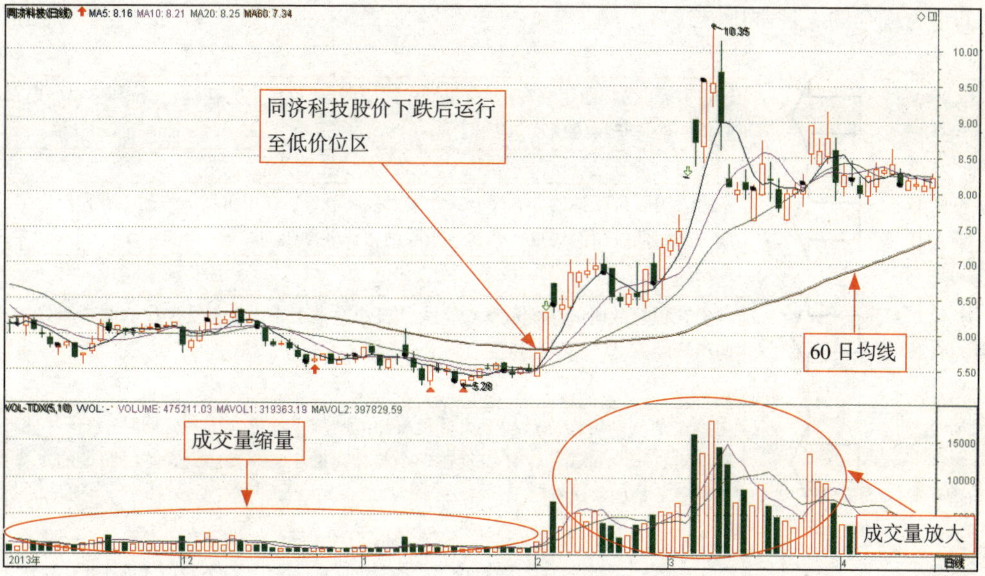

图 11-6　同济科技日 K 线

专家提醒

股价在大幅下跌过程中，成交量并不大，当运行到底部横盘整理时，成交量较前期下跌过程明显增大，且股价间断性地出现宽幅振荡，同时多次出现较大成交量，但股价并未出现明显上涨，此时可以判断主力可能近场。

11.2 分析 1：主力建仓盘面

主力在操盘前会在股价的低位大量吸筹建仓，而成本的高低是主力最终获利多少的决定因素。因此，主力总是会想尽一切可能的办法来降低持仓成本。

11.2.1 庄家建仓的 5 种方式

其实，主力建仓的过程就是一个筹码换手的过程。在这个过程之中，主力为买方，股民为卖方。只有在低位充分完成了筹码换手，吸筹阶段才会结束，发动上攻行情的条件才趋于成熟。主力的吸筹区域就是其持有股票的成本区域。如图 11–7 所示，分析了主力建仓的 5 种常用方式。

拉高建仓	让投资者获利，使短线客出局，拉升段成交密集，说明主力在建仓。拉高建仓后期，股价一般长势很凶猛
反弹建仓	主力采用股价反弹的方式建仓，即主力拉高股价，利用市场散户的“反弹出货”或“高抛低吸”的弱点，几次大量吸纳市场外抛出的筹码
拉锯建仓	主力在很短的时间内把股价拉上去，又快速砸下来，来不及反应的散户只好匆匆离场而去，将筹码送给主力
横盘震荡建仓	主力在某一个价格高点挂上大量卖单，给股价上行带来压力。同时在某一个价格低点挂上大量买单，使股价在一个箱体内做小幅震荡整理，K 线图上的走势几乎呈一条横线运行
潜伏底建仓	主力战略性建仓后，先打压股价，之后基本不主动操作，使个股仿佛处于“无主力”的状态，导致散户纷纷抛出手中的筹码。待时机成熟后，主力只需再最后收集一部分筹码，便能轻松控盘

图 11–7　主力建仓的 5 种方式

专家提醒

在上市公司披露的信息中，通常都会将股东的持股情况公布出来，这个数据的变动情况也可以作为分析主力是否进场的一个很巧妙的指标。股东人数的大幅度减少意味着二级市场上流通筹码的集中，股东人数越少，股东平均持股量增加，意味着筹码集中的程度越高，则主力入驻的可能性就越大。

11.2.2 打压建仓

打压建仓是指主力通过人为控制拉低股价，或高开低走造成弱势现象，使投资者因为恐慌而抛售手中的筹码，主力则乘机在低价位中小单大量吸筹建仓。

例如，航天机电（600151）从 2005 年 6 月 14 日长线主力大幅度变小，也就是主力开始介入个股进行建仓之后，一段小幅度的整理使主力获得了一小部分筹码。之后，主力利用这些筹码对股价进行连续性不计成本的打压。如图 11–8 所示。刚好这时公司公告上半年业绩：预计同比净利润下降 50% 以上。市场投资者一下陷入恐慌氛围之中，终于经受不住考验，纷纷抛出股票。

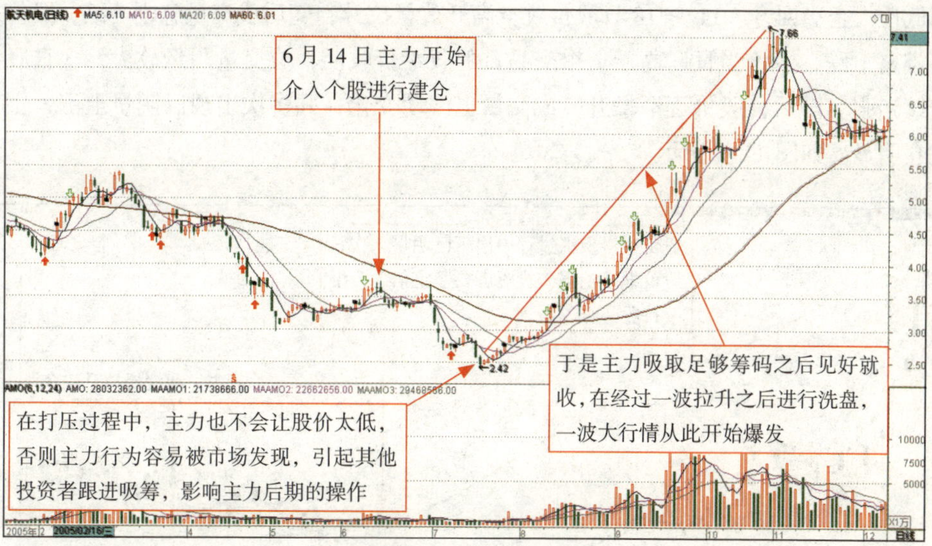

图 11–8　打压建仓

打压建仓的主要特征如表 11–1 所示。

表 11–1　　打压建仓的主要特征

外部环境	指数下跌或牛市中的调整，不会在指数上涨时使用
打压建仓的原因	当主力拉高建仓达不到目的时，通常就会使用打压建仓的方式
散户的心理	投资者害怕股价下跌，尤其放量的大阴线出现后，散户会马上卖出股票，主力接货后，股价马上又拉了上去，与真正下跌有区别
上涨前最低点	一旦投资者看到了主力打压建仓方式，往往这个区间就是上涨前的最低点，投资者要敢于逢低进入
建仓的转换	当牛市好的时候，不再打压建仓，反手推高股价采用温和上涨建仓方式
与放量下跌的区别	打压建仓后股价上去，而放量下跌是真正下跌，股价不会上去

主力通常在股价下跌时就开始介入个股进行操作，并运用早期锁定的一部分筹码，不计成本地大幅度向下砸盘，打压股价，甚至有些主力不惜以连续跌停的方式进行操作，日 K 线上表现出来的是股价的连续下跌，造成极其恶劣的形态。与此同时，上市公司的利空消息也会不断出现，造成市场投资者的一片恐慌心理，于是纷纷卖出手中股票。

11.2.3 温和上涨建仓

由于主力入驻个股后，买盘逐渐增多，主力为了不引起散户的注意，就会采取温和上涨的方式来建仓。

例如，华帝股份（002035）股价在 2008 年经过大幅下跌后，在当年 10 月底运行到低位，企稳回升。11 月 18 日股价跳空高开放量拉升，随后成交量急剧萎缩，股价一路震荡下跌，股价当日以高于上个交易日的收盘价收阴，成交量阴量放大，次日股价继续走强。随后，股价逐渐攀升，成交量也波动变化，并多次出现巨阴量上涨，主力建仓明显。如图 11–9 所示。

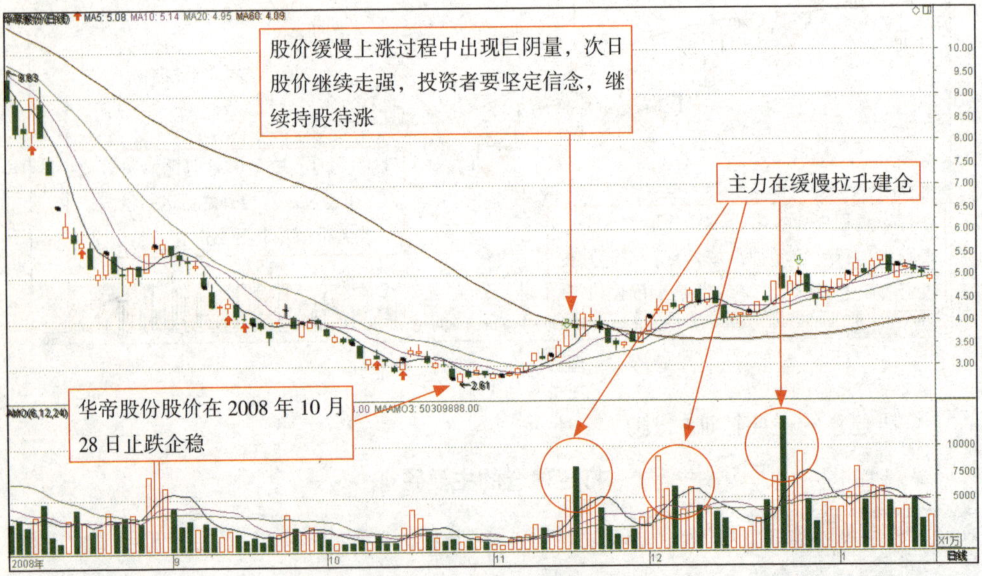

图 11–9　温和上涨建仓

温和上涨建仓的主要特征如表 11–2 所示。

表 11–2　温和上涨建仓的主要特征

时间区间	牛市刚刚启动时期，主力抓紧建仓
建仓特点	阳线多于阴线，大实体阳线出现，股价升幅慢，主力是在告诉别人“我在这建仓了”，这样别的资金不会介入

续表

建仓区间	下跌止稳，首次放量将是主力建仓区间
庄家成本	由于这种方式建仓提高了成本，以后只有把股价推高才能弥补损失
判断方法	投资者一定要在下跌结束与上涨初期时刻进行分析，下跌结束是资金入场最及时的信号，成交量一定要形成明显且连续放大的迹象

11.3 分析 2：主力整理盘面

在主力介入建仓后，股价出现了一定的上涨，为降低后期拉升的成本，主力通常会进行多次洗盘来清理浮筹，使那些持股意志不坚定的获利盘和跟风盘退出。

11.3.1 短线暴跌整理

主力采用短线暴跌洗盘的目的是将在低位买入股票的投资者清理出局，让他们在相对高位将股票卖给新入场的普通投资者，从而提高普通投资者的持仓成本，主力此时也会逢低吸纳一些筹码。在这个过程中，成交量都是缩量，且股价不能跌破均线的支撑，即使跌破也会很快拉回，否则下跌趋势将继续。

如图 11-10 所示，为凯迪电力（000939）在 2008 年 11 月 ~ 12 月的几次短线暴跌洗盘图。

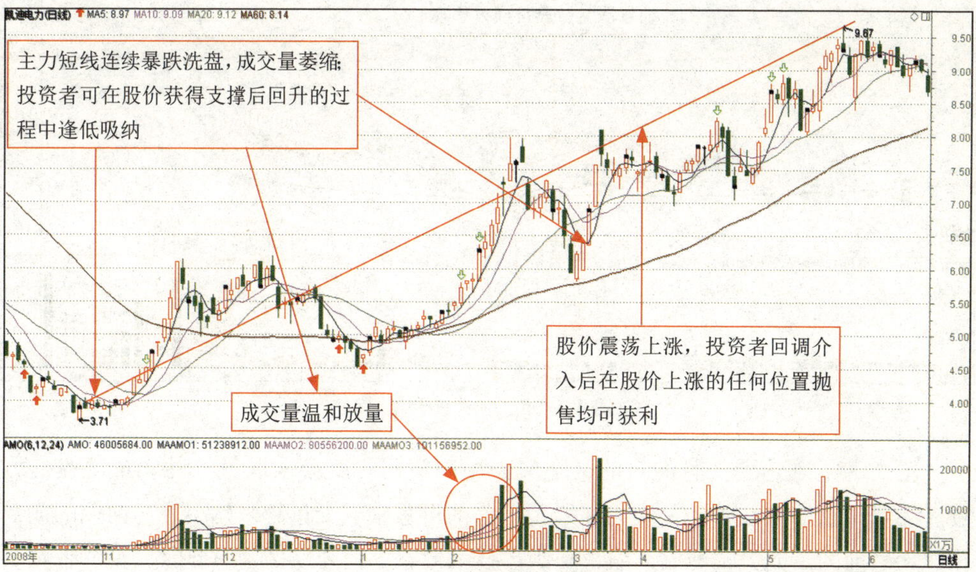

图 11-10　短线暴跌整理

专家提醒

在短线暴跌洗盘期间，主力在低位买入的筹码并未抛出，而现实交易中也确实有大量投资者在大盘及个股短线暴跌的过程中卖出了股票，又有不少投资者在相对低位抢反弹买入了股票，但这个“相对低位”仍比主力的平均持筹成本要高，这部份投资者在日后主力拉抬股价的过程中客观上也帮主力锁定了筹码。

11.3.2　缩量横盘整理

缩量横盘整理主要是股价在上升过程中出现缩量横盘的形态，主力采用该方式洗盘，主要是通过较长时间的滞涨，使前期获利盘失去持股耐心从而抛售手中的筹码。

主力通过放量洗盘可以清除许多低成本的获利盘，同时也在巨量出现时进行加仓买入，但这种放量洗盘也会给其他聪明的机构逢低买入的机会，造成原有主力手中筹码的丢失，有一定的危险性。

如图 11-11 所示，为安凯客车（000868）于 2008 年底的缩量横盘整理过程。

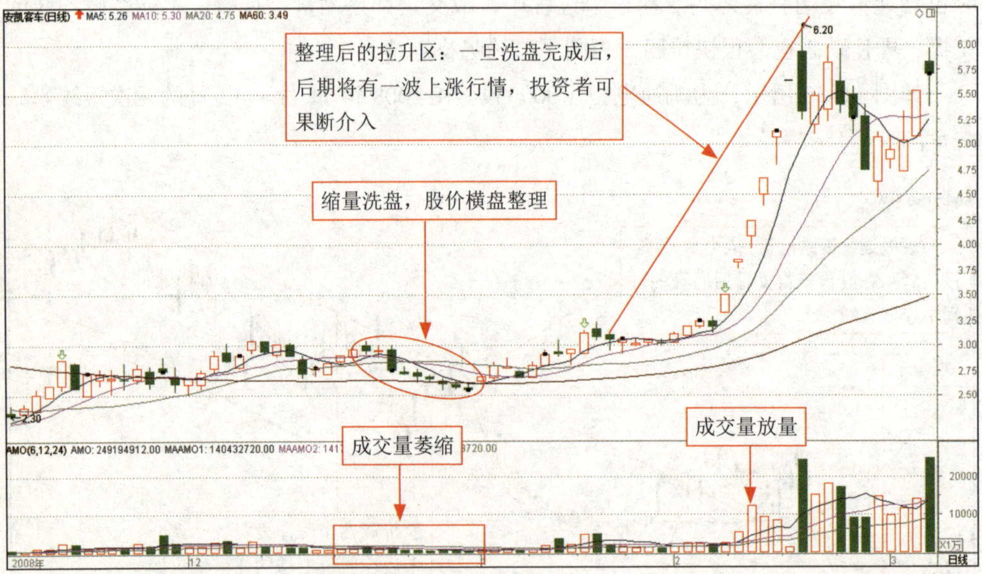

图 11-11　缩量横盘整理

主力为了既达到洗盘的目的又不失去手中筹码，就会采取另一种无量洗盘的方法。无量洗盘的 K 线形态是主力在股价下跌的过程中成交量越来越小，与前期的放量相比，当前的量能大幅萎缩，缩量洗盘在技术形态上很容易区别。此时，投资者在买入的安全性方面也比放量买入的安全性要高得多，因为主力是无法在不断萎缩的成交量中完成出货操作的。

11.4 分析 3：主力拉升盘面

在股市中，主力可以通过操盘手段主动拉升股价，而散户只能等待股价上涨。因此，在前期未介入的散户投资者，在这个阶段逢低介入，短期持有也会获利。

一般来讲，主力在盘中拉高股价时往往多采用急速拉高、缓慢拉高、波段拉高和震荡式拉高的手法，但无论其使用何种拉高手法，都必须有量的配合，没有量的配合就无法推动股价的上涨。

11.4.1 急速拉升

急速拉升是指主力在短时间内使用大量的成交量大幅拉升股价，甚至涨停，一般情况下，如果出现这种情况，说明主力的资金实力雄厚，在拉升初期，投资者可建仓介入，持股待涨。

图 11-12 所示，为荣华实业（600311）的急速拉升盘面分析。

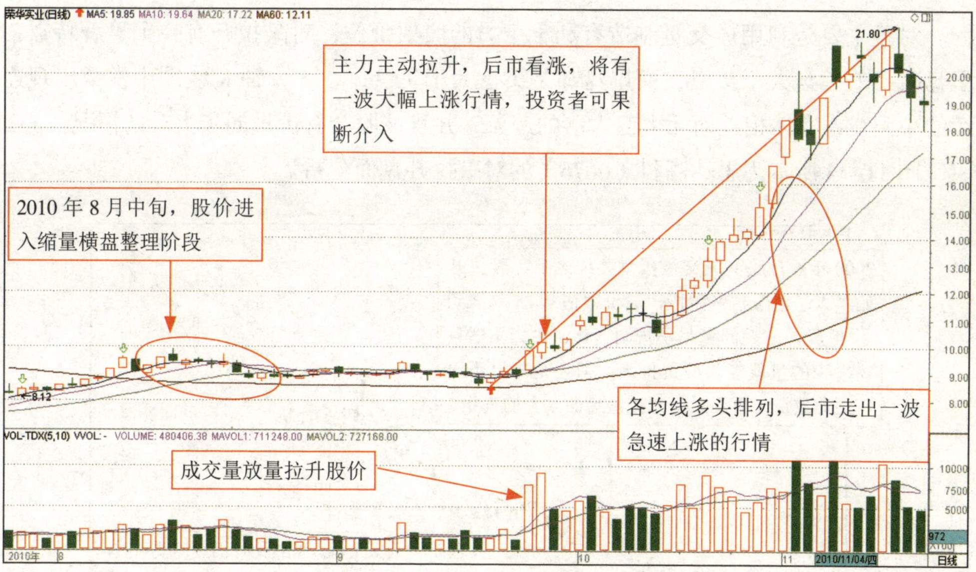

图 11-12 急速拉升盘面分析

当然，主力绝对控盘的股票及短期内市场一致看好的股票在短期暴涨时会出现缩量上涨的情况，那是因为市场筹码被高度锁定的原因，这在日 K 线图中不易看出来，但在分时图上依然可看出有量的配合。如图 11-13 所示。

投资者可以从日 K 线图中找到主力的拉高动作信号，但仅从日 K 线图中来进行分析是不够的，也是不及时的，投资者还必须将其细化到当天的分时图中，通过对当天分时图的分析，就能进一步并且在第一时间抓住主力拉高时的种种迹象，从而在第一时间抢占先机，把握市场主动权。

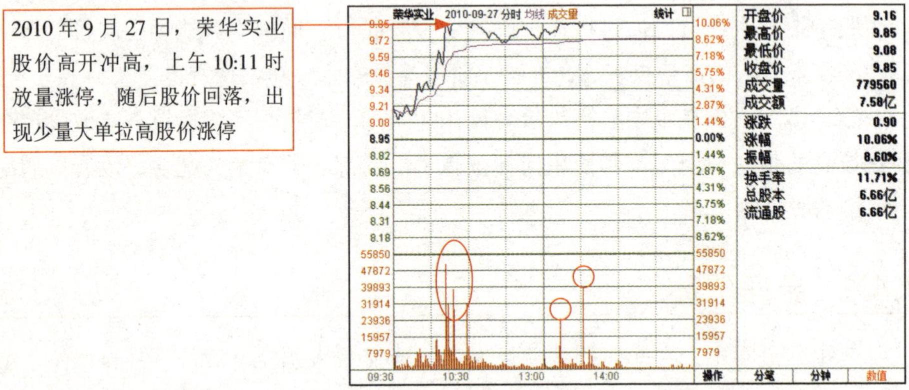

图 11-13　荣华实业分时图

11.4.2　对敲拉升

对敲主要是利用成交量制造有利于主力的股票价位，对敲拉升有一个显著特点：早盘时一般卖盘大于买盘，而尾盘却是买盘大于卖盘，在 5 分钟 K 线图中常常出现连续的小阳线，实体相近而无大起大落的迹象，并且该股会有价量同步上升的情况。

图 11-14 所示为思达高科（0676）的对敲拉升盘面分析。

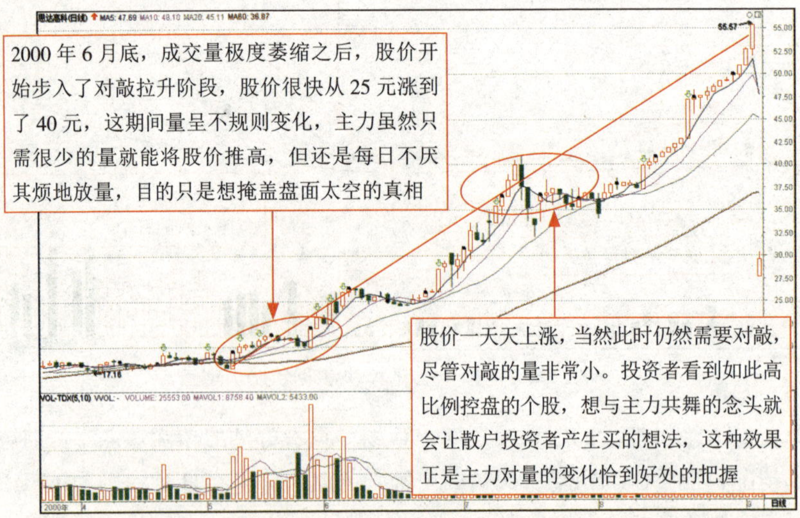

图 11-14　对敲拉升盘面分析

11.5 分析 4：主力出货盘面

主力将股价拉升到预期高位时就会抛售手中的筹码，为了能够顺利出货，通常会制造一些向好的股价形态误导场外资金追踪入场承接主力抛盘。因此，洞察主力出货的操盘手段，可以避免高位套牢。

11.5.1 拉高出货

拉高出货又称诱多出货，是主力较为隐蔽的一种出货方式，采用这种出货方式的股票一般为强主力股，同时股票本身通常有较好的后续题材的配合。

图 11-15 所示为浪潮信息（000977）的拉高出货盘面分析。

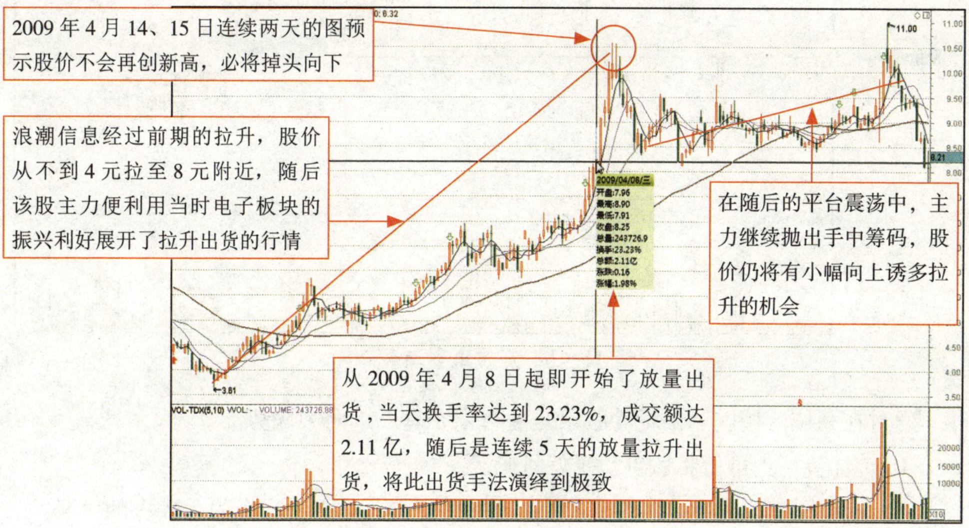

图 11-15　拉高出货盘面分析

专家提醒

拉高出货的特点是股价前期都有过不小的涨幅或者说是经过一波拉升，在接近阶段性顶部时股价快速拉升，同时量能较前期拉升时有明显放大或经过前期大幅拉升后股价作平台整理，但平台整理时量能并没有缩小，然后再度拉升，但量能较前期拉升时有明显放大但股价却没有相应的涨幅。当股市出现这种情况时，投资者一定要提高警惕，严密跟踪，因为此时主力随时都可能出货。

11.5.2 震荡出货

震荡出货的方式包括高位平台（小区域）震荡出货、高位横盘（中级区域，两个交易周以上）震荡出货、“低位”（利用除权）震荡出货几种。这种出货的共同特点都是放量滞涨，其盘整的时间长短由主力所持筹码的数量而定，一旦在高位出现这种情况，主力出货的概率极大，投资者最好紧跟离场。

图 11-16 所示为敦煌种业（600354）的震荡出货盘面分析。

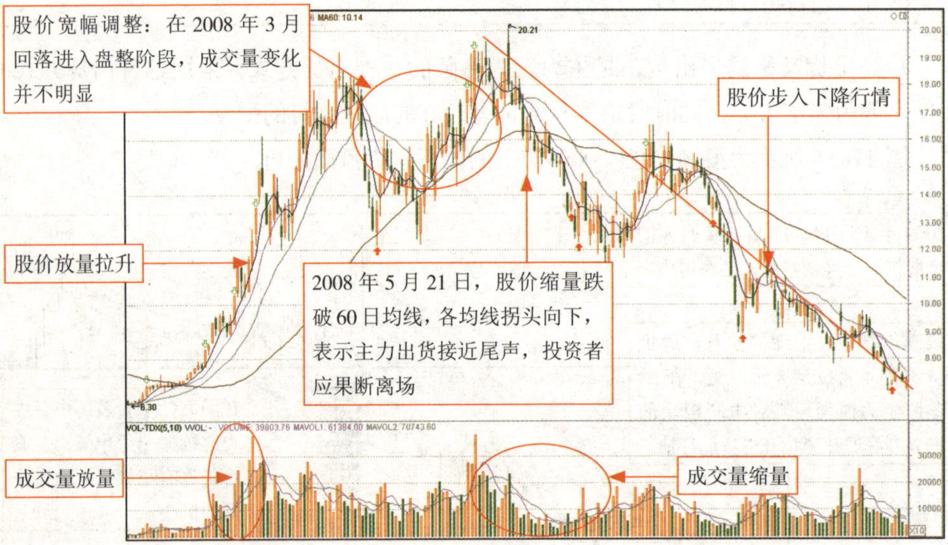

图 11-16　震荡出货盘面分析

通过在高位区域震荡出货的股票对主力主要有以下两大优势。

（1）优势一：可以将股价卖个好价码。

（2）优势二：主力手中筹码较多，通过反复震荡的方法可以脱手较多的筹码。

在主力股中，震荡出货方式与其他几种出货方式相比，是主力运用得较多的一种出货方式，值得投资者认真研究。

专家提醒

投资者需要注意的是，同一个主力在出货时使用的手法并不是固定不变的，有时也交替使用，具体使用哪一种手法要跟据大盘和个股本身的情况及主力自己的需要来定。上面所列举的几种出货方式，并不能完整地描述主力出货的所有细节，而且主力出货的手法也在不断更新，投资者切不能以“窥一斑而知全貌”的眼光去看待主力出货的问题。

CHAPTER 12

第 12 章

趁胜追击 股指期货和创业板

学前提示

股指期货提供了多空双向交易机制，可以给市场提供对冲平衡力量，改变单边市带来的暴涨暴跌，有利于形成股票市场的内在稳定机制以及培育成熟的机构投资者队伍；而创业板市场最大的特点就是低门槛进入、严要求运作，有助于有潜力的中小企业获得融资机会。

要点展示

- 股指期货
- 创业板

12.1 股指期货

股指期货（Stock Index Futures）的全称是股价指数期货，是一种以股价指数作为标的物的金融期货合约，双方约定在未来的某个特定日期，可以按照事先确定的股价指数的大小，进行标的指数的买卖。

12.1.1 股指期货的特点

股指期货与普通的商品期货除了在到期交割时有所不同外，基本上没有什么本质的区别，主要特点如图 12–1 所示。

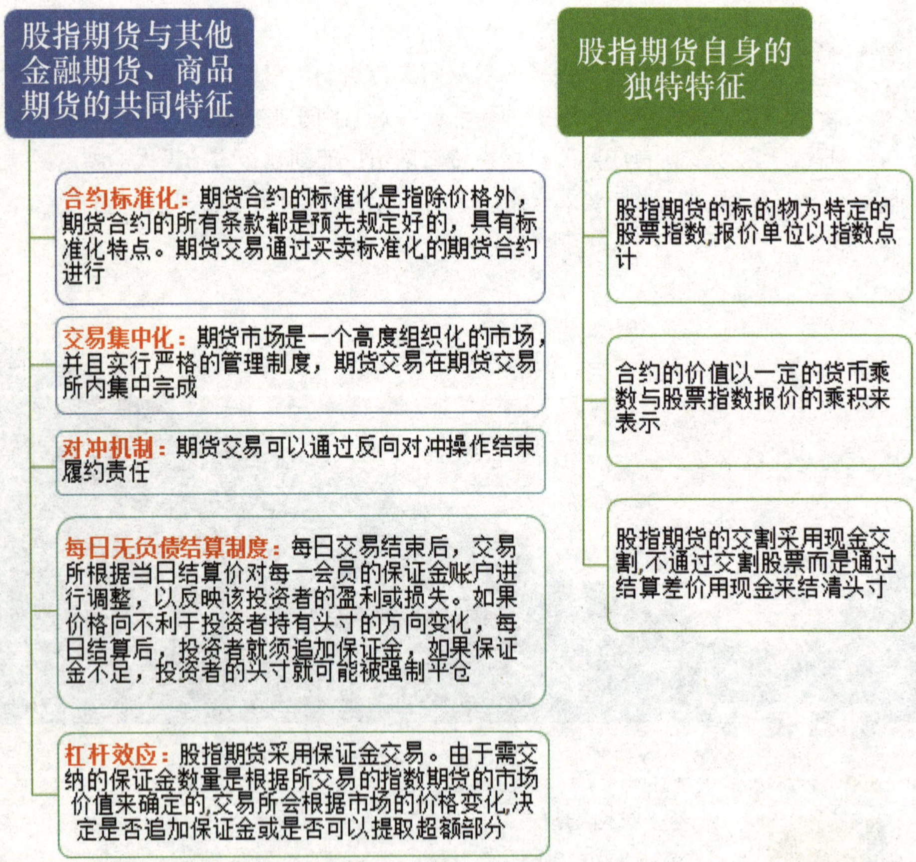

图 12–1 股指期货的特点

12.1.2 股指期货的功能

20 世纪 70 年代以后，西方国家股票市场波动日益加剧，投资者规避股市系统风险的要求也越来越迫切。股票市场的风险可分为非系统性风险和系统性风险两个部分。非系统性风险通常可以采取分散化投资方式减低，而系统性风险则难以通过分散投资的方法加以规避。人们开始尝试着将股票指数改造成一种可交易的期货合约，并利用它对所有股票进行套期保值，以规避系统风险，于是股指期货应运而生，其功能如图 12–2 所示。

价格发现	由于期货交易的保证金低且手续费便宜，因此流动性极好，各类信息会很快在期货市场上反映出来，并快速地传递到现货市场，从而使现货市场价格达到均衡
风险转移	股指期货最主要的功能是通过套期保值操作来规避股票市场的系统性风险。利用股指期货进行套期保值的原理，是根据股票指数和股价变动的同方向趋势，在股票市场和股票指数的期货市场上作相反的操作，以此抵消股价变动的风险
合理配置投资资产	投资者购买股指期货只需付出少量资金，即可跟踪大盘指数或相应的科技股指数，达到分享市场利润的目的；而且股指期货的期限短（一般为 3 个月）、流动性强，投资者可以迅速改变其资产结构，进行合理的资源配置
套利交易	当股指期货的市场价格与其合理定价偏离很大时，就会出现股指期货套利活动：投资者可在买入或卖出某种期货合约的同时，卖出或买入相关的另一种合约，并在某个时间同时将两种合约平仓
管理证券投资风险	投资者拥有了直接的风险管理手段，通过股指期货可以把投资组合风险控制在浮动范围内；股指期货保证了投资者可以把握入市时机，以准确实施其投资策略

图 12–2 股指期货的主要功能

例如，担心股票市场会下跌的投资者可通过卖出股指期货合约对冲股票市场整体下跌的系统性风险，有利于减轻集体性抛售对股票市场造成的影响。股指期货的推出还有助于国企在证券市场上直接融资；股指期货甚至可以减缓基金套现对股票市场造成的冲击。

12.1.3 股指期货与股票的区别

股指期货和股票都是在交易所交易的产品。在我国境内市场，股指期货在中国金融期货交易所交易，股票在上海证券交易所和深圳证券交易所上市交易。两者是不同的金融工具，存在很大的区别。如表 12–1 所示。

表 12-1　　股指期货与股票的区别

区别	股票	股指期货	备注
期限	股票是没有期限的，只要上市公司不退市，投资者买入股票后就可以一直持有	股指期货合约有到期日，合约到期后将会交割下市，同时上市交易新的合约，所以不能无限期地持有某一月的合约	交易股指期货要注意合约到期日，临近到期时，投资者必须决定是提前平仓了结，还是等待合约到期时进行现金交割
交易方式	股票交易需要支付股票价值的全部金额	股指期货采用保证金交易，即在进行股指期货交易时，投资者不需支付合约价值的全额资金，只需支付一定比例的资金作为履约保证	目前，我国由于股指期货保证金交易提供了交易杠杆，其损失和收益的金额将可能会很大，这点和股票交易也不同
交易方向	目前，我国股票交易还没有卖空机制，股票只能先买后卖，此时股票交易是单向交易	股指期货交易既可以做多，也可以卖空；既可以先买后卖，也可以先卖后买。因此，股指期货交易是双向交易	据悉，未来部分股票允许融券交易后情况会有所改变
结算方式	股票交易采取全额交易，并不需要投资者追加资金，在股票卖出以前，不管是否盈利都不进行结算	股指期货交易采用当日无负债结算，当日交易结束后要对持仓头寸进行结算	如果股指期货的账户保证金余额不足，必须在规定的时间内补足，否则可能会被强行平仓

此外，股票指数期货还有很重要的优势，如提供较方便的卖空交易、交易成本较低、拥有较高的杠杆比率、市场的流动性较高等。

专家提醒

据悉，在英国，对于一个初始保证金只有2500英镑的期货交易账户来说，它可以进行的金融时报100种指数期货的交易量可达70000英镑，杠杆比率为28∶1。由于保证金交纳的数量是根据所交易的指数期货的市场价值来确定的，交易所会根据市场的价格变化情况，决定是否追加保证金或是否可以提取超额部分。

12.1.4 股指期货与商品期货的区别

股指期货交易是期货交易的一种，它与商品期货在运作机制和风险管理上是有共性的，如同样采用保证金制度、具有杠杆放大效应、每日无负债结算等。股指期货与商品期货貌似相同，但也有很多的不同之处。如表 12-2 所示。

表 12-2　股指期货与商品期货的区别

区别	股指期货	商品期货
标的指数	股指期货的标的物为特定的股价指数，不是真实的标的资产	商品期货交易的对象是具有实物形态的商品
交割方式	股指期货采用现金交割，在交割日通过结算差价用现金来结清头寸	商品期货采用实物交割，在交割日通过实物所有权的转让进行清算
参与交割	股指期货以现金进行交割，不存在合约到期挤市的现象	商品期货不允许个人投资者持有合约进入交割期
合约到期日标准	股指期货合约到期日都是标准化的，一般到期日在 3 月、6 月、9 月、12 月等几种	商品期货合约的到期日根据商品特性的不同而不同
持有成本	股指期货的持有成本主要是融资成本，不存在实物贮存费用，有时所持有的股票还有股利，如果股利超过融资成本，还会产生持有收益	商品期货的持有成本包括贮存成本、运输成本、融资成本。股指期货的持有成本低于商品期货
趋势判断	股指期货需要对国内国际金融领域有一个宏观的判断	商品期货只需对交易的商品品种进行研读
投机性能	股指期货对外部因素的反应比商品期货更敏感，价格的波动更为频繁和剧烈，因而股指期货比商品期货具有更强的投机性	

专家提醒

股指期货的推出将使股票二级市场交易格局发生极大的变化，将加剧市场机构博弈的特征。随着国家对私募基金的逐步认可和政策放开，私募基金账户理财方案也必将成为股指期货市场的主流。

12.1.5 股指期货的交易流程

投资者在进行股指期货交易前，必须要对交易的每个环节有个清楚的了解和认识，以避免因规则不熟带来的风险。股指期货的整个交易流程可分为开户、交易、结算和交割 4 个步骤。如图 12–3 所示。

步骤一 开户

（1）寻找合适的期货公司：投资者可以通过所在的证券公司寻找，或者直接找到具有金融期货经纪业务许可证的期货公司

（2）填写开户材料：投资者应仔细阅读“期货交易风险说明书”，选择交易方式并约定特殊事项，进而签署期货经纪合同，并申请交易编码和确认资金账户

（3）资金入账：通过银行存入保证金，经确认后即可进行期货交易

步骤二 交易

（1）交易指令：按照价格优先、时间优先的原则进行计算机集中竞价，有市价、限价和取消 3 种指令

（2）交易方式：期货具有多头和空头两种头寸，交易上可以开仓和平仓，平仓还分为平当日头寸和平往日头寸

（3）交易合约期限：股指期货合约在半年之内有 4 个合约，即当月现货月合约、后一个月的合约与随后的两个季度月合约。随着每个月的交割以后，进行一次合约的滚动推进

步骤三 结算

因为期货交易是按照保证金进行交易的，所以需要对投资者每天的资产进行无负债结算。在期货交易账户计算中，盈亏计算、权益计算、保证金计算以及资金余额是 4 项最基本的内容

步骤四 交割

就是根据投资者持有的期货合约的“价格”与当前现货市场的实际“价格”之间的价差，进行多退少补，相当于是把你的持仓合约以交割那天的“现货价格”平仓。这个“现货价格”就是交割结算价

图 12–3 股指期货的交易流程

专家提醒

综合来看，股指期货主要为投资者带来 3 种交易模式：投机、套期保值和套利。这 3 种模式的主要参与群体不尽相同，一般而言，直接买卖股指期货进行投机交易者，主要是一些风险承受能力强、追求高风险高收益的个人投资者及部分私募基金，他们也是市场上的活跃分子，而利用套保和套利交易的则多为机构投资者。

12.1.6 股指期货的投资要点

股指期货作为一种新型的投资工具，受到了很多投资者的关注。如图 12–4 所示，列举了股指期货独特的投资要点。

合约乘数

合约乘数的意思是：1个点的股票指数应该值多少钱。以沪深300指数期货合约为例：其合约乘数初步设定为300，则1个点的沪深300指数数值，就相当于300元；若沪深300指数的点位约为1000点，则一张沪深300指数合约的价值为：
1000×300元 = 30万元

保证金交易

股指期货同一般的商品期货一样，是用保证金交易的。例如，若沪深300指数期货合约的保证金为10%，也就是说理论上买一份沪深300指数期货合约只需要支付：
30万元×10% = 3万元

合约成交量

股指期货合约本质上是买卖双方对指数点位的一种对赌合约。只要存在一对买卖双方，就能产生一张成交的合约。投资者即使没有任何股指期货的合约持仓，都可以卖出一张股指期货的合约。只要有投资者愿意买，那就会产生一张成交量

未平仓合约数

未平仓合约数是指买方或卖方的单边持仓合约的总量，也就是市场上的存续合约总数。货平仓获得的盈利可以弥补现货成本的提高，于是投资者便通过股指期货锁定了买入ETF的成本

图 12-4　股指期货的投资要点

通常情况下，投资者从事期货交易动用的资金不宜超过总资金的三分之一，在把握较大时最好也不要超过总资金的一半。按此计算，即使只进行一手股指期货的交易，所需要的资金量最低也要超过 10 万元。

在计算股指期货交易所需要的资金量时，除了要考虑期货公司所要求的最低保证金之外，还要留出一块暂时不用的资金，以满足可能出现的追加保证金的要求。因此，考虑到股指期货的风险特征和投资者承受能力等方面的因素，建议可动用资金不足 50 万的个人投资者最好不要参与股指期货的交易。

专家提醒

通常，股票行情判断方法可以分为技术分析和基本面分析。其中，股票技术分析对未来的股指期货仍然是适用的，但是基本面分析就有所局限。股指期货的基本面分析当中，还要考虑国际市场等因素。总的来说，投资者从股票进入到股指期货市场，需要转变的不只是投资理念，还有思维方式。

12.2　创业板

创业板是地位次于主板市场的二板证券市场，以 NASDAQ 市场为代表，在中国特

指深圳创业板。创业板在上市门槛、监管制度、信息披露、交易者条件、投资风险等方面和主板市场有较大区别，其目的主要是扶持高成长性的中小企业。

12.2.1　创业板的开户条件

创业板又称二板市场，即第二股票交易市场，是指主板之外的专为暂时无法上市的中小企业和新兴公司提供融资途径和成长空间的证券交易市场，是对主板市场的有效补充，在资本市场中占据着重要的位置。

投资者参与创业板交易，需具备如下条件：证监会已经发布创业板投资者适当性管理制度，规定以投资者本人名下账户在上海或深圳证券交易所发生首笔股票交易之日起计算，允许有两年以上投资经验的投资者进入创业板交易。

创业板的具体办理方法为：投资者向所属证券公司营业部提出开通申请后，认真阅读并现场签署《创业板市场投资风险揭示书》，上述文件签署两个交易日后，经证券公司完成相关核查程序，即可开通创业板市场交易。当然，投资者也可以在此期间撤回开通申请。

投资者可以通过以下方法查询自己是否具备两年的交易经验。

步骤 1 进入中国结算官方网站（http://www.chinaclear.cn/），单击“网上业务平台”超链接。如图 12-5 所示。

步骤 2 执行操作后，进入“网上业务平台”页面，单击“投资者服务专区”超链接。如图 12-6 所示。

图 12-5　单击“网上业务平台”超链接

图 12-6　单击“投资者服务专区”超链接

步骤 3 执行操作后，进入“投资者服务专区”页面，单击“证券查询服务”按钮。如图 12-7 所示。

步骤 4 执行操作后，进入“证券查询服务”页面，单击“投资者首次交易日期查询”

按钮。如图 12-8 所示。

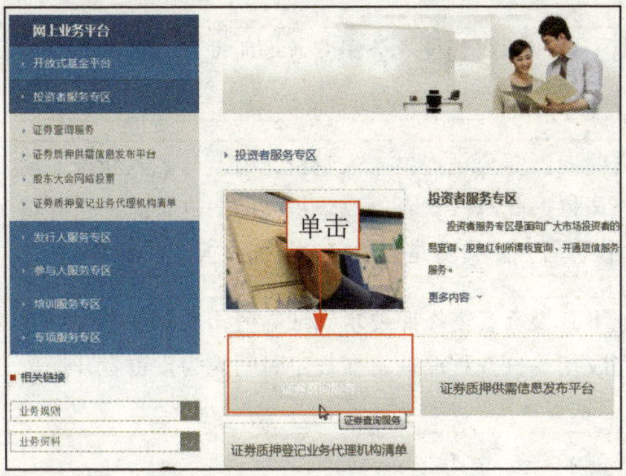

图 12-7 单击“证券查询服务”按钮

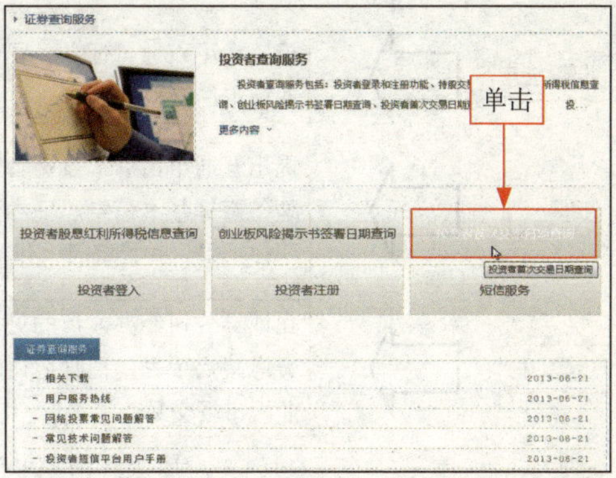

图 12-8 单击“投资者首次交易日期查询”按钮

步骤 5 执行操作后，进入“投资者首次交易日期查询”页面，输入证券账户、证件号码、验证码，单击“查询”按钮即可。如图 12-9 所示。需要注意的是，该查询系统仅供自然人投资者使用，查询结果不作为投资者证券账户信息的法律依据。

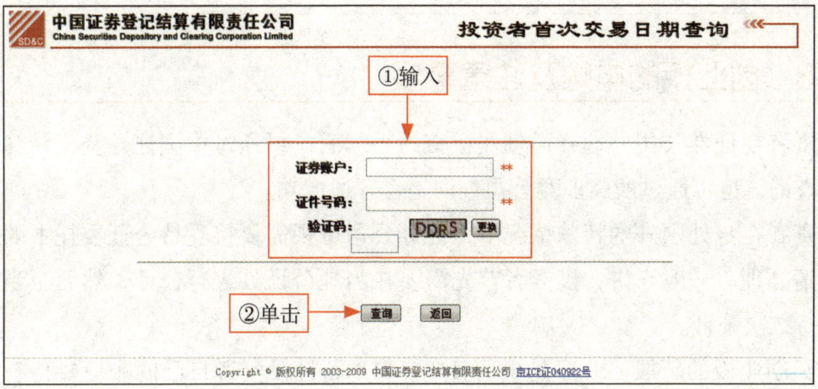

图 12-9 单击“查询”按钮

12.2.2 申请创业板的流程

创业板是为了适应创业与创新的需要而设立的新市场。与主板市场只接纳成熟的、已形成足够规模的企业上市不同，创业板以成长型创业企业为服务对象，重点支持具有自主创新能力的企业上市，具有上市门槛较低、信息披露监管严格等特点，它的风险要高于主板。申请创业板的流程如图 12–10 所示。

步骤一	投资者首先需要了解创业板的特点、风险，客观评估自身的风险承受能力，审慎决定是否申请开通创业板市场交易
步骤二	投资者可以通过证券公司网上营业厅或到证券公司营业场所现场，提出开通创业板市场交易的申请
步骤三	提出开通申请后，投资者需要向证券公司提供本人身份、财产与收入状况、风险偏好等基本信息。证券公司将据此对投资者的风险承受能力进行测评，并将测评结果告知投资者，作为投资者判断自身是否适合参与创业板交易的参考
步骤四	在证券公司经办人员的见证下，投资者需按照要求到证券公司的营业部现场签署风险揭示书。证券公司完成相关核查程序后，在规定时间内为投资者开通创业板市场交易

图 12-10　申请创业板的流程

专家提醒

如果风险测评结果显示投资者的风险承受能力较弱，不适合参与创业板交易，投资者应当审慎考虑是否直接参与创业板交易，或者通过购买创业板投资基金、理财产品等方式间接参与创业板。

12.2.3　创业板的申购及注意事项

投资者在证券公司办理开通创业板交易手续后，可通过中国证券登记结算公司网站自行查询，也可通过所属证券公司查询是否开通成功。

投资者在身处国外的特殊情况下，证券公司可视需要接受持公证委托书的代理人代为申请办理。一般来讲，投资者首先需要在当地公证处进行公证，然后至当地大使馆再进行二次公证。

购买创业板的新股，一般是申购日 T + 2，而且投资者自己的账户要持有深圳市场股票，基本的比率是市值 5000 元分配一个申购额度，一个申购额度可申购深圳新股 500 股，也就是说投资者必须有股票，才可以申购新股。

新股申购验资结束后当天（T + 1 日），中国结算深圳分公司根据实际到账的新股申购资金确认有效申购总量，并按每申购单位配一个号，对所有有效申购按时间先后顺序连续配号，直到最后一笔有效申购。T + 2 日披露新股发行申购情况及中签率公告。

投资者查询创业板新股申购配号及中签情况可通过以下两个途径。

1. 到所在证券营业部查询。

2. 通过深交所自动语音电话查询。

专家提醒

“新股申购”是指投资者在新股发行期间申请购买的行为，而“新股认购”是指投资者在新股申购中签后缴款购买新股的行为。

12.2.4 创业板的交易规则

创业板股票交易规则基本与主板一致，除了上市首日交易风险控制制度以外，创业板首次公开发行股票上市首日，实施盘中股价异常波动临时停牌制度。例如，当创业板股票上市首日盘中成交价格较当日开盘价首次上涨或下跌达到或超过 20%时，深圳证券交易所可对其实施临时停牌 30 分钟。

创业板股票的交易代码为 30××××，其交易以竞价交易方式进行，符合规定的，也可进行大宗交易。除特别规定外，参照执行《深圳证券交易所交易规则》关于主板 A 股股票的相关规定。如图 12-11 所示。

买卖规则	通过竞价交易买入创业板股票的，申报数量应当为 100 股或其整数倍。 卖出创业板股票时，申报数量应当为 100 股或其整数倍，余额不足 100 股的部分，应当一次性申报卖出
交易时间	创业板市场交易日为每周一至周五。每交易日上午 9：00～9：25 为集合竞价时间；上午 9：30～11：30，下午 1：00～3：00 为连续竞价时间。若遇到国家法定假日及交易所公告的休市时间，创业板市场休市
流转制度	创业板股票与主板相同，实行股票 T＋1 流转制度，当天买入的股票，当天无法卖出，第二个交易日才能卖出

图 12-11 创业板的交易规则

专家提醒

证券的报价单位为“每股（份）价格”，最小变动单位为 0.01 元。创业板股票实行价格涨跌幅限制，涨跌幅限制与主板相同，涨跌幅比例为 10%。参照主板，由证券公司交易员在深交所综合协议交易平台的交易终端上完成协议交易的委托申报，委托申报时间为 9：15～15：30；综合协议交易平台在 15：00～15：30 进行成交确认。

12.2.5 创业板投资技巧

“要投资，先学知”，“投资知多点，理财更轻松”，这些是广大投资者应牢记的投资法宝。入市前，投资者应学习相关证券知识。创业板在全世界任何国家都是一个高风险的市场，作为新入市的投资者，比的不是胆量，而是眼光和投资技巧。如图12–12所示。

关注整体市盈率	市盈率指标还必须与股票的风险水平相结合，才能作出合理的投资价值评判。创业板股价的合理定位应高于主板市场和中小企业板，如果平均市盈率接近主板与中小板，就有明显投资价值
分析行业特征	投资创业板不仅要分析行业属性优劣，更重要的是公司高科技含金量，并以业绩、行业独特性和未来发展的稳定增长为依据。行业的经济结构不同、变动规律不同，所处生命周期阶段不同、其赢利水平的高低、经营的稳定状况也不同，这是进行行业分析时要着重考虑的因素
着重创业板成长性	成长的想象力上升空间，历来是市场炒作的预期，刚上市可做短线，采取波段操作。若做中长期投资，则要从估值角度去衡量
把握市场进出时段	对散户来说，时机的选择是非常重要的。在目前制度与法律还不能完全制约内幕交易的情况下，应防止大股东利用散户信息不畅的劣势，采用高位套现，散户要设置止盈与止损位，控制仓位及收益
预防投资风险	投资创业板的难度较大，它的高风险、高成长背后本身的潜台词就是“冒风险”，散户投资创业板，一定要学会要稳中取胜

图 12–12 创业板投资技巧

CHAPTER 13

第 13 章 风险防范 小心驶得万年船

学前提示

俗话说："股市有风险，入市需谨慎。"人人都知道股市是一个高风险的地方，但是近年来我国的股市还是进入了一个飞速发展的时期。了解风险与陷阱，并掌握如何防范，对投资者有很大的帮助。

要点展示

- 股市有风险，入市须谨慎
- 防范股市中的各种陷阱

13.1 股市有风险，入市须谨慎

股市风险通常指投资者进入股票市场后，在买卖操作中所面临的不能赢利甚至无法收回成本的危险，主要体现在股民以一定价格买入某只股票后，股票价格大跌，结果不能以高于买入时的价格将股票卖出，发生套牢现象。那么股市风险有哪些？如何认知和防范呢？

13.1.1 什么是股市风险

风险，是指遭受损失或损害的可能性。从风险的定义来看，股票投资风险主要有两种：一种是投资者的收益和本金的可能性损失；另一种是投资者的收益和本金购买力的可能性损失。

股票投资风险具有明显的两重性，即它的存在是客观的、绝对的，又是主观的、相对的；它既是不可完全避免的，又是可以控制的。投资者对股票风险的控制就是针对风险的两重性，运用一系列投资策略和技术手段把承受风险的成本降到最低限度。

13.1.2 股市风险的种类

俗话说“成也股票，败也股票”，直接反映了股票高风险和高收益的特色。为了尽最大可能地规避风险并获得利润，投资者需要了解各种常见的股市风险。如图 13-1 所示。

不可分散风险	指发生原因跟上市公司无关的市场风险，一般会导致股市上所有股票价格的下跌，影响面较大
可分散风险	可分散风险是与整个股票市场波动无关的风险，一般只会造成个别股票价格下跌，从而给该股票持有人带来损失的风险
客观风险	客观风险的内容比较复杂，包括不可分散风险和可分散风险，此外传言也是客观风险
主观风险	主观风险主要源于投资者对于股市的认识和心理上的误区。很多新入市的股民具有只在牛市购买股票、只买便宜的股票、过分依赖技术分析、不设止损点和止盈点等主观风险

图 13-1 股市风险的种类

专家提醒

人们常说：在股市上，凡夫的直觉有时会胜过行家的理论。亚当理论的创立者韦尔德在热衷地研究了多年技术分析之后，最终把自己的研究成果全盘否定，就是因为他认为在股市中趋势是不可能被预测的，所有的分析工具都有不可避免的缺陷，任何分析工具都不可能绝对准确地预测股市的走向。

技术分析里面所有的数据、图表只代表过去，是对过去信息的反映，对于未来的预测只是有一定概率的可能，而相对于变幻莫测的股市，没有什么是不可能发生的。对于技术分析，股民要辩证地看待，将技术分析结果与实际走势相结合，顺势而为，尽可能地避免风险。

13.1.3 如何防范股市风险

风险与陷阱的存在是无法改变的，但是投资者可以应用相关经验和知识，尽可能地避免风险与防范陷阱。

1. 掌握证券专业知识

新入市的投资者在进行股票交易之前，要规避风险，并从投资中得到收益，必须做到下面两点。

（1）详细地了解和认知相应的股票知识，才能了解其风险与陷阱所在。

（2）根据一定的专业知识，进行分析和避免这些风险和陷阱。

2. 避免股市操作误区

尽管许多普通投资者在入市后谨慎再谨慎，却还是有不少资产随着指数起落而如流水般失去。这主要是因为很多投资者在实战操作中都存在着或大或小的误区，下面来看看投资者在股市中有哪些常见误区。

（1）没有止损概念。止损和止盈的设置是非常重要的，很多投资者总是幻想在最低点买进，在最高点卖出，认识不清股场如战场，当破位时一定要止损。

（2）只买便宜的股票。须不知股价的低价格只是相较前期而言，如果上档套牢盘过重，股票上升动能不足以冲过阻力区，股价也很难上涨，盲目地只根据价格便宜而购买这类股票会给投资者带来很大的损失。

（3）喜欢预测大盘。很多投资者喜欢通过技术分析“预测”股票价格。其实，对于技术分析，投资者要辩证地看待，将技术分析结果与实际走势相结合，顺势而为，尽可能地避免风险。

（4）被套时，等解套后再卖。从技术上讲等待深套的股票解套是不可取的，投资者不能被动地等待结果，积极采取措施才是正道。

（5）跟踪购买热门股票。通常在热门股票上涨前后15分钟的短时间就需要购买，当普通的投资者发现热门股票时，往往已经错过最好的购入时机。

3. 分析环境，把握时机

俗话说“选股不如选时”，选择好的投资时机，可以降低所选股票出现下跌的可能性，可以有效地规避系统风险。要把握大体的投资时机，投资者可以注意以下两个细节。

（1）政治变动。政治因素很容易影响社会的稳定，如果政权更迭给社会带来动荡，则股市会发生下跌。

（2）物价上涨。一般情况下，物价上涨后，一般与其相对应类型的股价随之上涨；物价下跌，与其相对应的股价则下跌。

投资者要适当地关心政治事件、通货膨胀、物价变动等大环境，培养对国家大事和国际时事的热情，了解国家政策实施和经济发展的现状及趋势，对宏观政治经济变动给经济形势可能带来的影响有敏锐的判断。

4. 选择合适的投资方式

股市毕竟是一个高风险的地方，即使采取再多的技巧、学习再多的理论，也不可避免地会遭遇风险。选择合适的投资方式，能够有效地避免股市中的各种风险。

（1）采用多样化的投资方式。对不同的股票根据其特点使用不同的投资方式，通过多样化的投资方式可以达到分散风险的目的。投资者不能只采取单一的投资方式，还要长线、中线和短线多种投资方式相结合。

（2）分散投资，并留够备用资金。分散投资的目的是分散风险、减少风险、回避风险，其方法是将不同证券组成投资组合。当然，风险也不是越分散越好，而是应适可而止。对本金不多的散户应相对集中，这样相对成本低，容易形成规模效益。

5. 制定合理的投资方案

实际上，有很多投资者在买入股票时，通常是乱买一通，在自己的账户里买了多种不同的股票，但结果往往是购买了一大把亏损的股票。鉴于每个投资者的年龄、职业、收入以及经济状况等因素不同，因此都应该要有自己独特的投资方案。

（1）根据自己的投资能力选择投资策略。

（2）根据自身的财力决定投资规模。

（3）根据可使用时间和资金确定投资周期。

（4）根据自己对风险的承受力决定投资方向、选择投资对象。

（5）根据投资者的精力制定投资方案。

6. 警惕不良咨询机构

全国大部分股民都在赔钱，而咨询公司却将大把大把的钞票轻松收入囊中，其中玄机，外人难窥其径。

多数股票咨询机构都在遵循着“不炒股票炒股民”的运营方式，他们信奉：如果大家都相信河对面的山上有黄金，你不应该也去淘金，而应该在河上经营船渡。因此，这再一次提醒了投资者，炒股还是要相信自己，不能轻易相信任何小道消息！

7. 网上炒股注意安全

随着网络发展和电脑的普及，上网的人越来越多，网上股票交易也逐渐成为一种趋势。网上交易的优点很多，操作也很简单，不受地域限制，但是在进行网上交易时，也需要注意其安全性。

（1）保护交易密码。经常更改密码，确保密码不被他人知晓。另外，在利用互联网进行交易时，不要轻易下载来路不明的软件，以免给电脑黑客提供可乘之机。

（2）操作过程须谨慎。当网上交易出现故障时，可以通过电话询问行情或者下达交易指令，避免操作不及时引起的不必要损失。

（3）全面退出交易系统。在完成交易后，要正确地退出账户，并关闭交易系统，不能给图谋不轨者留有机会。

13.2 防范股市中的各种陷阱

陷阱与风险的不同之处在于陷阱是运用不正当的手段人为地制造的，目的是故意引诱投资者进入，从中谋取利益。本节主要介绍股市中常见的陷阱。

13.2.1 虚假交易

虚假交易，是操纵市场的行为之一，具体有以下4种。

（1）假装买卖：包括空报价格，不进行实际成交，自己既为买方又为卖方；或事先约定由甲卖给乙，事后乙再以原价返还，但不转移证券所有权。

（2）通谋买卖：即甲、乙双方以约定的价格一买一卖，反复炒作抬高股价，再真实地以高价卖出获利。

（3）假装买卖和通谋买卖的委托或受托：利用委托方和受托方进行假装买卖和通谋买卖，来控制股价。

（4）虚假造势：对某种有价证券连续反复买进或卖出，以显示该种股票交易的活跃，造成风涨的声势，诱使他人上当。

专家提醒

例如，1994年10月某证券公司深圳发展中心营业部连续交易自买自卖操纵“厦海发”A股，使得当日收盘价比前一日上涨了157%。该证券公司深圳发展中心营业部于次日将“厦海发”股票卖出，获利238万元。

13.2.2 股评陷阱

股评陷阱指有一部分股评人士利欲熏心，为了达到某种目的错误地引导股民。因此，股民在听取时也要小心谨慎，不能完全相信，并时刻注意自己才是做决断的人，股评人士只是提供了参考意见，不会为股民的损失承担责任。

股评是股票行业中较为资深的人士对股票进行的一种分析活动，其遍布电视、杂志、报纸以及各类财经媒体。如图13-2所示。

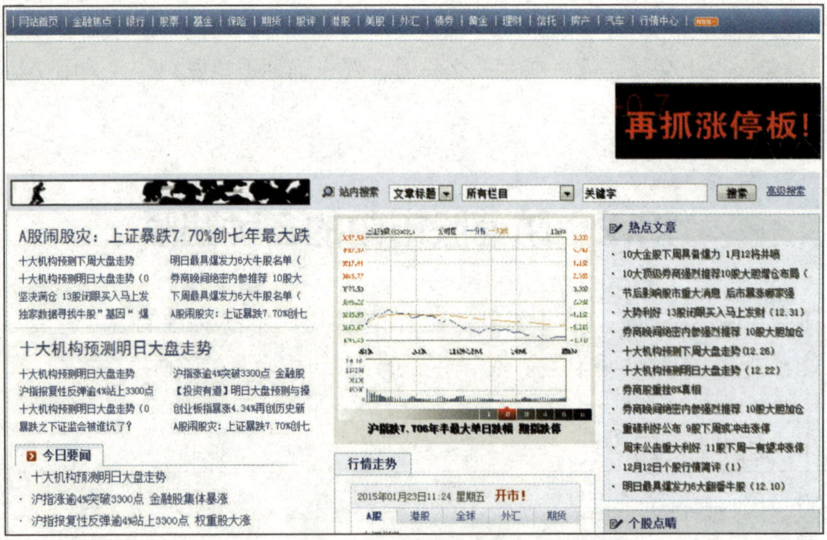

图13-2 网络上充斥着各类股评文章

由于股民并非都对股票有研究，而股票的知识和需要分析的数据很多，所以由专业人士做的股评是很多股民买卖股票的指引。对此，股民应注意以下内容。

（1）由于股评专家在股民中有一定的影响力，所以主力和上市公司会想方设法与一些所谓的专家合作，通过其股评设置骗局，引诱投资者按照其想法操作，最后达到非法赢利的目的。这类股评消息的危害是最大的，投资者对于股评消息，一定要谨慎，坚持独立思考。

（2）影响股市行情的因素复杂多变，股市本身的风险不可预测，任何股评专家对于股市的预测只是建立在某种理论分析上的可能性，并不能准确地预测股市走向，也不可避免会出现错误判断，而错误的判断被股民采用后，将造成严重的损失。

专家提醒

投资者应审慎客观地对待书籍中的观念、股评，不盲从、不迷信名家名言、不人云亦云，学会使用逆向思维，因为大多数人总是错的，掌握真理的永远只是少数人。

13.2.3 骗线陷阱

大户利用股民们迷信技术分析数据、图表的心理，故意抬拉、打压股指，致使技术图表形成一定线型，引诱股民大量买进或卖出，从而达到他们大发其财的目的。这种欺骗性造成的技术图表线型称为骗线。

主力在派发过程中，为了使其撤退过程更为顺利，常常使用各种手段来吸引跟风盘，以便于自己全身而退。下面是主力派发时常用的骗线手法。

（1）假突破骗线。主力在图形上制造整理形态的向上突破，甚至还有价升量增的假象，但这种突破却是假突破，尤其在相对顶部阶段，其目的是吸引投资者跟进。如图 13-3 所示。通常这种强势并不能持续多久，几日后往往会出现冲高回落的走势，并同时放出巨大的成交量，这就意味着跳水动作的开始。如果投资者碰到这种情况，应判断为假突破，宜及时离场。

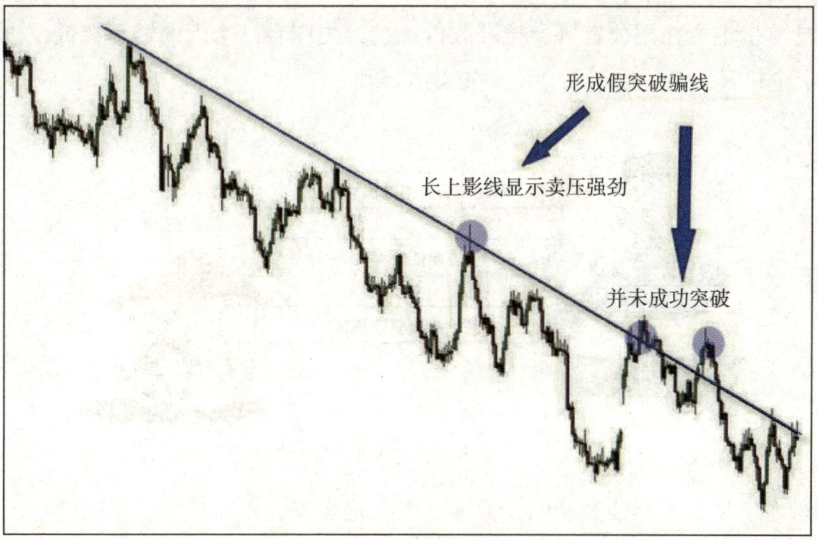

图 13-3　假突破骗线

（2）收盘价骗线。收盘价是指某只股票在证券交易所一天交易活动结束前最后一笔交易的成交价格。例如，散户看到某只股票某天一直是低开低走的，但到尾盘时突然高涨，使得K线图看上去非常有吸引力，借以吸引跟风盘。这通常是主力以小利来迷惑短线客，自己则趁机在振荡中出逃。

（3）拉尾市骗线。有些主力在整个交易日内都没有什么动作，而往往在邻近收市的几分钟内，主力却连续数笔大单将股价迅速推高，我们称这种拉升为揠苗助长式的拉抬，一般来说，往往连续好几日都出现这样的拉抬，其目的是做收盘价，从而在日线图上制造出完美的技术图形。

多数股民主要都是通过K线和其他技术分析指标来分析判断股票的买卖时机，由此，很多股市操纵者就通过对股价和成交量的操纵，使技术分析图中呈现出一些表示虚假的买卖时机形态，就是通常所说的骗线。骗线的产生就告诫投资者一定不要过分依赖技术分析指标，否则很容易上当受骗。

专家提醒

总之，在股市中是技术图形跟随股价的变化而变化，不是股价随着技术图形的变化而变化。所有的技术图形只能用来参考，决策的时候还要将技术分析与基本面分析、股市大形势结合起来，不能单纯依赖技术分析。

13.2.4 老鼠仓

老鼠仓（Rat Trading）是一种无良经纪人对客户不忠的“食价”做法。如图13-4所示。具体指主力在用公有资金拉升股价之前，先用自己个人的资金在低位建仓，待用公有资金拉升到高位后个人仓位率先卖出获利。

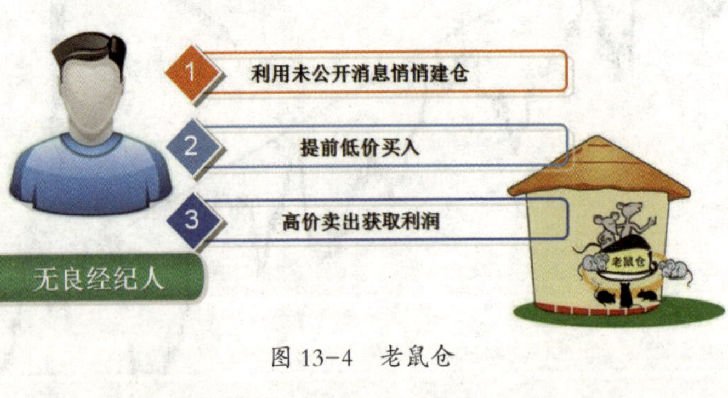

图13-4　老鼠仓

操盘本来是为了赚钱盈利的，但券商操盘很少有真正赚钱的，原因就在于券商把股票拉升后，大量底部埋藏的老鼠仓蜂拥出货，券商又在高位接盘。这样的结果就是券商亏损累累，老鼠仓赚得钵满盆满。这便是当今券商被掏空的主要形式。

“老鼠仓”的K线形态一般出现在股价即将拉升之际，而且，在这种K线形成后的一段时间里，股价会表现出良好走势。老鼠仓的技术特征如图13-5所示。

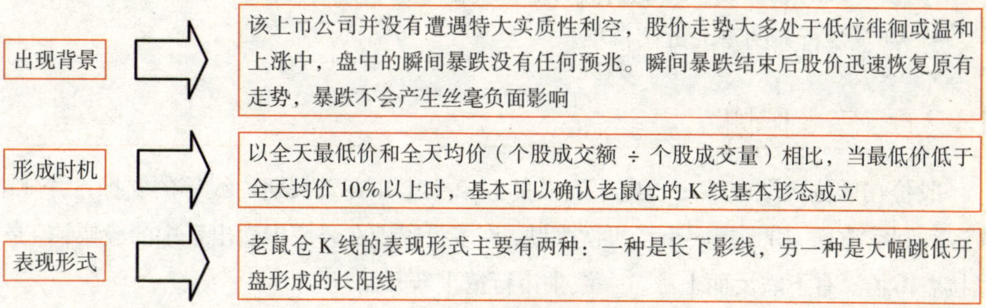

图13-5　识别老鼠仓的方法

13.2.5　内幕交易

内幕交易指在公司公开内部消息之前，通过不正当手段获取公司对股价有影响的内幕消息，并利用这些消息进行股票交易的行为，或者是泄露内幕信息，向他人提出买卖股票建议的行为。内幕交易的实质是利用不公平竞争手段达到获利的目的，违反了证券市场“公开、公平和公正”的原则，也违反了相关法规。

内幕消息在客观上是内幕人员利用内幕消息买卖证券，或者根据内幕消息建议他人买卖证券；是内幕人员向他人泄露内幕信息，使他人利用该信息进行内幕交易；是非内幕人员通过不正当手段或者其他途径获得内幕消息，并根据该信息买卖后建议他人买卖股票。内幕消息主要包括以下内容。

- 证券发行人订立了可能产生显著影响的重要合同。
- 持有发行人5%以上的发行在外的普通股的股东，其持有该股票的增减变化达到该股票对外发行总额的2%以上的事实。
- 可能对证券市场价格有显著影响的国家政策变化。
- 发行人未能偿还到期重大债务等违约情况。
- 发行人生产经营环境发生重大变化。
- 发行人分红派息、增资扩股计划。
- 发行人进入破产、清算状态。
- 发行人发生重大债务。
- 发行人经营政策或者经营范围发生重大变化。
- 发行人发生重大的投资行为或购置金额较大的长期资产等行为。

- 发行人发生重大经营性或非经营性亏损。
- 发行人的收购或兼并、分立等。
- 发行人资产遭受重大损失。
- 发行人的董事长、30% 以上的董事或者总经理发生变动。
- 涉及发行人的重大诉讼事项。

13.2.6 空头陷阱

股价在低位区域突然出现向下突破的假象，比如突破长期均线等的支撑，并伴随着各种利空消息。由于担心市场再次大跌，许多投资者在恐慌中卖出手中的股票，但是，紧接着市场没有下跌反而上涨，一波牛市行情重新开始。

随着股价上涨，成交也不断放大，股指突破重要的阻力线，这时可以将前面出现的向下突破的走势看作引诱空头做空（诱空）的陷阱，也就是空头陷阱。而在低点清仓或者不敢补仓的投资者，就成了空头陷阱的受骗者。判别空头陷阱可以从以下几个方面考虑。如图 13-6 所示。

宏观基本面	需要了解从根本上影响大盘的政治面因素和宏观基本面因素，分析是否有实质性利空，如果政策背景没有特别的实质性做空因素，或者是利空已基本出尽，由于市场跌幅过大，政策面已不断吹暖风，股价却继续暴跌，比较容易形成空头陷阱
市场心理方面	由于股市长时间的下跌，会在市场中形成沉重的套牢盘，人气不断消耗，但往往是在市场人气低迷的时刻，股市反而能脱离真正的底部
技术形态	空头陷阱在 K 线走势上的特征往往是连续几根长阴线暴跌，贯穿各种强支撑位，有时甚至伴随向下跳空缺口，引发市场连锁恐慌情绪
成交量	空头陷阱随着股价的持续下跌，量能始终处于不规则萎缩中，有时盘面上甚至会出现无量空跌或无量暴跌现象，个股成交也十分不活跃，给投资者营造阴跌走势远无期限的气氛，而此时主力往往可以轻松逢低建仓

图 13-6 识别空头陷阱的方法